한류와 21세기 문화비전

문화콘텐츠 총서 **04**

한류와 21세기 문화비전

2006년 3월 2일 1판 1쇄 발행 / 2008년 2월 29일 1판 2쇄 발행

편저자 김수이 / 펴낸이 임은주 / 펴낸곳 도서출판 청동거울 / 출판등록 1998년 5월 14일 제13-532호
주소 (137-070) 서울 서초구 서초동 1359-4 동영빌딩 / 전화 02)584-9886~7
팩스 02)584-9882 / 전자우편 cheong21@freechal.com

필름 출력 (주)딕스 / 표지 인쇄 평화프린팅
본문 인쇄 애드그린인쇄 / 제책 동양실업

값 15,000원

잘못된 책은 바꾸어 드립니다.
지은이와의 협의에 의해 인지를 붙이지 않습니다.
무단 전재 및 무단 복제를 금합니다.
ⓒ 2006 김수이 외

Copyright ⓒ 2006 Kim, Su Yee & others.
All right reserved.
First published in Korea in 2006 by CHEONGDONGKEOWOOL Publishing Co.
Printed in Korea.

ISBN 89-5749-072-8

문화콘텐츠총서 04

한류와 21세기 문화비전

욘사마에서 문화정치까지

김수이 편저

청동거울

　한류에 대한 관심과 논란이 열기를 더해 가고 있다. 문화상품으로서 한류의 진출 현황만을 놓고 본다면, 한류는 이제 아시아의 시장을 넘어 세계 시장을 점유할 기세에 있다. 한반도의 오천 년 역사상 한국인의 문화적 자긍심과 문화생산 역량이 이처럼 폭발적이면서도 현실적으로 결합한 예는 일찍이 없었다. 한류 속에 잠복해 있는 문화민족주의와 문화제국주의적인 위험 요소를 충분히 경계한다면, 한류는 한국인의 정체성과 주체성을 아시아와 세계 대중들의 눈에 의해 '문화적으로' 검증받는 사상 초유의 사건이 될 것이 분명하다.

　이와 같은 한류의 문화(사)적 의의와 방향성이 한류에 대한 논의의 총론에 해당하는 것이라면, 세부 각론들은 이제 막 씌어지기 시작한 시점에 있는 것이 우리의 현실이다. 한류의 담론은 한류라는 문화현상의 속성상, 문화학, 경제학, 정치학, 미학, 인문학, 상품 제작의 기술학, 심지어 민족주의론과 젠더론 등이 망라된 총체적인 것이 될

수밖에 없으며, 또 마땅히 그렇게 되어야 한다. 한류에 대한 진정한 의미의 전문가가 나오기 힘든 것은 이러한 상황에 기인하는 것이라고 할 수 있다. 현재 한류에 대한 세부 각론이 각 학문영역별로, 혹은 학문과 산업 현장과 정책결정의 장이 분리된 상태에서 전개되고 있는 이유도 여기에 있다.

이 책은 이러한 현실인식과 문제의식을 바탕으로, 다양한 분야의 전공자들이 한류의 다채로운 국면과 현황, 전망과 과제에 대해 비판적이면서도 생산적인 논의를 펼친 결과물을 엮은 것이다. 한류의 실태와 과제에 대한 전반적인 스케치를 담은 김수이의 발제문을 필두로, 1부는 한류의 자산인 한국의 전통문화와 그 현재적 의의 및 활용 방안을 점검하고 있다. 임재해의 「문화자산으로서 민속문화 유산의 경제적 가치」는 주목에 값하는 글로서, 민속문화와 현대문화에 대한 풍부한 자료들을 근거로 한류가 나아가야 할 방향과 그 실질적 방안

을 설득력 있게 제시하고 있다. 김진영의「판소리에 대한 현재적 이해」는 판소리를 오늘의 한류 문화에 적용하기 위한 원천적인 자료로 삼을 수 있는 글이다.

2부에 실린 글들은 아시아와 유럽 등지에서 큰 반향을 일으킨 한류 드라마와 영화를 꼼꼼히 분석한 작품론이다. 박준규, 김명혜, 오정연, 강유정의 글은 각기 학자, 기자, 평론가의 시각에서「겨울연가」,「파리의 연인」,「대장금」, 박찬욱과 김기덕 영화의 의의와 한계를 흥미롭게 분석하고 있다. 3부에는 한류의 문화현상을 각기 문화정치, 문화민족주의, 대중수용, 인문학의 관점에서 비판적으로 성찰한 글을 모아 놓았다. 이기형, 이동연, 손병우·양은경, 박기수의 글은 최근 한류 논의의 상한선을 보여주는 것으로서 각별한 독해를 요한다.

한류에 대한 관심만으로 능력에 닿지 않는 역할을 감히 자처했다.

이 책의 결실과 보람은 모두 소중한 글들을 주신 여러 필자 분들의 것이다. 머리 숙여 진심으로 감사의 인사를 올린다. 흔쾌히 책을 내 주신 청동거울에도 깊은 고마움을 전한다.

2006. 2. 15. 흙과 나무들이 봄을 품는 때에
편저자 김수이

|차례|

제3부 한류에 대한 비판적 성찰과 전망

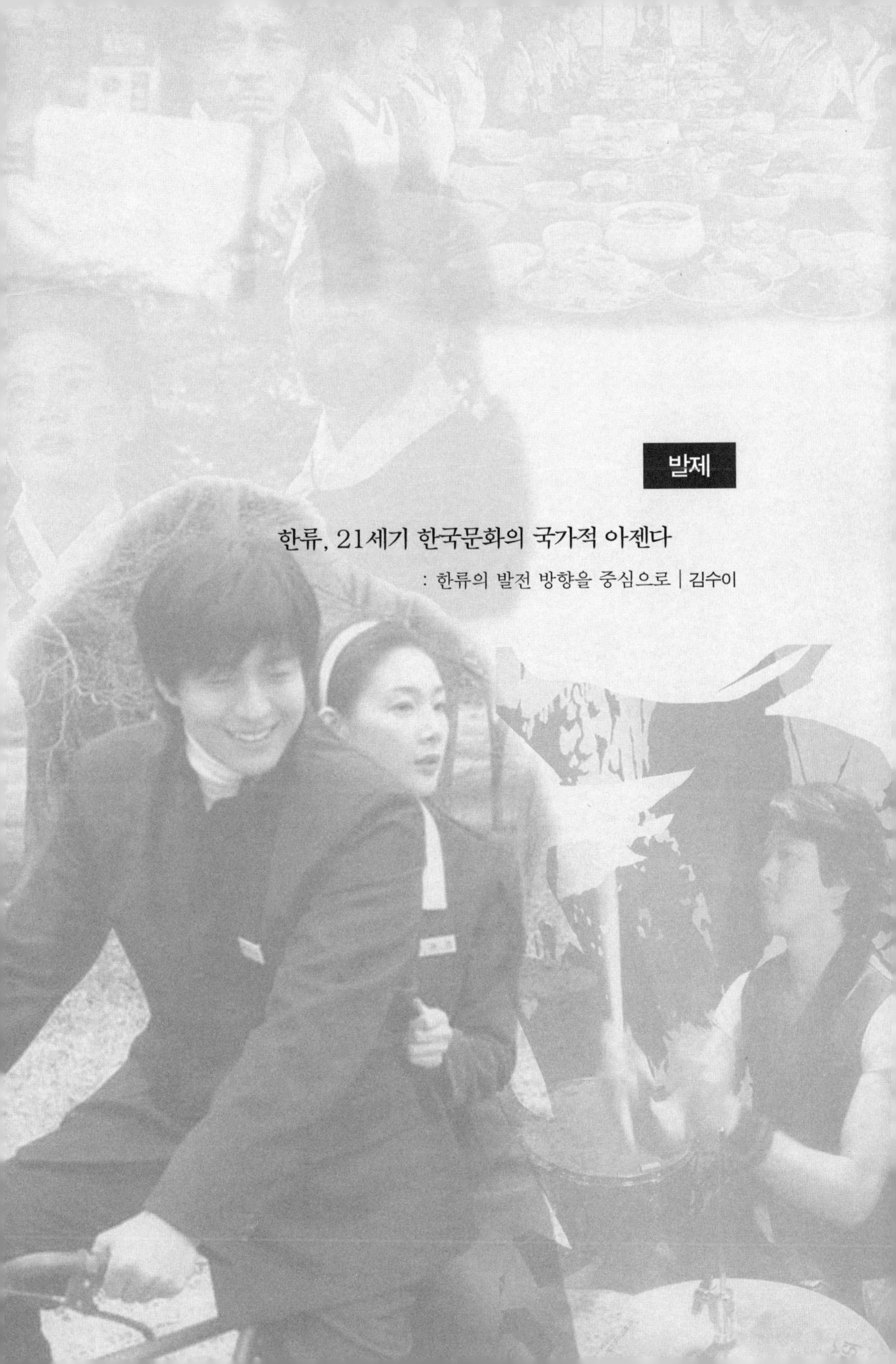

발제

한류, 21세기 한국문화의 국가적 아젠다

: 한류의 발전 방향을 중심으로 | 김수이

한류, 21세기 한국문화의 국가적 아젠다
─한류의 발전 방향을 중심으로

김수이(문학평론가·경희대 교양학부 교수)

1. 한류, 문화·경제·정치를 통합한 21세기 한국의 아젠다

'한류(韓流, Hallyu)'는 크게 두 가지 면에서 한국인들을 즐거운 흥분에 빠뜨렸다. 첫째는 언어와 생김새가 다른 외국인이 한국의 드라마와 영화, 스타에 열광하는 것에 대한 신기함과 자부심, 둘째는 한류가 막대한 경제적 부가가치를 창출하는 '황금광맥'이라는 것에 대한 놀라움과 기대감. 전자가 문화 자체와 관련된 것이라면, 후자는 문화가 창출하는 경제와 관계된 것이다. 한류는 문화와 경제를 단숨에 밀착시키면서 한국인에게 21세기의 새로운 경제 자산인 문화의 힘에 큰 관심을 갖게 했다. 한류는 아시아를 넘어 세계를 매혹하는 21세기의 신문화 코드로 부상하면서 한국인의 문화적 자부심과 정체성을 고양시키는 기제로서, 더불어 불황에 시달리는 한국경제를 되살릴 돌파구로서 문화와 경제계를 넘어 정계까지 가세한 초유의 국가적 의제가 되었다.

　한류가 국가적 아젠다로 떠오른 데는 한류의 문화적 성과나 의의보다는 한류의 경제적 파급력이 중요한 요인으로 작용했다. 만일 한류가 경제적 이익과 직결되지 않는다면, 한류에 대한 우리의 관심은 지금처럼 뜨겁지 않았을 것이다. 이 점은 현재 한류가 지닌 문제점들, 즉 컨텐츠 부족과 개별 작품의 완성도 미비,[1] 일시적 유행과 거품의 가능성, 구체적인 대안 부족 등의 현안을 진지하게 반성하게 한다. 한류의 불투명한 미래에 이미 우리는 너무나 많은 것을 걸고 있기 때문이다. 한류는 불과 10년 전만 해도 아무도 예측하지 못한 '우연한 현상'에서, 지금은 정부와 기업, 문화계가 총출동해 반드시 성공시키고자 하는 '국가적 기획'이 되었다. 이는 한류 자체가 아닌, 한류에 대한 우리의 시각과 자세의 변화를 반영한다. 한류의 향유자인 외국인들이 '한류작품'의 스토리와 이미지, 감성과 가치관에 열광하는 데 반해, 정작 창작자인 우리는 '한류상품'의 수익과 2차, 3차의 경제적 파급력에 열광하는 아이러니컬한 상황이 벌어지고 있는 것이다.

　한류의 경제적 효용성에 관심을 갖는 것이 잘못된 일은 아니다. 문화가 경제를 선도하는 첨단산업이자 토대가 된 시대에 상품성을 추구하는 발상을 비난할 근거는 사실상 없다. 그러나 분명한 것은 문화상품이 대중을 사로잡는 상품성을 갖기 위해서는(위해서도) 먼저 탄탄한 내용물을 갖추어야 한다는 사실이다. 문화상품의 상품적 가치는 무엇보다도 양질의 컨텐츠에 의해 좌우된다. '문화'를 '멋진 상품'으로 만들기 위해서는 문화상품 생산자의 제1의 기준은 '상품성'이 아닌 '문화'가 되어야 한다. 현재 한류를 국가적 의제로 설정한 우리에게 결여되어 있

[1] 실제로, 아시아와 아랍 등지까지 진출해 외화를 벌어들인 한류 작품들 가운데 적지 않은 작품들, 예를 들어 드라마 「사랑이 뭐길래」, 「겨울연가」, 「천국의 계단」, 「인어아가씨」, 「보고 또 보고」, 「목욕탕집 사람들」, 영화 「엽기적인 그녀」, 「외출」 등은 작품성이 그리 뛰어난 편은 아니며, 한국문화의 정체성과 독자성의 측면에서도 높은 점수를 받지 못하고 있다.

는 것은 바로 문화에 대한 깊이 있는 이해와 문화적인 마인드다. '상품성〔경제〕'을 '문화'보다 앞세우는 발상은 저급한 상업주의로 귀결되어 결국 소비자이며 향유자인 문화대중에게 외면당할 가능성이 높다. 한류에 편승한 노골적인 상업주의는 한국을 찾은 외국인 관광객들에게 이미 여러 차례 따끔한 질책을 받은 바 있다. 현재 정부와 지방자치단체, 관련 기업이 한류의 미래를 위해 많은 예산과 인적 자원을 투입하고 있음에도, 방향성과 효력의 면에서 우려하게 되는 것도 같은 이유에서다. 한 예로, 경기도가 2008년 완공을 복표로 9천여 억 원을 들여 건설 중인 '한류우드(Hallyu-Wood)'는 한류를 통한 한국문화의 실질적이고 내용적인 부흥보다는, 막대한 수익을 목표로 거대한 규모와 화려한 외형에 집중하는 측면이 강하다. '할리우드(Hollywood)'에서 따온 '한류우드(Hallyu-Wood)'라는 이름도 문화적 마인드나 주체성과는 거리가 먼 발상이어서,[2] 국민들의 이의 제기와 명칭 변경 요구가 계속 이어지고 있다.

한류의 출발은 일종의 국가적 행운이었지만, 그 행운을 지속시킬 수 있는 힘은 사회 각 분야의 역량을 응집한 문화적 기획과 실천에 있다. 문화가 경제를 선도하는 것은 21세기 문명의 새로운 흐름이며, 21세기는 문화강국이 세계를 지배하는 시대이다. 한류는 세계화의 격랑 속에서 한국이 문화강국으로 성장할 수 있는 훌륭한 디딤돌로 우리 앞에 선물처럼 도착해 있다. 그러나 그 디딤돌이 제 역할을 다 하기 위해서는 울퉁불퉁한 굴곡을 현실과 미래의 요철(凹凸)에 맞게 다듬는 일이 필요하다. 지금 우리 앞에 놓인 현실과 미래의 요철은 한류라는 원석(原石)을 문화와 미학의 도구로 다듬을 것을 요구하고 있다. 이 글에서는 한류의 발전을 위한 세 가지 아젠다에 관해 논의해 보기로 한다.

2. 한류의 발전을 위한 아젠다 1 — '한류미학'의 정립

한류가 아시아를 휩쓴 중요한 이유는 한국 드라마가 아시아인에게 감동적인 문화 체험을 선사한 데 있다. 감동의 실체는 아시아인들이 맛본 새롭고도 친근한 미적 경험에 있었다. 한류 드라마는 타자와 분열된 주체의 소외를 전제하는 현대 서구문화의 논법, 그 중에서도 타자의 파괴와 정복에서 쾌감을 찾는 할리우드식의 폭력적 동일성과는 뚜렷이 구분되는 가치관과 미학을 제시했다. 그것은 타자와의 끊임없는 화해를 통해 도달하(고자 하)는 '동일성의 가치관과 미학'으로, 여기에는 아시아 공통의 문화·미학적 자산이 내장되어 있다.

한류 드라마와 영화는 동일성의 가치관과 미학을, 주인공의 삶의 태도에서는 초심(初心)을 잃지 않는 항상심(恒常心)으로, 텍스트의 미학적 특질에서는 낭만주의와 감상주의로 형상화한다. 이 둘은 혼용되기도 하는데, 그 양상은 작품의 줄거리와 구성, 등장인물의 표정과 몸짓, 카메라 기법 등에까지 다양하게 습합되어 있다. 예를 들어, 대표적 한류 드라마인 「겨울연가」, 「천국의 계단」, 「올인」, 「가을동화」, 「풀하우스」 등과 영화 「엽기적인 그녀」, 「내 여자친구를 소개합니다」 등은 '항상심'을 '사랑'에 대입해 유일하고 영원한 사랑으로 변주하며, 드라마 「허준」, 「대장금」 등은 '항상심'을 '신념'에 대입해 장인정신과 지조, 의리, 불굴의 의지로 변용한다. 전자의 작품들이 사랑에 대한 낭만적 열정을 미학적인 장소와 물건, 주인공의 아름다운 외모 등의 세부장치를 통해 그려내는 반면, 후자의 작품들은 신념에 대한 낭만적 열정을 수많은 시련과 초인적인 극복의 과정 및 신성한 물건 등을 통해 형상화한다. 이 작품의 주인공들은 모두 자신이 처음에 지닌 열정과 믿음을 결코 포기하지 않는 점에서 삶에 대해 일정 부분 감상주의적 입장을 취한다. 또한 어떤 난관 속에서도 끝내 그 열정과 믿음을 성취한다는 점에서 평면적인 생의 인식에 기반하고 있다. 아름다운 배경, 섬세한 심리묘사, 미묘한 상황의 연쇄, 감각적인 대사, 세련된 이미지의 소품 등도 한류 드라마와 영화의 낭만적이고 감상주의적인 면모에 일조하는 장치들이다.

이렇게 볼 때, 아시아인들이 한류에서 얻은 새롭고도 친근한 문화체험은 '항상심'과 낭만적 열정, 감상주의적 취향이 융합된 독특한 미적 체험이라고 요약할 수 있다. 이 진술에서 '미적'이라는 이휘기 강조되어야 하는 바, 아시아의 문화는 공통적으로 '미적 체험'을 중시하는 특징을 갖고 있기 때문이다. 그 구체적이며 역사적인 예로, '풍류'를 들 수 있다. '풍류'를 동아시아 미학의 근원으로 파악하는 신은경은, 풍류는 "주체와 대상(특히, 자연)과의 합일의 상태를 미적인 것으로 가치 지우는 일원론적 입장의 동아시아적 미학관에서 생겨난 개념"[3]으로, "한자문화권에서의 '美'라는 것이 '어떤 현상의 속성으로서 궁극적인 상태가 될 때까지 가득 채워 빈틈이 없게 하는 것'을 의미한다고 한다면, '풍류심'이란 바로 美를 추구하는 것"이며, "동아시아 삼국의 예술이란 바로 이러한 풍류심을 가시적·감각적인 형태로 체현시킨 것"[4]이라고 통찰한다. 신은경의 '풍류론'은 동아시아 미학관이 일원론적이며 심미적인 특성을 지니고 있음을 밝혀 준다. 이 견해를 참조할 때, 한류 드라마와 영화가 추구하는 항상심과 낭만적 열정은 타자와 주체의 일체감을 추구하는 동아시아의 일원론적 미학관에 맥이 닿아 있는 것이라고 할 수 있다.

특히, 현대를 배경으로 한 한류 드라마들은, 외적으로는 서구적인 문화와 일상을 영위하지만 내적으로는 항상심과 낭만적 열정을 소유한 주인공을 등장시켜 동양의 일원론적 가치관과 미학을 다양한 경로를 통해 표출한다. 이 드라마들의 선명한 이분법적 구도는 선과 악의 가치관을 동양 대 서양의 가치관과 은연중에 동일시하면서 강화되는데, 이때 서양의 가치관과 미학은 천박하고 물질만능적인 것으로 상정된다. 즉 주인공에 적대적인 반동인물은 서구적인(=세속적인) 가치관과 미학을 소유하고 있으며, 진정한 사랑을 모르는 욕망의 화신이나 돈의 노예가 된 이들은 결국 실패와 파멸에 이른다. 이들은 마치 서양의 가치관과 미학의 실패와 파멸을 대변하는 것처럼 보이기도 한다. 「겨울연가」의 오채린〔박솔미 분(扮)〕, 「천국의 계단」의 한유리〔김태희 분(扮)〕, 「가을동화」의 최(윤)신애〔한채영 분(扮)〕 등이 여기에 속한다. 주인공이 재벌 2세나 부자일 경우에는 반대의 수순을 밟는다. 부유한 주인공들은 자신의 재산을 미덕으로 생각하지 않거나, 물신주의에 오염되어 있다가도 아름다운 연인을 만나 진정한 사랑을 깨닫고 삶의 태도와 가치관을 바꾼다. 「파리의 연인」의 한기주〔박신양 분(扮)〕, 「풀하우스」의 이영재〔비 분(扮)〕 등이 여기에 해당한다.

미적 가치와 체험을 중시하는 것은 한류의 성공 요인인 동시에, 앞으로 한류가 더 섬세하게 강화시켜 나가야 할 덕목이기도 하다. 한류가 동아시아의 전통적인 미학관에 기반해 이를 현대적으로 변용하고 있기는 하지만, 아직 독자적인 미학을 창출한 경지에 도달했다고 보기는 어렵다. 서양의 문화와 가치관을 흠모하면서도, 동양의 그것과 맞세워 이분법적으로 평가하는 이중적 태도도 한류가 생산적인 미학을 구축하기 위해서는 지양해야 할 점이다. 변치 않는 사랑과 신념으로 외화(外化)되는 항상심, 포기하지 않는 낭만적 열정이 한류의 근본 자산이라면, 한류의 미래는 그것을 감상주의적 차원을 넘어선 성숙한 미학으로 발전시키는 데 달려 있다고 할 수 있다. 문제의 열쇠는 독자적이고 생산적인 '한류미학'을 정립하는 데 있는 것이다. 짜릿하고 황홀한 감상주의는 일시에 대중을 매혹시킬 수는 있어도, 대중이 동경하는 가치관과 미학의 생산적이고 지속적인 원천이 되기는 어렵다. 더욱이 과도한 감상주의는 삶에 대한 단선적인 인식을 양산함에 따라 평자들의 비판적인 공격의 대상이 되기 쉽다. 미학은 그 미학이 생성된 현실 및 삶의 내용물과 뗄 수 없는 관계에 있다. 독자적이고 생산적인 '한류미학'은 현실과 삶에 대한 깊이 있는 시선을 통해 확보되어야 하며, 이를 통해 '살아 있는 문화'와 '가치 있는 문화상품'을 만들어내는 원천으로 자리잡아야 한다. 한류의 생산자와 기획자들은 이 두 가지가 분리될 수 없는 관계에 있음을 분명히 인식해야 할 것이다. 문화적으로 가치가 없는 문화상품은 지속적인 생명력을 가질 수 없다. 홍콩 영화의 몰락과 헐리우드의 아성의 균열이 평면적이고 단순한 논법에 함몰된 데 따른 것임을 기억하자. 그 속에는 진정한 삶과 현실이 없거나 희박하다는 것을 대중들이 알아채는 데는 그리 오랜 시간이 걸리지 않았다.

3. 한류의 발전을 위한 아젠다 2 — 호혜적 문화 교류

세계 최초로 『실크로드학』(2001)을 저술해 '동서문화교류사'의 새 지평을 연 정수일에 의하면, 실크로드의 기착지는 중국이 아니라 한반도의 남단, 즉 남한이었다.[5] 정수일에 의해 복원된 중세의 한국이 실크로드의 문물이 전해지는 마지막 종착점이었던 것과 달리, 21세기 초입의 한국은 과거의 길을 거슬러 새로운 문물을 전파하는 현대판 실크로드의 출발점이 되고 있다. 실크로드의 과거의 종착점과 현대의 출발점으로서

5) 정수일의 의하면, 실크로드는 초원로, 오아시스로, 해로 및 5대 지선으로 이루어지는데, 그 중에서 "오아시스로란 주로 중앙아시아를 중심으로 한 건조지대(사막)에 점재하는 오아시스를 연결하여 이루어진 동서교류의 통로를 지칭한다. 이 길의 서단(西端)은 로마이고, 동단(東端)은 한반도 남단이다." — 정수일, 『실크로드학』, 창비, 2001, p. 46.

한국의 위상을 이야기하는 것은 아시아와 아랍, 유럽을 포괄하는 역사적인 시각으로 한류를 이해해야 할 필요성 때문이다. 한류에 대한 역사적인 시각은 현재 한류가 아시아에서 처한 약간(?)의 곤경, 즉 한류에 대한 비판적이고 적대적인 동향과 관련해서 특히 강조될 필요가 있다. 2005년 중국의 후난성TV가 방영할 당시 1억 8000만 명이 시청했던 드라마 「대장금」에 대한 한 중국학자의 평론은 한류를 문화 자체의 논리를 넘어 역사적 시각으로 해석하는 단적인 사례로서 주목을 요한다.

중국사회과학원 경제연구소 연구원 잔샤오훙(詹小洪)은 2005년 8월 28일 출간된 신민저우칸(新民週刊)에 발표한 평론에서 "「대장금」을 보면 유교 전통문화의 정수(精髓)가 진열된 박물관을 참관하는 느낌"이며, "이 드라마는 동아시아에서 한국의 궐기를 뜻하는 정치적 선언문일 뿐 아니라 한국이 자랑스럽게 세계로 나아가는 문화적 신분증을 의미한다"고 쓰고 있다.[6] 궁중음식을 요리하는 한 궁녀의 성공기를 다룬 드라마에서 동아시아를 향한 한국의 '정치적 선언문'과 한국이 세계에 제시하는 '문화적 신분증'을 읽어내는 잔샤오훙의 시각은 날카롭고 의미심장하다. 이는 「대장금」을 만든 창작자들의 의도나 텍스트 자체의 내적 의미와는 상관없이 그러하다.

잔샤오훙의 과도할 정도의 정치적인 해석은 한류를 받아들이는 동아시아 문화대중의 무의식적 기제를 단적으로 보여준다. 동아시아 대중은 한류에 대해 (무)의식적으로 오랜 역사 속에서 형성된 이데올로기적 시각을 발동한다. 이러한 시각은 동아시아 국가들이 수천 년의 역사 동안 무수한 갈등을 겪는 가운데 형성된 것이어서 대단히 뿌리 깊고 견고하다. 동아시아의 대중은 한국의 '문화적 신분증'을 흔쾌히 용인하고 심지어 나누어 갖기를 원하면서도, 그 속에 담겨 있을지도 모를 '정치적 선언'에 대해서는 단호한 거부의 의사를 표시한다. 중국의

'반(反)한류'와 일본의 '혐(嫌)한류' 열풍은 중국인과 일본인들이 한류를 문화 자체가 아닌, 이데올로기적으로 해석하고 받아들인 결과다.

이처럼 문화를 자국의 역사적 경험에 기초한 이데올로기적 시각에서 해석할 때, 갈등 관계에 있는 외국문화의 유입에 대한 반작용은 심화된다.[7] 사실 하나의 문화가 다른 문화권으로 전파되는 과정에서 충돌과 저항이 일어나는 것은 자연스러운 현상이다. 그러나 왜곡된 정치적 해석에 따른 심리적 저항은 문화의 실체를 왜곡하고, 전파과정에 부정적인 영향을 끼친다. 이런 점에서 현재 한류가 중국과 일본, 베트남 등지에서 부딪히고 있는 저항은 문화적인 동시에 역사적인 관점에서 깊이 있게 성찰되어야 한다. 한류에 대한 심리적 저항은 현재 한국 드라마의 방영 시간과 횟수를 제한하는 정책적 저항으로까지 확산되고 있다.[8] 문화는 다른 문화들을 창조적으로 수용하고 독자적으로 변용함으로써 발전한다. '일방통행'은 문화 교류의 가장 부정적인 방식이며, 일방통행과 독주(獨走)는 한류가 직면한 가장 위험한 요소의 하나다. 한류의 일방통행으로 인한 해당국가의 저항은 이미 간과할 수 없는 상황에 봉착해 있다. 가장 심각한 경우의 하나는 베트남이다. 베트남에서 한류는 1997년 드라마 「느낌」을 필두로 8년 간 완전한 일방통행의 길을 걸었다. 베트남인들은 이를 '남벌(南伐)'이라는 전투적인 용어로 지칭하면서 한류에 대해 강한 반발심을 보이고 있다.[9] 한류가 지닌 일방적 문화수출의 한계는 아시아 국가들

7) 중국은 자국의 문화에 대해서도 이러한 시각을 강하게 견지한다. 한 예로, 중국이 낳은 세계적인 여배우 장쯔이는 2005년 12월에 개봉된 할리우드 영화 「게이샤의 추억」에서 게이샤로 출연해 일본인 남자배우 와다나베 켄과 알몸으로 정사장면을 연기한 것으로 인해, 일본 고이즈미 총리의 신사참배 문제 등으로 반일 감정에 휩싸여 있는 중국인들에게 강력한 지탄을 받았다.

8) 일본의 대표적인 민영방송사인 니혼TV와 후지TV는 2005년 가을철 프로그램 개편에서 한국 드라마의 편성을 줄이거나 중단했다. 니혼TV는 2004년 9월부터 매주 월요일부터 목요일까지 오전 시간대에 「별은 내 가슴에」를 포함 11편의 한국 드라마를 방영한 '드라마틱 한류'라는 코너를 폐지했고, 후지TV는 2004년 10월부터 「천국의 계단」, 「슬픈 연가」 등을 방송한 '토요와이드—한류 아워' 코너를 폐지했다. ―「진정한 한류 스타는 누구인가」, 〈마이데일리〉, 2006. 1. 1.5. 참조.

사이에 학문적인 의제로도 부상하고 있다. 2005년 11월 한국언론재단이 베이징, 홍콩, 일본에서 개최한 콘텐츠포럼에서 중국측 패널은 물론 한국측 패널도 일방적으로 문화를 수출하는 지금의 한류는 상대방 문화에 거부감을 주는 한편 대안을 만드는 유행을 불러 생명력이 길지 않을 것으로 전망했다.[10] 그러므로 한류의 장기적인 발전을 위해서는 한류를 수용하는 나라들과 호혜적인 문화 교류 체제를 제도적으로 마련하는 일이 시급하다. 한류의 전파자인 한국과 피전파자인 외국은 자국문화의 자생성을 바탕으로 호혜적인 문화교류의 동등한 파트너가 되어야 한다. 한류가 피전파국의 문화를 잠식하고 위축시키는 방향으로 전개된다면, 이는 한류에 대한 반감과 거부를 촉발해 한류의 위세를 약화시키는 결과를 낳을 것이다. 우리 입장에서도 다른 문화를 받아들여 끊임없이 새로운 변화의 동력으로 삼지 않는다면, 한류의 내실과 지속적인 발전을 기하기는 요원한 일일 것이다. "자생성과 모방성은 문명의 2대 속성인 동시에, 그 발생·발달의 2대 요소이기도 하며, 양자는 상보상조적 관계에 있다. 그 어느 하나의 결여나 미흡은 기필코 문명의 침체나 기형을 초래하고 만다"[11]는 문명교류의 원칙은 한류에도 어김없이 적용된다. 상대 국가의 문화를 받아들이려는 노력은 한류의 현지화 전략을 위해서도 반드시 필요하다. 문화접변(acculturation)의 갈등을 최소화하기 위해서는 상대 문화에 대한 호혜적인 수용의 자세와 노력을 의식의 전환과 실제 제도적 장치의 마련을 통해 정착시켜야 한다. 차인표, 장나라, 최지우 등의 한류 스타가 중국과 일본으로 건너가 현지 드라마에 출연하고 있는 것은 좋은 현실적 대안의 하나다. 역으로, 반한류의 움직임이 거센 나라의 배우를 캐스팅해 한국 드라마에 참여시키는 방안도 생각해 볼 수 있다.

4. 한류의 발전을 위한 아젠다 3 — 전통문화 콘텐츠 개발과 동양정신의 부흥

한류에 대한 강한 반발과 저항 속에서도 한류는 거침없는 질주를 계속하고 있다. 몇 가지 경제적 통계를 예시하면, 한류의 영향으로 2005년에 이미 10억 달러를 넘어선 문화상품 수출액은 계속 증가할 것으로 예상되고,[12] 한류로 인한 외국인 관광객은 2005년을 기점으로 연간 600만 명을 넘어섰으며,[13] 일본에서 한류로 파생되는 시장 규모는 어림잡아 2조~3조 엔(약 17조~25조 원)이지만 더욱 확대될 전망[14]이라고 한다.

이처럼 한류가 계속 승승장구하고 있는 데는 2005년 중국을 강타한 「대장금」의 공적이 크다고 할 수 있다. 「겨울연가」로 일본을 압도한 배용준이 영화 「외출」로 또 한번 센세이션을 일으키고 있지만, 일본의 한류는 배용준이라는 스타 마케팅에 의존하는 경향이 짙다. 「외출」이 한국에서 낮은 평가를 받으며 저조한 흥행성적을 올린 것과 비교하면, 「외출」에 대한 일본팬의 열광은 작품성보다는 스타 배용준의 카리스마와 판타지를 향한 것임을 짐작할 수 있다. 이와는 다르게, 「대장금」은 방대하면서도 견고한 스토리와 한국의 전통문화에 대한 매력적인 재현으로 중국을 공략하는 데 성공했다. 물론 이 성공에는 장금(이영애 분), 한상궁(양미경 분), 연생(박은혜 분), 최상궁(견미리 분) 등의 매력적인 다수의 등장인물도 큰 몫을 했다. 「대장금」은 국내와 국외에서 함께 폭발적인 인기를 얻은 점, 사극 드라마의 성공을 증명한 점, 중국이 중심이 된 동양문화의 변방에 있던 한국의 전통문화에 대해 중국인들이 환호하는 문화 역전 현상을 일으킨 점 등에서 높이 평가받을 수 있다.

그런데 중국에서의 「대장금」의 선풍적인 인기는 우리가 예측하지 못한 것인 만큼, 이는 우리가 미처 생각 못한 한류의 새로운 발전 방향을 전망하게 해준다. 그 방향은 「대장금」이 가져온 변화를 통해 설명될 수 있다. 첫째, 「대장금」은 그동안 한류 드라마들이 아시아인에게 선사한 한국의 현대문화에 대한 시각적·간접적 향유를, 한국의 전통문화에 대한 직접적·체험적 향유로 변모시켰다. 조선시대 한국의 궁중문화가 난데없이 현대 중국의 시민들의 일상 속에서 재현되는 미증유의 상황이 벌어진 것이다. 중국인들은 「대장금」을 본 뒤 한국의 궁중음식을 먹고, 그 맛에 반해 지속적으로 즐기며, 학원에 다니며 요리법까지 배우기에 이르렀다. '대장금 특선요리'가 중국 식당의 고급 메뉴로 불티나게 팔리고, 장금이가 입은 한복을 입고 결혼식 사진을 찍는 것이 유행이 되었다. 한마디로 말해, 「대장금」은 한국의 전통문화 콘텐츠를 현대화하여, 이를 다시 국제화한 동시에 일상화한 모범적인 사례라고 할 수 있다. 「대장금」은 전통문화 콘텐츠 개발과 작품화가 한류의 지속을 위한 장기적이고 원천적인 방안임을 예증한다.

둘째, 「대장금」은 왕비와 후궁의 암투를 다룬 궁중사극의 종래의 유형에서 벗어나, 장인정신과 전문기술을 지닌 '장금'이라는 의지적 여성의 성공담을 통해 중국인들에게 바람직한 삶의 모델을 제시했다. 이는 기존의 한류 드라마가 팬들을 '영원한 사랑'의 판타지와 근사한 외모를 지닌 스타들에게 빠져들게 한 것과는 뚜렷이 구별되는 현상이다. 장금이와, 장금이의 스승이자 초자아에 해당하는 한상궁이 가진 덕목들은 동양의 전통적 가치관과 지향성에서 우러나온 것들이다. 장금이의 올바른 신념, 정직한 노력, 성실한 자기 단련, 정갈한 마음과 행동 등은 오늘날 중국인들에게 근대화의 격랑 속에서 훼손되어 가는, 그러나 그들이 여전히 무의식 속에 깊이 간직하고 있는 오랜 가치관을 그대로 현시해 주었다. 헬레나 노르베리-호지의 용어를 빌면, 중국인들은 장금이에게서 그들의 '오래된 미래'[15]의 얼굴을 본 것이고 할 수 있다. 「대장금」이 유발한 이러한 효과는 한국과 중국, 나아가 아시아 국가가 공유하고 있는 동양적 가치관과 정서가 한류의 중요한 원천임과 함께, 한류의 미래의 발전 방향이 동양적 가치관의 부흥과 현대화에서 모색되어야 함을 이야기해 준다. 동양적 가치관의 부흥과 현대화는 단순히 동양주의의 주창을 의미하지 않으며, 오늘의 현실 속에서 미래지향적이고 생산적인 방식으로 이루어질 것을 전제한다. 한류가 헐리우드 중심의 서양문화를 대체할 대안의 문화로 아시아를 넘어 세계인들에게 다가가기 위해서는 이에 대한 깊이 있는 인식을 바탕으로 한 컨텐츠 창작과 작품 제작 자세가 절대적으로 필요하다.

「대장금」과 유사한 예로, 2006년 벽두를 뜨겁게 달군 사극영화 「왕의 남자」를 들 수 있다. 「왕의 남자」는 한국문화콘텐츠진흥원에서 추진해 온 문화원형 사업의 결과물을 응용해 제작되었으며,[16] 광대와 광대극을 중심으로 조선 연산군 시절의 궁의 실상과 정치상황을 담아내고 있다. 국내에서 개봉 두 달 만에 관객 1천만 명을 돌파하며 '왕남폐인'이라는 신조어를 낳은 이 영화는 권력과 계급의식의 허상을 고발하면서 신정한 예술과 사랑, 삶의 자세와 의미를 일깨우고 있다. 「대장금」이 궁중음식의 종류와 요리법을 상세히 재현한 것과 흡사하게 「왕의 남자」는 궁중의 놀이 문화(경연, 사냥 등)와 광대의 생활상과 연희 방식을 세밀하고 생생하게 재현한다. 영화 중간중간에 펼쳐지는 광대극

15) 헬레나 노르베리-호지는 산업사회의 폭력과 개발의 허구성을 폭로한 저서 『오래된 미래』(김종철 등 역, 녹색평론사, 2001)에서 히말라야 고원에 자리한 마을 라다크의 삶을 그려낸다. 라다크는 척박한 환경 속에서도 1천 년을 넘게 검소한 생활과 협동정신으로 건전한 공동체를 꾸려오고 있는 마을로, 주민들은 물질적으로 빈곤하지만 아무도 불평하지 않는다. 헬레나 노르베리-호지는 라다크의 삶을 인류가 과거에 오랫동안 누렸으나 지금은 잃어버린, 그러나 되찾고 싶은 '오래된 미래'라고 명명한다.

16) "조선 연산조 때의 한양과 궁이 배경이 되는 이 영화에는 한국문화콘텐츠진흥원의 2002년 문화원형 사업의 과제인 (주)엔포디(대표 이돈룡)의 〈디지털 한양〉이 영화 제작과정에 사용된 것으로 알려졌다." ― 「문화원형, 빛을 내다」, 한국문화콘텐츠진흥원 CT뉴스, www.kocca.co.kr, 2006. 1. 4.

드라마 「대장금」(좌)과 영화 「왕의 남자」(우)

들 중에는 중국의 경극도 들어 있어 극의 다채로움과 흥미를 배가한
다. 또한 「대장금」이 주인공 장금을 통해 모범적인 삶의 자세의 진수를
보여주었다면, 「왕의 남자」는 주인공 장생(감우성 분)을 통해 자유로운
삶의 자세의 정수를 보여주고 있다. 광대극은 현대의 한국인들에게도
낯설고 고답적인 느낌을 주는데, 「왕의 남자」는 이를 멋지게 현대적으
로 재현하면서 유쾌한 웃음과 진한 감동을 자아낸다. 이 작품은 한류
의 전통문화 콘텐츠 개발과 동양적 가치관의 부흥이라는 한류의 발전
방향을 시사해 주며, 한류 팬들에게도 좋은 반응을 얻을 수 있는 풍부
한 요건을 두루 갖추고 있다.

　"가장 민족적인 것이 가장 세계적인 것이다"라는 유명한 말은 한류
의 경우에도 가감없이 통용되는 진실이다. 많은 논자들이 비판해 왔듯
이, 한류 드라마와 영화·가요들은 서양문화에 상당 부분 침윤되어 있
으며, '서양적인 것'을 동경하고 그에 동화되려는 욕망에 사로잡혀 있

다. 그러므로 한류의 발전을 위해 전통문화 콘텐츠를 개발해야 할 필요성은 단지 콘텐츠의 확충이라는 실용적 목적에 한정되지 않는다. 전통문화의 자산을 현대 대중문화 속에 부활시키는 작업은 한국인이 정체성과 문화적 주권을 회복하는 데 지대한 역할을 하게 될 것이다. 한국의 전통문화에 대한 재인식과 현대화는 한류의 철학적·정신사적 맥락을 구성하는 일과 같은 선상에 놓이기 때문이다. 요약하자면, 이제 한류는 자신의 철학적·문화적 근거를 분명히 해야 할 시점에 와 있다. 한류는 동양문화를 부흥시키는 결과를 낳았지만, 이는 의도적이거나 자각적이지 않은 결과였다. 그러나 머잖은 미래에, 한국의 전통문화를 선봉으로 한 동양정신과 문화의 부흥으로 가장 큰 덕을 보게 될 당사자는 다름 아닌 한류이며 한국인들이라는 것은 자명한 사실이다.

5. 그밖의 의제들

한류미학의 정립, 호혜적 문화교류, 전통문화 콘텐츠 개발과 동양정신의 부흥 등의 세 가지 의제 외에도 한류의 발전을 위해 연구되고 공론화되어야 할 의제들은 적지 않다. 여기에는 외적 환경과 기술적인 문제들도 중요한 부분을 차지한다. 특히, 창작자/작가에 대한 제도적인 지원 체제 마련, 효율적인 지원 방법과 예산 집행 방식 구축은 서둘러 대책을 강구해야 할 현안들이다.

우선, 한류의 활성화를 위해서는 드라마 작가, 영화·게임 시나리오 작가, 소설가 등의 서사 창작자들을 위한 안정적이고 효율적인 지원 체계를 구축해야 한다. 창작자들은 화려한 스타들 뒤에 가려진 한류의 진정한 주역들이다. 그러나 소수의 저명 드라마 작가를 제외하면, 이들의 창작환경과 보상체제는 대단히 열악하며, 신인이 능력을 인정받기 어려운 구조적인 문제점을 안고 있다. 문화의 핵심은 서사(narrative)이며, 서사의 생산자는 창작자(creator), 즉 작가(writer)이다. 창작자에 대한 지원 없이는 한류를 빛낼 탁월한 서사를 확보하기 어려우며, 탁월한 서사가 없이는 좋은 작품을 만들기란 원칙적으로 불가능하다. 세계를 평정한 헐리우드의 저명한 감독들의 상당수가 시나리오 작가 출신이며, 시나리오 집필 작업을 겸하고 있는 것은 우연한 일이 아니다.

다음으로, 한류의 진흥을 위해서는 지금 정부와 민간이 투자하는 상당 규모의 비용을 효율적으로 사용하는 방안을 강구해야 한다. 현행의 각종 지원금의 선정 방식은 선계획 후집행의 형태로 이루어지는데, 이 과정에서 복잡한 계획서를 작성하고 선정 작업을 진행하는 데 아까운 시간과 인력과 비용이 낭비되고 있다. 선정 과정에서 인맥과 로비가 작용하거나, 선정 후에 당초의 계획과 수행 결과가 큰 차이를 보이는 등의 많은 문제점도 노출되고 있다. 21세기는 실생활의 소모품뿐만 아니라, 문화도 대단히 빠른 속도로 생산되고 소비되는 시대이다. 한류가 지속적으로 세력을 얻기 위해서는 현재의 문화생산과 소비의 속도를 추월하고 주도할 수 있어야 한다. 많은 자본의 투자가 능사는 아니며, 그 자본을 투자하고 회수하는 데 가장 효율적인 통로를 찾아야 하는 이유가 여기에 있다. 방대한 분량의 계획서를 작성하는 데 드는 시간과 노력은 당연히 새로운 한류작품을 만드는 데 쓰여야 한다. 한류는 무섭게 성장하고 있지만, 언제 그 성장을 멈출지 모르는, 우리의 입장에서는 어느 날 갑자기 출현한 새로운 종(種)의 생명체와도 같기 때문이다.

■ 미주

2) 미국의 상업적 대중문화의 본산지인 '할리우드(Hollywood)'의 명칭과 조어법을 모방한 '한류우드(Hallyu-Wood)'의 이름이 상징적으로 노출하는 문제점에 대해서는 졸고, 「'한류우드' 유감」, 〈조선일보〉 칼럼, 2005. 9. 22. 참조.
3) 신은경, 『풍류―동아시아 미학의 근원』, 보고사, 1999, pp. 85~86.
4) 신은경, 위의 책, p. 87.
6) 「"「대장금」은 세계적 문화강국 뜻하는 신분증"―중국언론」, 〈마이데일리〉, 2005. 9. 30.
9) 「섞고… 버무리고… 더 강해지는 '비빔밥 韓流'(6)―아시아 문화융합 통한 '新한류'」, 〈조선일보〉, 2006. 1. 6. 참조.
10) 「배부른 한류―10년도 못 가 발병 날라」, 〈오마이뉴스〉, 2006. 1. 6. 참조.
11) 정수일, 위의 책, 2001, p. 17.
12) 「한류, 기로에 섰다」, 〈매일경제신문〉, 2006. 1. 5. 참조.
13) 「외국 관광객 600만 시대 개막」, 〈세계일보〉, 2006. 1. 7. 참조.
14) 「2006 일본은……―안방 휩쓴 한류, 시장 규모 2~3조 엔」, 〈세계일보〉, 2006. 1. 12. 참조.

문화자산으로서 민속문화 유산의 경제적 가치 재인식

임재해

1. 문화와 경제의 관계 재인식

전통적으로 문화와 경제는 궁합이 잘 맞지 않다. 둘이서 어깨를 겯고 함께 가기에는 서로 어긋나 있는 구석이 많다. 문화와 경제 사이는 마치 진보와 보수 또는 좌익과 우익처럼 서로 맞서는 관계에 있는 까닭이다. 문화는 경제를 살찐 돼지로 보고 경멸하는가 하면, 경제는 문화를 자존심 강한 거지로 간주하여 가까이 하기를 꺼린다. 문화인들이 경제인들을 하찮게 여기듯이 경제인들은 문화인들을 귀찮게 여긴다. 하찮게 여기는 사람과 귀찮게 여기는 사람, 또는 돈만 아는 사람과 돈만 까먹는 사람이 더불어 함께 갈 수 없는 것은 자명하다.

경제의 관점에서 보면 문화는 '꿈에만 봐도 돈이 날아가는 한갓 소비적인 활동' 정도로 인식된다. 따라서 경제단체장이나 상업자본가들이 가장 싫어하는 인물은 문화예술인들이다. 문화인들이 찾아오면 늘

손 벌리는 일밖에 없다고 여기는 까닭이다. 오히려 목돈을 뜯어가는 정치인들보다 더 싫어한다. 왜냐하면 정치인들에게 줄을 잘 서면 기업 경영에 특혜와 같은 반대급부라도 기대할 수 있지만 문화인들에게는 그러한 반대급부가 전혀 없다고 판단하기 때문이다. 그러므로 이윤 추구에 골몰하고 있는 경제인들이 만나봐야 주머니 돈 축날 일밖에 없는 문화인들을 좋아할 이유가 없다.

경제인들로서는 문화인들을 피하는 것이 상책이다. 피할 수 없는 상황이라면 눈 딱 감고 최소한의 후원금을 광고비 명목으로 지출하고자 한다. 그리고는 지출한 것 이상으로 최대한 생색을 내고자 과도하게 참견을 하기 일쑤이다. 기업의 공적인 자금을 후원하면서 때로는 기업주 개인의 문화적 관심이나 예술적 취향을 수준 높게 평가받고자 한다. 경제인들이 부득이 해서 재정을 지출할 때에도 그에 상응하는 문화적 보상을 얻어내고자 하지만, 가능한 문화계에서 자신들을 잊어 주기를 기대하는 것이 현실이다. 그러므로 문화인들을 사귀며 친구처럼 여기는 재계 인사들은 거의 없다. 겉으로는 문화인의 명예를 존중하는 듯하면서 속으로는 가난뱅이 취급을 하기 일쑤이다.

문화의 관점에서 보면 경제는 문화를 척박하게 만드는 심술쟁이처럼 보인다. 예사 사람들도 경제생활에 급급하다 보면 제대로 문화생활을 누리지 못할 뿐 아니라, 경제인일수록 '문화가 밥 먹여주는가' 하면서 문화에 등을 돌리고 딴전을 피우는 까닭이다. 경제가 발전하면 문화도 따라서 발전하는 것으로 여기는 경제인들의 발상에 대하여 문화인들은 '돈밖에 모르는 것들'이라고 뒷전에서 손가락질하기 예사다. 따라서 경제는 재정 지원 구실만 하기를 바랄 뿐 경제활동과 더불어 누리는 문화적 공유나 경제와 함께 발전하는 문화창조는 아예 기대조차 하지 않는다.

경제인들의 참여는 곧 문화 간섭이라 여기는 까닭에, 경제인들이 문화활동에 적극 개입하는 것을 달갑지 않게 여긴다. 재정 지원은 하되 문화활동에 간섭은 하지 않기를 바라는 것이 문화인들의 기대이다. 왜냐하면 경제인들의 개입은 문화인들의 자존심을 상하게 하고 문화활동의 순수성을 훼손하며 문화적 수준을 떨어뜨린다고 여기는 까닭이다. 돈이면 문화도 살 수 있다는 경제인의 발상을 가장 싫어하는 것이 문화인들의 줏대이다. 그러므로 문화인들은 경제인의 주머니는 넘보면서 그들의 동참은 기꺼워하지 않는 이중성 속에 놓여 있다. 속으로는 재계 인사들을 사귀고자 하면서도 겉으로는 속물적 근성의 자본가로 경멸하기 일쑤이다.

이런 상황을 볼 때, 경제와 문화는 서로 가까이 하기 어려운 상극관계처럼 보인다. 문화인의 기대대로 경제인들이 재정 지원만 하고 문화활동에 전혀 무관심할 까닭이 없다. 이윤창출이 목적인 경제인이 일정한 재정을 투자하고 반대급부를 기대하지 않을 수 없기 때문이다. 지원한 것 이상으로 간섭하게 마련이다. 아예 돈으로 문화를 사려들기도 한다.

경제인들의 소망대로 문화인들은 저희들끼리 문화활동을 할 수 없다. 문화활동에는 일정한 물적 기반과 현실적인 재정이 필요하기 때문에 자연히 경제인들의 주머니를 넘보게 마련이다. 그러다가 재정확보가 어려우면 경제인들을 문화 지원에 인색한 자본가라고 삿대질을 하게 되는 것이다. 아예 재정만 요구하고 문화는 독점하려 들기도 한다. 경제인들의 문화활동 간섭이 달갑지 않은 까닭이다.

그러나 문화의 세기라고 하는 후기산업사회에 들어오면서 사정이 좀 달라졌다. 문화가 경제적 이윤을 창출하는 유망주라 여겨서 경제인들이 곧잘 문화투자에 관심을 기울인다. 과거처럼 골동품이나 미술품 투자가 아니라 문화산업을 표방하고 문화상품을 만들어내는 것이다. 이들은 경제인이면서 때로는 문화인 행세를 한다. 새로운 문화산업 진출을 위해 문화지식을 습득하는가 하면 문화창조의 아이디어까지 생산하는 것이다. 문화계에서는 이들이 경영인 아무개가 아니라 문화 전문가로 주목된다.

이와 달리, 문화도 상품이 될 수 있다는 판단 아래 문화인들도 곧잘 문화기획이라는 이름을 걸고 경제활동을 벌인다. 문화행사를 훌륭하게 치르기 위해 문화기획을 하는 것이 아니라 문화상품의 수요 창출을 위해 문화기획을 하는 것이다. 이들은 문화인이면서 가끔씩 경제인으로 변신한다. 경제적 이윤을 극대화하기 위해 서류조작을 하거나 인사의 요령까지 익혀 경영의 수완을 발휘하는 것이다. 업계에서는 이들이 문화인 아무개가 아니라 아무개 사장님으로 일컬어진다. 경제와 문화 또는 문화와 경제가 손잡고 가는 시대가 닥친 것이다.

문화의 세기가 더 진전되면 문화와 경제의 관계는 역전될 가능성이 있다. 경제의 시대였던 지난 세기에는 경제가 발전하면 문화가 따라서 성장할 것으로 생각하고 경제성장에 골몰했다. 그러나 문화의 시대라고 하는 금세기에는 문화와 경제의 관계가 역전되고 있다. 일정한 수준의 경제성장에 이르게 되면 사람들의 관심은 삶의 양적 풍요에서 삶의 질적 수준으로 옮겨가게 마련이다. 지금이 바로 그러한 전환점에 놓여 있다. 문화에 대한 수준 높은 욕구와 문화생활의 향유를 가치 있는 삶으로 여기는 사회에는 문화가 경제를 이끌어가게 마련이다. 다시 말하면 "종전에는 경제가 삶의 기반이라면 앞으로는 문화가 삶의 기반이라는 것이며, 경제력이 문화를 선도하던 시대에서 이제는 문화의 힘이 경제를 선도하게 된다는 것이다."[1]

한마디로 문화와 경제의 선후관계가 바뀌어서, 문화가 있는 곳에 경제가 있다고 할 수 있다. 아직은 문화 자체보다 문화산업에 골몰하고 있는 단계이다. 나는 문화산업을 문화생산으로 보지만,[2] 업계에서는 문화산업을 곧 문화상품으로 본다. 정부에서도 문화상품을 만들어내는 것이 곧 문화산업이라 여긴다. 문화에다 부가가치를 붙여서 이윤을 창출하는 것이 문화상품이자, 문화산업 활동이다. 실제로 어떤 가치를 지니고 어떤 기능을 발휘했던 문화든 이를 거래할 수 있는 교환가치로 환원시켜 놓은 것이 문화상품이다. 쉽게 말하면 돈 되는 문화가 문화상품이자 문화산업이다. 그러므로 기업은 본능적으로 돈 되는 문화산업에 눈을 돌리고 문화인들도 이런 일에 줄을 선다.

2) 「문화자치와 문화민주화를 겨냥하며」, 『지역문화와 문화산업』(지식산업사, 2000), p.8. "문화상업주의를 극복하지 않으면 문화산업의 생산력도 숨죽고 인문학문의 창조력도 메마르게 마련이다. 문화산업의 핵심은 문화 '상품'이 아니라 문화 '생산'이라는 사실과 함께, 인문학문의 창조력이 문화생산의 지식기반 확충에 기여할 때 비로소 문화산업도 활성화된다는 사실을 깨달아야 한다."

등을 돌리고 있던 문화와 경제가 문화산업을 통해서 모처럼 얼굴을 마주한 셈이다. 문화산업을 아예 문화경제로서 주목하기도 한다. 이처럼 문화와 경제가 한 몸이 되면 문화도 발전하고 경제도 발전될 것처럼 보인다. 문화산업을 통한 경제적 이윤이 불어나고 경제성장이 가능하면 따라서 문화성장도 이루어져야 한다. 문화성장은 문화생산이 왕성해야 비로소 가능한 일이다. 그런데 문화생산 활동에는 상대적으로 관심이 적다.

문화생산 활동은 두 갈래로 나누어 볼 수 있다. 하나는 구체적인 문화창조 활동이고, 둘은 경향성을 지닌 문화운동 활동이다. 문화창조 활동은 개인적으로는 예술활동으로서 작품창작 활동을 뜻하며, 집단적으로는 바람직한 시민문화 또는 국민문화를 만들어 가는 일이다. 작가들의 문예창작 활동과 시민단체들의 문화활동이 여기에 속한다.

문화운동은 민주화나 민중문화와 같은 이념지향적 경향성을 지닌 문화활동을 지속적으로 펼치는 일이다. 문화운동도 예술활동에 의한 것과 문화활동에 의한 것으로 나눌 수 있다. 예술활동에 참가하는 작가들은 상업적인 작품보다 이념지향적 작품을 창작하고 문화활동에 참여하는 시민들도 개인적인 이익보다 사회의 변화나 공동선을 위해 운동한다.

시민단체들의 문화활동은 문화운동과 만나기 일쑤이며, 예술운동은 문예창작 활동과 만나지 않을 수 없다. 따라서 문화생산을 크게 문예창작 활동과 문화운동으로 묶어 이해하는 것이 효과적이다. 문예창작 활동이 당장 수익을 보장하는 경우는 아주 드물다. 문화운동은 돈이 되기는커녕 오히려 돈과 시간, 노력을 써야 한다.

작품활동은 작가로서 창작욕구 때문에 가능한 것처럼, 문화운동은 추구하는 이념적 욕구 때문에 가능하다. 따라서 돈을 쓰면서도 작품창작을 하는가 하면 문화운동도 적극 벌이는 것이다. 그런데 지금 문화운동 현장에는 사람들이 별로 없다. 대부분 돈 되는 문화산업 현장에 가 있는 까닭이다. 돈 되는 일을 두고 돈 쓰는 일을 할 까닭이 없기 때문이다. 작가들도 문예작품을 창작하기보다 문화상품을 만들어내는 일에 골몰한다. 그러므로 문화운동이 죽고 문예작품 활동이 주눅들어 있다.

문화의 세기에 오히려 문화운동이 기를 펴지 못하고 문예창작 활동이 주목받지 못할 정도로 위축되어 있다는 것이 문제이다. 문화가 아니라 문화산업이 살 길인 것처럼 착각하고 있는 가운데 그 문화산업 때문에 정작 문화가 죽어 가고 있는 것이다. 돈 되는 문화산업에 줄을 서는 한 작가들도 창조력을 왕성하게 발휘하기 어렵고, 시민들도 문화운동에 적극적으로 나설 수 없다. 문화산업의 알맹이가 문화인데, 문화산업 때문에 정작 중요한 문화가 죽는다면 머지않아 문화산업도 죽는다. 알맹이는 죽고 빈 껍질만 남은 문화산업의 장래가 탄탄하다 할 수 없다.

 문화가 풍부한 가운데 생산된 문화상품이 더 각광을 받을 수 있다. 문화상품이 문화를 창출하는 것이 아니라 문화가 문화상품을 창출하는 토양이 이루어져야 한다. 그러자면 문화산업 이전에 문화 자체가 튼실해야 하며 문화다양성이 존중되고 문화창조력이 역동적으로 살아 있어야 한다. 문화성장에 목적이 있는 것이 아니라 경제성장에 목적을 두고 문화산업을 육성하려 드니 문제이다. 그 결과 산업과 경제가 주가 되면서 문화는 종으로 밀려나게 되었다. 따라서 나는 문화산업 육성정책을 경제성장 정책으로서는 인정하나 문화성장 정책으로서는 인정하지 않는다. 왜냐하면 이러한 문화산업 정책은 문화의 질적 수준을 한층 척박하게 만들기 때문이다.

 문화산업이 득세하면서 문화생산 구조와 문화운동 기반이 흔들리게 되면 문화산업의 전망도 밝지 않다. 문화를 메마르게 만드는 문화산업은 지속 가능성이 없기 때문이다. 그러면서도 문화산업에 몰두하는 것은 경제적 부가가치 창출 때문이다. 따라서 문화산업이 창출하는 경제적 가치 못지않게 문화 자체가 지닌 경제적 가치를 포착할 필요가 있다. 우리에게는 문화상품 이상의 경제적 가치를 지닌 문화유산이 풍부하게 전승되고 있다. 그런데 이들 문화유산들이 급격히 사라지고 있어서 문제가 심각하다. 문화적 가치 인식 못지않게 경제적 가치 인식도 제대로 해야, 이를 보존하고 지켜 나갈 수 있으며 문화자산으로 가꾸어갈 수 있다.

 가공된 보석이 문화상품이라면 다양한 가공이 가능한 원석이 문화유산이다. 보석상에 진열된 보석에만 관심을 기울이면서 무진장의 원석을 방치하는 것은 너도나도 보석가공만 하고 노다지나 다름없는 보석광산은 돌아보지 않겠다는 것이다. 노다지와 같은 풍부한 문화유산을 지키고 가꾸어야 질 좋은 문화상품 생산도 지속 가능하다. 그러한 문화노다지 가운데 하나가 민속문화이다. 과연 민속문화를 문화노다지라 할 수 있는가? 문화상품을 무진장으로 가공할 수 있는 노다지 문화자산이라 할 수 있는가? 이 질문에 답하는 것이 다음 장이다.

2. 무형문화 자산으로서 민속문화의 경제적 가치

민속문화는 세간에서 구비전승으로 존재하는 무형문화 유산이 중심을 이룬다. 앞으로는 유형문화의 시대에서 무형문화의 시대로 전환된다. 왜냐하면 무형문화야말로 모든 사람이 공유할 수 있고 계속해서 재생산이 가능하기 때문이다. 경제적으로 말하면 문화자산으로서 가치가 무한하다는 것이다. 달리 말하면 무형문화 중심의 민속문화는 마르지 않는 샘과 같다.

유형문화가 수돗물이라면 무형문화는 샘물과 같다. 수돗물은 끊임없이 생산하고 관리해야 할 뿐 아니라 상수도 시설을 통해서만 이용 가능한 물이다. 그러나 샘물은 아무런 시설 없이 누구든지 이용할 수 있으며, 사람들이 샘물로 이용하는 한 물이 마르지도 않고 샘의 기능이 중단되지도 않는다. 그러므로 샘물은 거의 무한한 청정 식수 자원이라 할 수 있으되, 수돗물은 상수도 사업소와 같은 기관에서 일정한 시설을 갖추고 계속 관리하며 공급하지 않으면 금방 고갈되고 폐쇄되는 한정 자원일 따름이다.

샘물이 식수원으로 노다지이듯이 민속문화도 문화자산으로서 노다지나 다름없다. 생활 속에 널리 전승되고 있어서 누구라도 거두어서 다듬고 재창조하면 새로운 문화로 거듭날 수 있다. 더 중요한 것은 노다지답게 우리들의 삶 속에서 무진장으로 전승되고 있을 뿐 아니라, 누군가 부지런히 수집해도 그 자리에 더 생생하게 살아 있다는 사실이다. 유형문화재는 누군가 수집해 가면 본디 현장에서 문화재가 사라져 버린다. 수집한 유형문화재를 박물관에 진열해 두어도 이미 문화현장에서 분리되어 있는 까닭에 살아 있는 문화라 할 수 없다.

따라서 고려청자와 같은 귀중한 유형문화재는 그 자체로 값지긴 하디라도 박물관에 진열되어 있거나 특정 개인이 소유하고 있어서 우리들의 문화생활에 실제로 쓰이지 않는다. 그리고 그 자원은 한정되어 있을 따름이다. 국보 제1호인 남대문도 거기 그 자리에서 한국의 건축문화를 드러낼 뿐 우리들의 일상생활과 무관하다. 보는 대상으로서 문화재는 한갓 구경거리에 지나지 않는다. 청자나 남대문이 망가지는 날 재현은 가능하지만 재생은 불가능하다. 재현된 문화재는 그 가치가 현저히 떨어진다.

그러나 아리랑과 같은 민요나 풍물과 같은 민속음악은 그 자체로 값을 매길 수 없다. 어디서나 흔하게 듣고 볼 수 있어서 대수롭지 않게 보인다. 고려청자처럼 거래되는 골동품도 아니다. 따라서 유형문화 중심의 문화정책에 매몰되어 있거나, 골동품의 투자가치에 현혹된 사람들에게 이들 민속문화는 경제적 가치가 전혀 없는 것처럼 보인다. 고려청자와 달리 아무런 댓가를 지출하지도 않고 누구나 부르며 즐기는 노래문화의 가치는 인정하지 않는다. 그렇지만 요즘 노래방에 가서 노래를 부르며 즐기는 데 시간 단위로 지출하는 비용을 생각하면, 그동안 온 국민이 아리랑을 불러온 우리 민족의 노래값은 계산할 수 없을 정도로 막대하다 하지 않을 수 없다.

풍물도 마찬가지이다. 집안에 회갑이나 혼례가 있을 때에 풍물잡이들이 풍물을 쳐서 집안잔치를 동네잔치로 만드는가 하면, 정월 대보름 날 동제를 지낸 뒤에 지신밟기를 할 때에도 집돌이 풍물로 집집마다 안과태평을 빌어 주고 마음껏 신명풀이를 할 수 있는 마을축제로 발전하여 마을 사람들을 모두 흥겹게 만들어 준다. 마을에서 줄당기기를 하거나 동채싸움을 할 때에도 풍물은 필수적이고, 들에서 모내기를 하고 논매기를 하는 등 두레를 할 때에도 풍물은 빼놓을 수 없다.

놀이를 더욱 신명나게 하고 일까지 흥겹게 할 수 있도록 하는 풍물의 놀이 비용과 노동생산력 비용을 따지면 어지간한 골동품 문화재로는 견줄 수조차 없을 만큼 대단한 값을 감당해 왔다 하지 않을 수 없다. 이를테면 두레풍물이 우리 민족의 농업생산력 증진에 이바지한 결과를 교환가치로 환산한다면 엄청난 경제적 효과와 막대한 실질 소득을 올렸다고 할 수 있다. 다만 집안에서 일하는 주부들의 노동처럼, 다만 이를 값으로 환산하지 않고 무상으로 공유하는 문화이기 때문에 경제적 가치가 없는 것처럼 착각하고 있을 따름이다.

이처럼 민요나 풍물 같은 민속문화는 무상으로 서로 공유하면서 더불어 누리는 살아 있는 공동체문화 기능을 발휘하는 까닭에 경제적 가치로 환원할 수 없는 의미가치를 지닌다. 다시 말하면 유형문화재는 그 자체로 누릴 수 없는 문화가 대부분이지만, 무형문화재는 누구나 더불어 누릴 수 있는 향유 가능한 문화라는 것이다. 따라서 외국 사람들이 문화관광을 위해 한국에 올 경우에 국보 1호인 남대문 구경을 하는 데 관심을 기울일 것인가, 한국의 민요나 풍물을 감상하는 데 관심을 기울일 것인가. 사람마다 기호가 달라서 쉽게 단정할 수 없지만, 현지 문화를 체험하기를 원하는 사람은 남대문보다 민요나 풍물 쪽을 선택할 것이다.

남대문은 국보 1호로서 우리 문화재의 으뜸을 차지하지만, 사실상 멀리서 바라보는 일만 가능할 뿐 실제 문화체험은 불가능하다. 유형문화재의 대부분이 문화체험은커녕 때로는 손도 대지 못하고 사진촬영조차 금지되기 일쑤이다. 문화재를 훼손하는 까닭이다. 박물관 수장고에 있는 문화재는 구경조차 하지 못한다. 그러나 민요나 풍물은 문화재로 지정되지 않은 것이라도 향유하는 데 문제가 없다. 바라보기로서 구경만 가능한 것이 아니라 함께 따라 하고 익히는 문화체험도 가능하다. 구경꾼으로서 바라보는 것이 아니라 문화현장에 끼어들어 함께 할수록 빛이 나는 것이 민요나 풍물과 같은 무형문화이자 민속문화이다.

실제로 외국인들이 남대문을 보러 오는 일은 드물다. 한국에 온 김에 그러한 문화재도 보는 것이다. 그러나 한국의 민요나 풍물을 익히러 오는 외국인들은 더러 있다. 판소리를 배우고 풍물을 익히며 굿을 보기 위해 한국을 찾는 것이다. 유형문화재를 목표로 한 문화관광보다 무형문화재를 익히기 위한 문화관광의 경우 목적의식이 한층 뚜렷할 뿐 아니라 문화체험을 실감나게 할 수 있는 까닭이다.

더욱 흥미로운 사실은 유형문화의 체험은 현장에서 끝나지만 무형문화의 체험은 관광에서 돌아와도 그것을 지속할 수 있다는 점이다. 유형문화 체험은 기억속에 남아 있을 뿐이되, 무형문화 체험은 실제 생활에서 문화행위를 통해 생생하게 재현하며 끊임없이 재체험할 수 있다. 따라서 같은 문화관광이라도 유형문화 중심의 관광은 추억으로 간직하다가 잊어버리게 마련이나, 무형문화 중심의 관광은 자기 삶 속에서 문화체험을 지속할 수 있다.

사찰과 불상 등 경주의 불교문화재나 서원과 종가 등 안동의 유교문화재를 관광해서는 관련 문화에 대한 지식은 터득하지만 실제로 자신의 문화적 역량의 변화는 기대하기 어렵다. 왜냐하면 이들 문화재는 모두 유형문화재이기 때문에 문화지식은 수용하되 문화활동 자체는 가져갈 수 없는 까닭이다. 아주 드물게 종가에서 행하는 제의를 보고 배울 수 있어 실질적 문화생활을 변화시킬 수 있지만, 이 경우에도 이미 제의라고 하는 것은 무형문화라는 사실이다. 그러므로 '백문이불여일견'이라는 관점에서 구경에서 얻은 지식효과만 기억속에 한참 남을 따름이다.

그러나 하회탈놀이와 강강술래 등의 민속예술이나, 부석사 연기설화와 정선아라리 등의 민속문학 양식들은 현장에서 보고 들으면서 문화지식을 습득하는 데 머물지 않고 자신의 문화적 역량을 새롭게 축적하거나 문화향유의 주체로서 문화행위를 직접 수행할 수 있다. 강강술래의 간단한 놀이방식을 익혀서 공동체 놀이로서 즐기는 것이 가능할 뿐 아니라, 부석사 연기설화는 한 번 듣는 순간 기억이 되는 까닭에 끊임없이 다른 사람들에게 들려줄 수 있다. 정선아라리와 같은 민요는 쉽게 익혀서 자신의 노래목록에 추가할 수 있으며 회식자리에서 한 자락 뽑을 수도 있다. 나는 전주에 갈 때마다 뒤풀이 자리에서 판소리 단가 한 자락을 기꺼이 부르는 현지 교수들의 문화적 역량을 부러워할 따름이다.

학교에서 역사교육을 통해 주로 유형문화재 중심 또는 문화유적 중심의 문화 공부를 하였을 뿐 아니라, 초등학교 수학여행에서 대학교 졸업여행까지 줄곧 유형문화재 중심의 역사유적을 찾아다닌 까닭에, 문화적 자각에 이르지 못한 사람들은 알게 모르게 문화관광이라 하면 으레 역사유적을 찾아가는 일처럼 고정관념을 가지기 쉽다. 그러나 문화적 자각을 통해 전통문화 유산을 체험하고 이를 자기 삶 속에 가져가려고 하는 사람들은 역사유적지보다 민속문화의 현장을 찾아간다. 현장에서 실질적인 문화체험을 하는 가운데 문화유산들을 조사하고 수집하는 것이다. 그렇게 조사되고 수집된 자료는 자기 것으로서 독자적 가치를 지닐 뿐 아니라, 민족문화 유산으로서 축적된다.

안동에서 가장 오래된 고찰 봉정사를 조사하면 새 자료를 만들기 어렵다. 전문가들의 기존 조사를 뛰어넘기 어려운 까닭이다. 아무나 조사보고서 만들기도 어렵고 이렇게 조사한 자료는 새 자료로서 인정받기도 힘들다. 그러나 봉정사 전설을 조사하면 언제 누가 조사하든 새 자료로서 만날 수 있고 녹음자료를 채록하면 보고서로 남길 수도 있다. 녹음자료를 그대로 저장하면 더욱 생생한 자료가 축적된다. 학부 학생들 수준이면 녹음과 채록이 가능하다. 무형문화는 구비전승 자료처럼 가변성이 있기 때문에 조사상황만 잘 기록해 두면 각편(version) 자료로서 가치를 지니기 때문이다.

실제로 유형문화재는 전문가가 아니면 현지조사도 어렵지만 자료 자체의 수집은 구조적으로 불가능하다. 대부분 문화관광 수준의 현지답사에 머물기 마련이다. 그리고 유형문화는 한정되어 있다. 그러나 무형문화는 무한정이라 해도 좋을 만큼 풍부하다. 지역공동체가 유지되는 마을이라면 시골마을 어디를 가든 조사하고 수집할 만한 무형문화 자료가 차고 넘친다. 물론 무형문화 자료들은 대부분 민속문화에 해당된다. 이들 자료들은 잠깐씩 조사해도 방대한 분량의 마을 민속 보고서를 이루게 마련이다.

유형문화와 달라서 거듭 조사한다고 훼손되거나 망실될 염려도 없다. 거듭 조사할수록 자료는 생생하게 되살아난다. 자료를 수집해 간다고 현장에서 자료가 증발되는 것도 아니다. 거듭 수집해 가도 현장에는 자료가 고스란히 남아 있다. 오히려 조사를 거듭 하게 되면 주민들 스스로 민속문화에 대한 관심이 증대된다. 무심하게 여겼던 자신들의 문화에 관해 새삼 애착을 가지고 적극적으로 전승하려는 의지를 갖게 만든다.

유형문화는 소유주가 있어 수집도 어렵고 상품화도 힘들지만, 무형문화는 소유주가 없이 전승집단이 공유하는 까닭에 수집도 자유롭고 상품화도 수월하다. 골동품과 같은 유형문화는 수집하는 데 구입비는 물론 보관하고 전시하는 데에도 상당한 공간과 시설이 필요하다. 넉넉한 공간을 확보해도 유물 자료 전시는 한계가 있고 유적은 규모가 크기 때문에 축소모형 외에는 전시하기도 사실상 어렵다. 그리고 이것을 보기 위해서 누구든 현지까지 찾아오는 번거로움을 겪어야 한다. 때로는 도굴범이나 문화재 도둑들에 의해 잃어버리기도 한다. 기껏 박물관을 짓고 자료를 수집해 두어도 나비채집과 같은 박제화에 머무는 것이 현실이다.

그러나 무형문화는 고정된 박제품이 아니라 그때마다 가변성을 지니며 생동한다. 같은 문화현상이라도 조사할 때마다 다르고 조사상황마다 독특한 자료로 수집되어 다양한 각편으로 존재한다. 무형이기 때문에 특별한 공간이나 대규모 시설 없이 디지털 자료로 전환하여 사이버 공간에다 무한 저장이 가능할 뿐 아니라 타임캡슐에 보관한 것 이상으로 원형을 오랫동안 보존할 수 있다. 게다가 활용성도 높다. 컴퓨터 앞에 앉으면 누구든지 쉽게 접속해서 만날 수 있고 언제든지 또 얼마든지 복제해서 이용할 수 있는 것이 무형문화 자료이다. 세계 사람들이 자기 고장에 앉아서 한국의 전통문화와 한국인의 문화생활을 실감나게 만날 수 있다. 사이버 공간에 우리 문화자료를 올리는 순간 그것은 곧 세계화를 획득한다.[3] 오늘날 문화콘텐츠사업이 무형문화재 중심으로 가는 것도 그 때문이다.

미래가 디지털 문화로 가고 사이버 공간을 통해 문화가 소통된다는 사실을 고려하면 할수록 유형문화에서 무형문화로 가야 한다는 문화인식 전환이 긴요하다.[4]

유형문화재는 으레 유일무이한 것이어서 박물관의 수장고나 진열실 또는 소장가의 금고에 갇혀 있게 마련이다. 따라서 문화로서 공유는 물론 소통도 불가능하다. 그러므로 유형문화를 자유롭게 공유하고 서로 소통하는 문화가 되려면 무형문화로 전환시켜 갈무리할 필요가 있다. 무형문화로 전환하면 현장에 가지 않고도 사이버 공간을 통해서 생생하게 만날 수 있다.

경주의 석굴암은 대단한 문화재이지만 우리가 가질 수도 없고 현장에 가서도 속속들이 들여다 볼 수도 없다. 그런데 이를 디지털 사진기로 찍어서 3-D 영상으로 재구성해 놓으면 현장에서 석굴암을 보는 것보다 더 입체적이고 체계적으로 살펴볼 수 있다. 현장에 가서도 볼 수 없는 부분, 또는 현장에서 봐서는 잘 보이지 않는 부분까지 다각적으로 확대해서 꼼꼼하게 분석할 수 있는 자료를 확보할 수 있다. 이렇게 확보한 디지털 자료는 다양하게 편집하여 필요에 따라 얼마든지 다른 자료들을 만들어낼 수 있다. 다양한 문화상품 제작이 가능한 것이다.

유형문화재는 한정자원인 데다가 소유주가 있어서 무형문화로 전환하는 데 장애가 있다. 석굴암만 하더라도 내부 촬영을 허가하지 않아 뒷모습을 디지털 영상으로 정확하게 재현하는 데 실패했다. 그러나 무형문화재는 무진장일 뿐 아니라 누구도 이의 소유권을 고집스레 주장하지 않는다. 따라서 마음만 먹으면 얼마든지 문화자원으로 만들 수 있다. 그것은 마치 주인 없는 시원한 바람을 모아서 저장했다가 파는 것이나 다름없는 일이다. 그러나 바람은 저장이 불가능하다. 바람을 저장하는 순간 이미 바람은 사실상 사라져 버리는 까닭에 자원으로 축적할 수 없다.

하지만 전설이나 민요, 민속춤, 민속놀이와 같은 민속문화의 무형적인 유산들은 주인 없는 바람과 같은 것이되, 음향이나 영상으로 저장해도 그 본디 가치가 잘 살아 있을 뿐 아니라 문화자원으로 썩 훌륭한 가치를 지닌다. 유형문화는 그 자체로 가치를 지니지만, 무형문화는 그 자체보다 오히려 디지털 자료로 저장했을 때 문화자산으로서 더 가치가 있다. 왜냐하면 얼마든지 재활용과 재창조, 그리고 소통은 물론 유통까지 가능하기 때문이다. 따라서 주인 없는 무형의 민속문화를 지속적으로 수집하고 디지털로 잘 저장만 한다면, 얼마든지 문화콘텐츠 구실을 할 수 있는 풍부한 문화인프라를 제공하게 된다.

이는 마치 김선달이 대동강물 팔아 먹는 일과 비교해도 뒤지지 않는 장사다. 대동강물은 불법적이어서 거듭 팔아 먹을 수 없다. 계속 속아주지도 않는다. 유형문화재의 해외 반출은 불법이되, 무형문화의 거래는 불법으로 문제되지도 않는 데다가 이를 디지털 콘텐츠로 전환하면 얼마든지 저장할 수 있기 때문이다. 같은 자료를 거듭 팔아도 재고가 바닥나지 않으며 변질되지 않는 것이 디지털 자료이므로 한 번 수집해서 잘 갈무리해 놓으면, 그것은 마르지 않는 샘을 파 놓은 것과 같아서 완벽한 문화자산 구실을 할 수 있다.

왜냐하면 문화는 돈으로도 바꿀 수 없는 가치를 지니고 있기 때문이다. 돈은 벌면 언제든지 다시 확보할 수 있지만 문화를 그 자체로 팔아 먹어 버리면 다시는 찾을 수 없기 때문이다. 다시 말하면 돈은 도둑 맞아도 열심히 벌어서 회복하면 되지만, 고려청자는 한번 팔아 먹으면 절대로 회복할 수 없다. 돈은 찢어 버려도 다시 원상복구가 가능하지만 고려청자는 한번 깨뜨려 버리면 원상복구가 불가능하다. 그러므로 장개석 총통은 본토에서 대만으로 퇴각할 때 군함에다가 군대와 황금, 문화재 가운데 무엇을 싣고 갈까 궁리하다가, 군대와 황금을 제쳐두고 문화재를 가득 싣고 갔다. 지금 대만의 고궁박물관에 있는 막대한 중국의 문화재는 대만을 지탱하는 힘이다. 이제 대만에는 군대도 있고 황금도 있다. 대만의 군사력이나 경제력은 대단히 막강하다. 만일 그때 문화재를 가져오지 않았다면 대만에는 지금과 같은 역사적인 문화재를 절대로 가질 수 없다.

3. 국가 이미지 창조로서 민속문화의 경제적 가치

세계화를 지향하는 문화의 세기에서 중요한 것은 경제적 수준 못지않게 문화적 수준과 문화적 이미지, 문화적 창조력이다. 국민들 스스로 가지는 문화적 자부심과 긍지도 중요하지만 국제사회에서 한국문화를 인식하는 눈도 대단히 중요하다. 왜냐하면 경제력이나 군사력 못지않게 문화적 독창성이 실질적으로 국민들의 문화주권을 확보해 주는 까닭이다. 한국문화가 민족문화로서 고유성과 독창성을 인정받는한 우리 민족은 지구상에서 망하지 않는다고 장담해도 좋다. 문화적고유성이 곧 국제사회 속에서 생존권을 보장받을 수 있기 때문이다.

미국이 아무리 대단한 강국이라도 영국을 우습게 보지는 않는다. 그것은 미국 문화가 영국에서 비롯된 것일 뿐 아니라, 미국인들이 영국문화의 오랜 전통과 높은 수준을 존중하기 때문이다. 영국과 독일이경제적 군사적으로 앞서지만, 그리스와 이탈리아를 얕보지 않는다. 유럽 문화의 역사와 전통이 그리스와 이탈리아 문화에 뿌리를 두고 있다는 자부심을 지니고 있는 까닭이다.

인도나 티베트는 대단한 오지인 데다가 국민소득이 매우 적고 생활수준이 낮아서 여러 모로 여행하는 데 불편하기 짝이 없지만, 세계 사람들은 인도와 티베트를 끊임없이 찾아간다. 서구 사람들의 해외 문화관광지로 주목받는 지역이다. 물론 인도와 티베트의 자연경관을 보려고 찾아가는 것은 아니다. 그들의 고유한 전통문화를 보고 체험하기 위해서 여행하는 것이다. 인도의 독특한 힌두문화와 티베트 고유의 풍속들이 문화를 사랑하는 세계 사람들을 계속 불러들이는 것이다. 세계 어느 나라와도 다른 고유한 문화가 국가 이미지를 창조하고 있는 까닭이다.

인도라고 하면 암소를 숭배하는 힌두교가 떠오르고 요가 수련을 하는 사두가 생각난다. 수도자들이 인도 바라나시를 찾아간다. 티베트라고 하면 달라이 라마의 티베트 불교와 함께 주검을 독수리에게 던져 주는 천장이 떠오른다. 구도자들이 티베트의 설산을 찾아간다. 힌두교의 여러 독특한 풍속과 티베트의 기이한 전통이 세상 사람들의 문화적 호기심을 끌기 충분하다. 독특한 전통문화가 곧 문화관광 자원 구실을 한다. 따라서 문화가 없는 곳에는 관광도 없다. 독특한 문화가 바로 그 국가의 이미지를 창출하는 까닭인데, 그것은 국제사회 어디서나 표준화되어 있는 고급문화보다 그 민족 고유의 민속문화가 그러한 구실을 한층 적극적으로 감당한다.

관광산업을 위해서도 문화가 독특해야 하지만, 기술상품을 해외에 수출하기 위해서도 독특한 문화적 이미지가 필요하다. 그것은 마치 캐릭터가 상품 구매 욕구를 자극하는 것과 마찬가지이다. 우리가 상품을 사는 것 같지만 사실은 상품이 지닌 이미지를 사는 것이다. 해외상품을 구입하는 경우에 상품의 상표와 더불어 상품이 생산된 국가의 이미지도 함께 떠올리게 된다. 상품을 만든 기업 이미지와 마찬가지로 상품의 국적 이미지도 좋아야 상품 선호도가 높아진다. 기업 이미지는 제품과 더불어 CI(Corporate Identity)가 만들어 가지만, 국가 이미지는 그 나라 고유문화가 만들어 간다.

국가 이미지는 곧 국가 브랜드라 할 수 있다. 사람들은 상품의 질이나 가격을 따지기 전에 어느 나라 제품인가를 먼저 가늠하게 되므로 사실상 국가 브랜드는 '보이지 않는 손'으로 일컬어진다. 성균관대학교 국가브랜드경영연구소가 최근에 한국 국가 이미지에 대한 조사 결과를 발표했는데, 조사 대상의 52.4%가 한국의 대표적인 이미지로 문화를 꼽았고 문화관련 항목 중에는 음식이 51.8%를 차지하였다. 국가 이미지 창출에는 문화가 가장 중요한 비중을 차지한다는 사실을 입증한 셈이다.

그럼 한국을 상징하는 문화는 무엇인가. 남대문과 경복궁, 불국사, 석굴암 등의 문화유적이나 고려청자와 조선백자, 금관 등의 문화유물들이 그런 구실을 한다. 그러나 이러한 문화재들은 아는 사람만 안다. 전문적인 문화지식이나 상당한 역사적 식견을 가지고 있지 않으면 한국 사람도 정확하게 모른다. 이들 문화재와 더불어 친숙해질 만한 구체적인 문화 경험의 기회가 거의 없기 때문이다. 하지만 김치와 한복, 탈춤, 불고기, 태권도 등의 민속문화[5]는 사정이 다르다. 이들은 한국의 문화상징 10가지 항목의 중심을 차지하고 있을 뿐 아니라 실제 생활 속에서 널리 익히고 누리며 누구나 체험 가능한 문화인 까닭에 그 인상이 한층 더 깊다.

5) 문화관광부에서 정리한 '한국 문화상징 베스트 10'을 보면, '한복, 한글, 김치, 불고기, 불국사, 석굴암, 고려인삼, 태권도, 탈춤, 종묘제례악, 설악산, 세계적 예술인' 등이 제시되어 있다.

문화관광부의 대표적인 한국문화 상징과 달리 국제사회에서 실질적으로 한국인의 얼굴 노릇을 하는 것은 하회탈이다. 하회별신굿탈놀이와 함께 전승되는 하회탈은 하회마을의 탈이자 하회 사람들의 얼굴이며 하회리의 보배로서 하회의 동보(洞寶)라 할 만하지만, 이제 하회탈은 하회마을에 머물지 않고 한국의 탈이자 민족의 얼굴이며 우리 전통문화의 상징으로 우뚝 섰다. 하회탈은 나라의 보물로서 '국보'일 뿐 아니라, 다른 여러 국보들을 제치고 실질적으로 한국문화를 상징하는 문

화재 구실을 하고 있다. 그 결과 하회탈은 국제사회에서 한국과 한국인을 상징하는 캐릭터이자 아이콘이며, 우리 민족문화의 전통을 상징하는 대표 노릇을 톡톡히 하고 있다. 국보 중의 국보로서 일종의 메타문화재라 할 수 있다.

하회탈은 독특한 변증법적 미학을 개척하여 조형예술의 한 경지를 열어 보이는 세계적 수준의 조각품이자, 탈놀이를 위한 분장도구로서도 뛰어난 걸작이다. 그런 까닭에 국보로 지정된 문화재는 숱하지만 하회탈처럼 한국문화의 대표적인 상징 구실을 폭넓게 하는 문화재는 없다. 외국 사람들도 하회탈을 보면 한국과 한국인, 한국문화를 떠올릴 정도로 하회탈은 세계 속에서 한국문화의 정체성을 드러내는 한국인의 명함이자 신분증 구실을 하고 있다. 한국과 한국문화를 알리는 각종 유인물과 포스터의 단골 모델이 하회탈이다. 물론 국내 각 기업에서도 광고모델로 하회탈을 빈번하게 이용하고 있다.

따라서 2003년 대구 U대회에서도 선수촌 기념품 상점에서 외국 선수들의 선물용으로 가장 많이 찾는 것이 하회탈이었다. 일본 축구선수 모모다케 에리는 하회탈이 "표정이 재미있으면서도 이국적"이라며 하회탈을 구입했다.[6] 그러므로 한국인의 개성 있는 초상으로서 한국문화를 널리 알리고 우리 전통문화의 수준을 세계 속에 드러내는 한국 최고의 문화유산이 바로 국보 하회탈이다. 하회탈놀이도 매년 2회 정도 해외 초청공연을 해왔다. 앞으로 이러한 해외공연은 더 빈번할 조짐이다. 단일 예술종목으로 국제무대에 10여 년간 끊임없이 초청공연을 하는 예술단은 이밖에 또 있을까. 찾기 어렵다.

하회별신굿탈놀이는 하회마을이라고 하는 가장 최소 단위의 지역공

동체에서 전승되는 민속문화이다. 그러나 하회탈이 지닌 탈로서 고유
성과 형상성, 그리고 하회탈춤의 문화적 전통은 세계적인 주목과 평가
를 받으면서 국가 이미지를 바꾸어 놓고 있다. 엘리자베스 2세 영국 여
왕을 안동으로 불러들이는 데 결정적인 구
실을 했으며,[7] 이를 계기로 안동이라는 작
은 고을을 세계지도 속에 떠오르게 만들었
다.[8] 하회탈이라고 하는 작은 민속문화재
하나가 국가 이미지를 세계 속에 부각시킨
사실 하나만으로도 대단한 경제적 효과가
있다. 1990년대 중반 럭키금성을 엘지(LG)
라는 CI로 변경하면서 초우량 세계화 기업
을 선포하고 기존의 가전분야보다 정보통
신 분야에 역점을 두면서 이미지 변화를 시
도한 것이 좋은 보기이다. 대기업들은 이러

7) 하회별신굿탈놀이 전승자들은 한영교류
200주년을 기념하는 행사로 1997년 11월 2
일에서 6일까지 영국 런던의 엘리자베스 극
장에서 탈춤을 공연했으며, 이때 엘리자베
스 2세 영국 여왕이 참관을 하고 찬사와 격
려를 아끼지 않았다고 한다.

8) 엘리자베스 2세 영국 여왕이 한국 방문을
앞두고 대영박물관 한국실에 들러 한국의
문화유물을 둘러보는 자리에서 한국 지도를
가리키며 안동이 어느 곳에 있었는가 질문
을 하고 확인을 했다. 엘리자베스 여왕이 한
국 방문길에 안동 하회마을을 들르게 된 이
후, 세계 사람들은 한국에서 서울과 안동을
기억하게 되었고 안동을 방문하는 방문자가
늘었다고 한다. 그 이후 하회마을의 관광객
수는 폭증했으며 외국인들도 안동을 찾는
사람들이 부쩍 늘어났다.

안동 도산서원

한 기업 이미지를 재창조하기 위해 상징과 로고 유형을 바꾸는 데 막대한 예산을 투입한다. 그러한 투자가 더 많은 경제적 이득을 창출하는 까닭이다.

그런데 국가 이미지는 로고와 상징을 새롭게 만든다고 형성되는 것은 아니다. 하회탈과 같은 고유한 민족문화가 자연스레 이를 창조하는 것이다. 앞으로 국가 이미지를 국제사회 속에 가다듬어 갈 것은 민족문화 가운데에서도 민속문화이다. 남대문이나 금관보다 김치나 태권도, 한복, 온돌, 고추장 등과 같은 민속문화가 국가 이미지를 새로 만들어 가고 경제적 이익까지 창출할 가능성이 더 높다.

실제로 과거에 김치는 외국인 앞에 내놓기 부끄러운 우리 고유의 음식문화였다. 그러나 지금은 김치가 세계인들이 선호하는 부식일 뿐 아니라, 국제식품규격위원회(CODEX)에 한국 김치를 국제규격 식품으로 등록하는 성과까지 거두었다. 일본 정부가 문화침탈이라는 비난까지 받아 가며 한국 김치를 제치고 '기무치'로 국제규격 식품을 승인받고자 한국과 무리하게 경쟁을 벌인 것은 그만한 경제적 실익이 있기 때문이다. 다른 부문에서는 국제사회에서 일본과 경쟁해서 이기기 어렵지만 김치와 같은 민속문화 부문에서는 당당하게 승리할 수 있다.

김치의 경제적 가치는 구체적인 수출 물량에서 단박에 포착된다. 농수산물유통공사는 6월 24일 현재 "올해 1~5월의 김치 수출은 3746만 5000달러로 지난해 같은 기간에 비해 31% 증가했다"고 하며 "6월부터는 홍보효과가 본격적으로 나타나면서 증가세가 더욱 확대될 것"이라고 전망했다. 올해 주력시장인 일본과 중국, 홍콩, 대만, 싱가포르 등 5대 시장을 중심으로 수출목표를 9500만 달러로 잡았으나 이를 충분히 웃돌 것으로 내다봤다. 이에 따라 지난 88년 서울 올림픽 때 1300만 달러로 첫 발짝을 뗀 김치 수출이 15년 만에 1억 달러 고지를 넘어설 전망이다.[9] 이러한 전망은 사스 영향으로 초과 달성될 가능성이 있다. 중국에서 김치에 대한 인기가 높아져 대중국 김치 수출이 일년 만에 5배로 늘어났다.

김치가 이제 한국의 이미지를 바꾸어 놓고 있다. 단순히 매운 맛의 신선한 야채를 즐기는 것이 아니라 건강식품으로서 김치를 주목하기 시작한 것이다. 채식의 건강법과 함께 김치의 장점을 이해하는 사람들은 점점 한국의 된장과 고추장 등에도 관심을 가지게 마련이다. 한국의 고유 식품늘이 건강식의 보기가 되면, 우리 식문화가 국제사회에서 채식문화와 발효식문화를 선도하게 될 뿐 아니라, 한국식당이 주목을 받게 된다. 실제로 사스가 문제되면서 중국과 일본,[10] 미국 등 외국에서 한국식당을 찾는 사람이 늘어났다. 중국에서는 한국식당에 손님들이 줄을 서서 기다려야 할 정도로 붐볐다.

한국식당이 해외에서 널리 인기를 끌면 우리 식문화만 보급되는 것이 아니다. 한국의 식품 재료는 물론 식당을 장식하기 위해 한국을 상징하는 전통문화에서부터 한국의 조리사들까지 두루 수출된다. 실제로 일본에서 새로 문을 여는 한국식당들이 급증하면서 한국 공예품에 대한 주요 수요처로 떠오르기 시작했다. 대포집 분위기에서 경양식 장사가 되지 않고 경양식 집에서 북경 요리를 취급할 수 없듯이, 일식집 분위기에서 한식을 팔 수 없다. 일식당이 일본 문화로 인테리어를 하듯이 일본이나 중국의 한국식당에도 한국문화로 인테리어를 하지 않을 수 없다. 식당 인테리어에 한국적 분위기를 물씬 풍기기 위해서는 하회탈·전통가구·한옥 창호 등의 한국 공예품들이 꼭 필요했기 때문이다.[11] 그러므로 김치와 같은 민속문화의 경제적 파급효과는 그 가치를 따지기 어려울 정도이다.

우리 식문화의 이미지가 국제사회에서 건강하게 자리잡히면 해외에서 한국식당이 널리 보급되고 거기에 따라 우리 문화들이 계속 확산되듯이, 우리 민속문화가 국제사회에서 인정을 받아서 한국문화의 이미지가 개선되면 우리 문화에 대한 세계인들의 시선이 달라진다. 하찮게 보던 한국문화와 예술에 대한 대중적 관심을 넘어서 학술적인 관심을 기울이게 된다. 그러면 알게 모르게 한국 전통문화를 연구하고 우리 민속예술을 익히기 위해 외국 사람들이 찾아오게 마련이다.

이렇게 찾아오는 외국인이 늘어나면 날수록 문화적 효과와 더불어 경제적 효과도 무시할 수 없게 된다. 외국 대학에서 한국인 유학생을 유치하기 위해 갖은 노력을 하는 것도 바로 경제적 이득 때문이다. 한국을 찾아와서 한국어를 익히고 한국 전통문화와 민속예술을 익히고 간 사람이 한국에 대해서 적대적일 수 없다. 이들은 한국의 전문가를 스승으로 섬기게 되고 한국 민속문화를 보급하는 해외 문화 선교사 구실을 한다.

우리 민족문화를 익히고자 한국을 찾아오는 사람들이 석굴암의 조각술이나 남대문의 건축술을 익히고자 하는 경우는 거의 없다. 한국의 풍물과 판소리, 민요, 탈춤 등 대부분 민속문화를 익히고자 찾아오는 것이다. 우리 민속문화를 익히는 사람들은 본격적인 문화 전공자가 아닌 경우도 많다. 장기간 한국에 머무는 외교관 가족들이나 외국 기업 직원들은 물론 유학생들이 풍물을 익히고 민요와 탈춤을 배우는 것은 쉽게 볼 수 있다. 금관 제작술을 배우거나 청자를 빚는 기술을 배우겠다고 나서는 경우는 거의 없지만 민속문화를 배우고자 하는 이들은 상당히 많다.

민속문화가 한국의 문화적 이미지를 상징할 뿐 아니라 누구든지 공유할 수 있는 민중성을 지니고 있는 까닭이다. 외국인들에게 한국인의 이미지로 강렬한 인상을 주는 문화적 대상도 토속적인 민속예술이다.

민속예술에는 여러 가지 문화적 상징성이 다양하게 갈무리되어 있기 때문이다. 고급문화의 관점에서 보면 민속문화의 토속적 상징성과 고유한 이미지는 하찮게 보이지만, 이국 문화에 관심을 기울이는 외국인들의 눈에는 대단한 문화체험의 대상으로 주목되는 것이다. 서구인들이 인도와 티베트를 끊임없이 여행하는 것도 이러한 문화적 호기심 때문이다.

현대인들은 첨단 과학기술 속에서 살고 있는 것처럼 보이지만 사실은 문화적 상징과 같은 이미지 속에서 살고 있다. 싱품을 사는 것이 아니라 상표를 사고, 고급기술을 비싸게 사는 것이 아니라 명품을 비싸게 사는 것이다. 만일 정확하게 시간을 보기 위해 시계를 산다면 누가 수십만 원 또는 수백만 원을 주고 명품 시계를 살 것인가. 2만 원만 주어도 시간이 정확하게 딱딱 맞는 시계가 얼마든지 있는데 말이다. 물건을 담을 요량이면 왜 값비싼 베네통 가방을 굳이 사려고 하는가. 3만 원만 주어도 더 많은 물건을 담을 수 있는 가방이 얼마나 많은가.

유명 상표의 가방을 들고 명품 시계를 차는 것은 가방이나 시계의 본디 목적과 무관하다. 처음에는 고급 품질을 택했지만 마침내는 해당 상품의 이미지를 사는 것이다. 어른들만 그러는 것은 아니다. 아이들도 문구류를 살 때 자기가 좋아하는 캐릭터가 있는 상품을 택한다. 문구의 기능을 사는 것이라기보다 캐릭터의 이미지를 사는 것이다. 그러므로 상품의 품질 못지않게 상표의 이미지가 지닌 경제적 가치는 대단하다.

모든 상품과 상표의 이미지를 구성하는 중요한 요소 가운데 하나가 국가이다. 어느 나라 상품인가 또는 어느 나라 상표인가 하는 것이 상품에 붙어 있는 캐릭터처럼 상품의 선호도에 영향을 미친다. 따라서 상품의 해외수출 증진을 위해서도 국가의 문화적 이미지를 고양하는 일이 중요하다. 그러한 문화적 이미지를 창출하는 것이 바로 민족 고유의 민속문화인 것이다. 쉽게 말하면, 특정 민속문화가 세계인들 속에 국가 이미지로 각인되면 그것은 거대한 다국적기업의 CI처럼 우리 수출상품의 신뢰도를 높이고 구매력을 증진시키는 구실을 하는 것이다. 지금 하회탈은 사실상 한국이라고 하는 다국적 기업의 캐릭터 구실을 어느 정도 감당하고 있는 셈이다.

프랑스 문화비평가 기 소르망(Guy Sorman)은 최근에 한국을 방문하여, "한국은 오랜 전통을 가진 문화국가이지만 국가 경쟁력 차원에서 문화 이미지를 제고하는 데는 실패했다"고 진단했다. 한국의 전통문화의 역사성을 인정하고 문화국가로 일컫는다는 점에서는 상당히 진전된 인식이다. 그러나 여전히 한국의 정체성을 확보해 줄 문화 이미지는 아직 인정하지 않고 있다. 따라서 그는 기자회견에서 "경제발전을 위해서는 먼저 국가 이미지가 필요하다"고 말했다. "한국의 가장 큰 문제는 뚜렷한 트레이드마크가 없다는 것"이다.[12] 그는 한 세미나에서 "한국상품의 최대 약점은 이미지가 없는 것"이라면서 "상품에 문화의 이미지를 담아서 파는 것이 중요한 만큼 문화예술에 대한 투자가 경제발전의 엔진이 될 것"이라고 충고했다.[13] 한 국가의 문화적 이미지가 경제발전의 동력이 된다는 것이자 국제사회에서 확보한 문화주권이 경제주권으로 연결된다는 것을 지적하고 있다. 국가적인 문화투자가 곧 경제투자라는 논리이다. 이미 서구사회는 아시아적 가치와 함께 동양문화에 눈을 돌리고 있다. 월트디즈니의 애니메이션 「뮬란」은 중국의 전설을 소재로 한 것이다. 서양사회에서 뽑아낼 소재가 고갈되면서 동양문화가 새로운 대안으로 떠오르고 있는 중요한 보기이다.

따라서 유필화 교수는 "차별적 경쟁우위를 가질 수 있는 문화적 자산을 발굴하고 이를 세련되게 홍보하는 것이 필요하다"고 말한다. 문화 마케팅을 위한 국가차원의 체계적이고 지속적인 지원이 절실하다는 것이다.[14] 아리랑과 판소리 등의 민속문화는 이제 문화마케팅을 통한 경제성장의 선두주자가 될 것이다. 그러므로 국가 이미지를 창출하는 민속문화의 경제적 가치는 엄청나다고 할 수 있다.

4. 문화주권 확보를 위한 민속문화의 경제적 가치

문화의 세기에 가장 문제되는 것은 역시 문화이다. 문화사회에서 가장 소중한 것은 '문화주권'이다. 저마다 문화주권을 확보해야 문화사회에서 문화의 세기를 인간답게 살 수 있다. 따라서 나는 문화주권 또는 문화생산 주권 문제를 우리 시대 민주화 문제의 중요한 의제로 여기고 이를 문화논의의 '열쇠말'로 삼는다.[15] 더 구체적으로는 예술생산 주권을 말한다.[16] 예술생산 주권 또는 문화생산 주권을 아우르는 말이 문화주권이라 할 수 있다.

문화주권은 대내적으로 국민들 저마다 자신의 문화를 자신이 생산하고 향유할 수 있는 권리를 말한다면, 대외적으로는 우리 민족문화가 선진외국의 문화제국주의에 휘둘리지 않고 꿋꿋하게 고유문화의 독자성을 지키는 가운데 외국문화와 대등하게 서로 교류하고 소통하는 것을 말한다. 국제사회에서도 문화주권을 확보해야 문화의 세기에 세계화가 가능하며, 나라 안에서도 국민들이 문화주권을 누려야 진정한 문화민주화가 실현된다. 세계화의 경제적 가치는 물론 민주화의 경제적 가치도 막대하다. 그런데 이러한 문화주권을 확보해 주는 것이 바로 민속문화라는 사실이다. 먼저 문화민주화부터 보자.

문화민주화는 저마다 문화주권을 실현하는 것으로서 정치민주화와 차원이 다르다는 자각이 있어야 한다. 정치민주화는 국민들의 직접선거에 의한 대의정치와 자유로운 정권교체로 어느 정도 확보되지만, 문화민주화는 민중들이 저마다 문화활동의 주체가 되어야 확보 가능하다. 그것은 누가 대신하는 의회정치나, 국민으로부터 뽑힌 대표가 집권하는 차원이 아니다. 문화는 생활 속에서 시민들 각자 주체가 되어 직접 실현되어야 한다. 그런 뜻에서 문화는 '봄'이 아니라 '함'이며, '구경'이 아니라 '실천'이다.[17]

오늘날 대중문화와 고급문화는 일부 문화지식인들이 이를 독점적으로 생산하고 유통하는 데 비하여 민속문화는 국민들 저마다 생산주체가 되는 민주적 문화생산 양식을 이루고 있다. 민주적인 음악문화는 남의 음악을 보고 듣는 것이 아니라 스스로 음악을 연주할 때 창출되는 것이다. 마을마다 풍물이 있고 풍물잡이들이 세시풍속에 따라 풍물을 칠 때 마을사회에서는 음악문화가 살아 있었다. 주민들 저마다 연주자가 되고 소리꾼 노릇을 하며 춤꾼으로서 공동체문화를 누리는 것이 바로 민속문화의 민주적 존재양식이다.

따라서 이른바 민주정치라고 하는 의회정치처럼 나 대신 누가 나서서 해서는 문화가 민주화되지 않는다. 그것은 마치 시인만 시를 발표하고 가수만 노래를 부르며 음악가만 연주하고 배우만 연극하는 것이나 다름없다. 문화민주화는 누구든지 마음속에서 우러나는 감흥이 있으면 시를 읊조릴 수 있고 자기 감동을 노래로 부를 수 있으며, 자기 신명을 악기로 연주하고 몸짓으로 연극적 행위를 표현할 수 있어야 실현된다. 연극을 구경하는 것이 아니라 연극을 직접 할 때 연극문화의 주권을 제대로 누리는 것이다. 따라서 너 대신 우리가 대표가 되어 연극을 할 터이니 너희들은 우리가 하는 연극을 보기만 하라고 하는 것은 반문화적이다. 문화는 '함'이자 '실천'이기 때문이다.

정치와 문화는 마치 경기와 운동의 차이와 같다. 운동은 직접 해야 몸과 마음이 건강해진다. 남이 하는 경기를 아무리 구경해도 내가 건강해지는 것은 아니다. 이른바 스포츠라고 하는 운동경기는 대표선수들끼리 한정된 시합으로 전개되기 일쑤이다. 그것으로 승부를 겨루고 거기서 충분히 만족할 수 있다. 정치도 마찬가지이다. 여야 정치인들이 편을 갈라서 대표선수들끼리 정책을 겨루고 승부를 겨룬다. 그것을 통해서 정치적 민주화가 어느 정도 실현되고 승부를 받아들이게 마련이다.

그러나 나의 건강을 증진시키는 운동은 누구에게 대신 맡길 수 없다. 내가 직접 해야 효과가 있다. 경기는 보면서 즐기는 구경거리이지만 운동은 직접 하면서 땀을 흘리는 실천활동으로서 단련이다. 따라서 대표선수들끼리 승부를 겨루는 운동경기는 유통되고 거래될 수 있지만, 스스로 해야 하는 운동은 제각기 하면서 상호소통하고 가족이나 이웃과 서로 공유되어야 의미가 있다. 문화도 마찬가지이다. 문화는 내가 주체가 되어 하는 인간의 기본적인 삶의 행위이기 때문에 내가 직접 나서서 해야 한다. 남이 대신하는 순간 삶의 자주성과 건강성을 잃고 남의 삶에 이끌려가게 된다. 왜냐하면 문화는 곧 일상적인 삶의 양식이 기본적인 개념이기 때문이다.

운동경기는 뛰어난 역량을 갖춘 경쟁력 있는 선수들이 중심이 되어 하는 것이다. 그러나 운동은 국민 모두가 주체가 되어서 해야 한다. 따라서 운동경기는 몇 사람의 대표선수들만 선발해서 해도 문제가 없지만, 운동은 몇몇 대표들만 뽑아서 대신하도록 해서는 큰 문제가 있다. 국민 건강을 소수 몇 사람만이 독점하는 결과가 되는 까닭이다.[18] 고급문화나 대중문화는 선수들만 뛰고 다른 사람들은 모두 구경꾼 노릇만 하는 운동경기와 같으나 민속문화는 모든 사람들이 자신의 몸을 위해 스스로 운동하는 것처럼, 자신의 삶의 양식과 예술적 표현을 스스로 주체가 되어 생산하고 향유하는 공동체문화이다. 그러므로 민속문화는 국민들의 문화생산 주권을 회복하고 문화민주화를 실현하는 보기이다.

그런데 지금 농촌공동체의 해체와 더불어 민속문화가 약화됨에 따라 시골도 문화적 자생력을 잃고 말았다. 문화창조력을 발휘하기는커녕 오랜 전통의 민속문화마저 전승하기 어려운 처지이다. 모두 도시에서 공급되는 대중문화의 소비자로 전락해 버린 것이다. 문화생산 주체였던 어른들이 모여 있는 시골 경로당에 가보면 한결같이 텔레비전 앞에서 모니터 구실을 하거나 아니면 고스톱을 치는 모습만 볼 수 있다. 문화창조력이 문화를 만들어 가는 가장 생산적인 문화자산인데 그 바탕을 잃어버리고 있는 것이다.

따라서 고급문화나 대중문화의 수준에서 보면 도시문화만 있고 시골문화는 없는 것이나 다름없다. 그러나 민속문화의 관점에서 보면 그들은 늘 문화생산의 주체였다. 하회마을 주민들은 정초에 보름 동안 하회별신굿탈놀이를 주최하는 문화행사의 기획자이자 탈놀이를 연출하는 예술감독이며 탈을 깎는 조각가이자, 탈놀이를 직접 연행하는 연극배우 구실을 하였다. 그리고 보름 동안 함께 탈놀이를 감상하며 신명풀이를 하는 놀이의 주체이자 구경꾼들이었다. 이웃 고을 사람들은 이 별신굿을 구경하기 위해 인산인해를 이룰 정도로 모여들었다고 한다.

하회별신굿의 경제적 가치는 하회탈의 상품적 가치만 해도 대단하다. 지금까지 하회탈을 깎아서 먹고 사는 조각가나 하회탈 공예품을 팔아서 먹고 사는 사람들이 적지 않다. 하회별신굿탈놀이를 전승하고 공연하는 데서 얻는 관광효과와 공연수익에서 오는 경제적 효과도 상당히 크다. 관광객을 끌어모은 중요한 수단이 탈놀이 공연이다. 따라서 민속문화를 잃는다고 하는 것은 바로 문화생산 주권이라고 하는 돈으로 바꿀 수 없는 가치도 상실할 뿐 아니라, 문화상품으로서 경제적 가치도 잃어버리게 되는 것이다.

고급문학과 대중문학은 작가들만 창작할 수 있다. 그러나 민속문학은 누구나 생산하고 전승한다. 따라서 기록문학의 시각에서 보면 마을문학이라고 하는 것이 없지만, 민속문학인 구비문학의 시각에서 보면 마을문학이 풍부하다. 마을마다 고유한 신화와 전설 또는 민담이 창조적으로 전승될 뿐 아니라 독창적인 민요도 전승된다. 마을의 입향시조 신화와 당신화가 마을신화로서 유일무이한 것이자 마을의 수많은 지명전설과 인물전설도 그 마을에만 있는 것이다. 한 마을만 한정해서 보면 그 문학의 질적 수준이나 양적 내용이 대단하지 않을 수 있으나 마을마다 전승되는 자료를 망라해 보면 지금까지 우리 문학사의 질과 양을 뛰어넘고도 남음이 있다. 민속문학의 창조력과 문화자산으로서 경제적 가치는 실로 엄청난 것이다.

국민들이 저마다 확보했던 문화창조력을 잃는 것은 사실상 가장 중요한 민족적 문화자산을 잃는 것이나 다름없다. 일부 문화지식인들만 독점적으로 문화창조력을 발휘하는 것으로는 양과 질 모두 미흡하기 짝이 없다. 국민적 역량이 집합될 때 그 힘은 대단하다. 따라서 민속문화가 발휘하는 문화창조력과 그에 따라 생산되는 다양한 문화현상들은 그 자체로 우리 사회의 문화를 풍부하게 만들고 문화경쟁력을 높일 뿐 아니라, 문화산업을 활성화하는 훌륭한 문화콘텐츠를 제공해 준다. 문화적 역량과 수준은 문화신업 발전과 상관없이 그 자체로 경제성장의 생산적 동력 구실을 한다는 점에서도 경제적 가치는 막대하다. 아프리카의 가나와 한국의 경제성장 차이를 문화적 수준에 따라 분석한 새뮤얼 헌팅턴(Samuel P. Huntington)의 지적에 귀를 기울일 만하다.

한국과 아프리카의 가나는 1960년대까지 경제 수준이 비슷한 최빈국에 속해서 상당한 경제적 원조를 받아야 했다. 당시에는 두 나라의 1인당 GNP 수준이 비슷했으며 1차제품, 2차제품, 서비스의 경제 점유 부포도 비슷했다. 그런데 30년이 지난 2000년대에 이르러 가나는 지금도 그때 수준에서 벗어나지 못하고 있지만, 한국은 국민소득 1만 달러에 육박하는 세계 14위의 경제 규모를 가진 산업 강국으로 발전하여 OECD 회원국이 되었다. 그런데 가나의 1인당 GNP는 여전히 한국의 15분의 1 수준이다. 불과 한 세대 만에 이와 같은 엄청난 차이가 벌어지게 된 이유는 무엇일까. 문명 비평가 헌팅턴 교수는 '문화'가 결정적인 요인이라고 생각한다[19]고 그 이유를 들고 있다.

문화를 경제성장의 단일 변수로 인정하고 전적으로 받아들이기는 어렵지만, 한국처럼 전통문화가 뿌리깊고 저마다 문화적 역량이 뛰어난 국민들은 경제활동에 있어서도 창조적 역량을 발휘할 수 있다는 사실은 인정하지 않을 수 없다. 문화는 인간다운 삶을 위한 공동체적 삶의 틀이라 할 수 있는데, 문화적 역량을 갖춘 사람들은 경제성장이 인간다운 삶을 결정하는 중요한 요소라고 판단되면 상황에 맞게 경제활동도 창조적으로 할 수 있게 마련이다. 그것이 바로 문화적 역량이자 수준인 것이다. 그러므로 문화적 역량이 경제성장의 중요변수라 하지 않을 수 없다.

특히 문화의 세기에는 문화적 창조력이 경제에 긴요하게 영향을 미칠 뿐 아니라, 세계화가 진행되면 진행될수록 국제사회에서 자국의 문화적 고유성을 지키는 문화주권 확보가 긴요한 과제가 아닐 수 없다. 세계화 이전에는 국가 내부적으로 자문화의 개성을 어느 정도 지속할 수 있었다. 그러나 교통과 통신의 발전으로 지구촌의 공간적 거리가 크게 압축되고 시간적 변화도 가속화되어 문화적 국경이 급격하게 무너지고 있다. 더군다나 문화산업의 발달로 상품화된 외래 대중문화가 물량적으로 쏟아져 들어오는 까닭에 개발도상국은 외국의 문화상품에 맞설 수 있는 역량이 거의 없다. 따라서 적극적으로 자국문화의 전통을 보호하지 않으면 국가의 정체성을 잃어버릴 정도로 서구 대중문화의 침투가 심각할 뿐 아니라, 마침내 문화다양성까지 훼손할 가능성이 높다.

사실 문화적 종속은 정치적 군사적 종속보다 더 치명적이다. 왜냐하면 정치적 군사적 종속은 국민들 스스로 의식하고 이제 저항하려는 의지가 마침내 실천활동으로 연결되어 독립과 해방을 이루게 되지만 문화적 종속은 국민들이 의식하지 못하는 사이에 침투되는 까닭에 외래문화에 대한 저항 의지가 자리잡기 어려우며, 때로는 선진문물이라 여겨서 오히려 다투어 받아들이고 익히려 들기 때문에 자발적으로 복속되기까지 한다. 따라서 정치적 종속보다 더 무서운 것이 문화적 종속이다. 정치적 종속은 상대적으로 정신적 자주성을 각성시키고 민족문화를 지키려는 민족의식을 강화시키는 구실을 하지만, 문화적 종속은 오히려 정신적 자주성을 마비시키고 민족문화의 전통을 우습게 여기며 민족의식을 상실하게 만들기 때문이다.

그런데 지금 세계는 코카콜라와 맥도날드,[20] 헐리우드 영화, 청바지 문화가 휩쓸고 있다. 이들 문화상품이 세계를 석권하면서 문화의 국경을 허물었을 뿐 아니라 제3세계의 문화적 독창성을 급격히 훼손하고 문화다양성 체계를 근본적으로 흔들어 버렸다. 국적 불명의 문화들이 건강한 문화생태계를 위협하고 있는 것이다. 그것은 자문화의 주권을 잃고 문화제국주의에 종속되는 토착문화의 위협일 뿐 아니라 획일화되고 표준화되는 인류문화의 위협이기도 하다. "지구상의 사람들이 단일한 문화권에 속해서 같은 음악을 듣고 같은 옷을 입고 같은 영화를 본다면 몹시 슬픈 일이 아닐 수 없다."[21] 문화는 표준화되면 창조력도 죽고 독창성도 없어서 망하는 까닭이다.[22] 그러므로 세계화의 조류 속에서 문화의 세기를 맞은 우리는 대외적으로 문화주권을 확보하는 것이 경제적 가치 이상의 국익을 보장한다는 사실을 알아야 한다.

대외적으로 문화주권을 발휘하는 것은 우리 민족문화의 고유성을 확보하고 있으며 국제사회에서 경쟁력이 있는 민속문화이다. 민속문화는 국제사회에서 문화주권을 확보하고 문화다양성을 확보하는 데 가장 기능적이기 때문이다. 그러한 가능성을 실제로 열어 나가는 보기를 아리랑과 판소리에서 찾을 수 있다.

세계문화를 다루는 국제기구에서 민속예술과 같은 무형문화에 관심을 기울이면서 특히 우리 민속문화가 세계적인 주목을 받게 되었다. 유네스코 제142차 집행이사회(1993년)는 무형문화재 기능 보유자를 지정하는 '인간문화재제도 보급'을 결의하는 한편, 1996년에는 무형문화재 보존방법론 국제학술회의를 개최하기도 하였다. 그리고 제154차 (1998년)부터는 세계구전문화유산제도(Masterpieces of Oral Heritage of Humanity) 도입을 논의하였다. '무형문화재 보존을 위한 제1차 유네스코 국제연수 워크숍'이 유네스코 한국위원회와 문화재관리국 공동주최로 한국에서 열렸을 뿐 아니라,[23] 유네스코는 2년마다 전세계를 대상으로 '인류구전 및 무형문화유산 걸작'을 선정하여 아리랑상(Arirang Prize)을 주기로 합의하였다.

우리에게 아리랑이라는 민요가 어떤 의미가 있는가 생각할 때, 국제사회의 공식기구에서 세계 각국의 민속문화 유산 가운데 우수한 것을 골라 상을 주면서 그 이름을 '아리랑상'이라고 결정한 것은 충격적이다. 그들의 문화적 안목과 편견 없는 문화인식이 놀라운 까닭이다. 사실 국내의 문화정책에서는 아리랑과 같은 민요를 중요하게 여기지 않

고 있다. 민요 일반은 물론 아리랑에 관한 조사 계획이든 보존 대책이
든 구체적인 정책이 전혀 수립되어 있지 않다. 문화관광부에서 정리한
10대 문화상징으로조차 거론되지 않는다. 그러므로 우리 민속문화의
가치를 더 객관적으로 포착하고 있는 것이 국제기구인지 모른다.

국제사회에서 한국의 문화주권이 '아리랑상'을 통해 새삼스레 살아
나고 있는 것이다. 최근에는 판소리가 유네스코가 선정하는 '인류 구
전·무형 유산 걸작'으로 뽑혔다. 마쓰우라 고이치로 유네스코 사무총
장 참석 아래 인류구전 및 무형유산 걸작 선정위원회가 7일 파리 본부
에서 제2차 인류 구전·무형 유산 걸작 선포식을 하고 판소리 등 28개
세계 무형 유산을 걸작으로 선정한 것이다. 이에 따라 유네스코 무형문
화재 보호 협약에 의해 판소리가 세계무형문화유산 목록에 자동 등재
될 예정이며, 우리 문화의 우수한 가치가 세계적으로 입증된 셈이다.

아리랑과 판소리 등 우리 민속문화의 독자성이 세계적으로 인정받기
전에는 사정이 달랐다. 우리 문화주권은 인정되지 않았다. 기껏 중국
문화의 아류나 패러디 정도로 인정받았다. 때로는 일본 문화와 유사한
문화로 취급되었다. 실제로 이사벨라 버드 비숍은 『조선과 그 이웃 나
라들』에서 "한국의 문학·교육체계·조상숭배·문화·사유 양식은 매우
중국적"이라고 하면서 한국을 아예 '중국의 패러디'라고 규정했다.[24]
라이샤워의 『동양문화사』에서도 '한국의 전통문화를 중국 문화의 일
변형(一變形)'으로 묶어 놓았다. 따라서 "한국은 그 위대한 인국(隣國)
인 중국과 문화적으로 더욱더 상사(相似)하다는 사실은 아무리 강조해
도 지나치는 일이 없다"고[25] 자리매김했던 것이다.

한마디로 한국문화의 독자성을 인정하지 않는 것이다. 국제사회에서
문화주권을 행사하지 못하는 문화가 세계성을 획득할 수 없다. 실제로
전통사회의 지배층 문화는 중국 문화의 아류나 다름없었다. 화이론적

세계관에 빠져 중국 문화를 배우고 익히는 것을 최고의 이상으로 삼았다. 따라서 중국의 패러디이자 중국의 변방 문화인 조선조의 상층문화를 고려할 때 한국문화를 독자적으로 인정할 까닭이 없다.

그러므로 새뮤엘 헌팅톤도 서구의 기독교 문명을 정당화하고 옹호하는 논리를 『문명의 충돌』에서 펼치면서, 세계의 문명을 중화 문명과 일본 문명, 힌두 문명, 이슬람 문명, 동방정교 문명, 서구 문명, 라틴아메리카 문명, 아프리카 문명으로 8개 문명권을 설정하고 있다.[26] 중국과 일본은 하나의 문명으로서 세계 문명권을 이루는데 한국은 독자적 문명으로 포착되지 않고 있다. 국제적으로 한국문화는 세계성을 인정받지 못하고 있는 것이 현실이다. 그러나 아리랑과 판소리 등 민속문화 유산들은 유네스코가 인정하는 세계적인 문화로서 한국문화의 주권과 정체성을 확보해 주고 있다.

5. 미래의 문화사회를 겨냥한 민속문화의 경제적 가치

문화마케팅이든 국가 이미지 창조든 이때 문제되는 문화는 한결같이 민속문화이자 무형문화이다. 이미 유형문화가 위세를 떨치는 시대는 지났다. 디지털 시대이자 세계화 시대에는 소통 불가능한 유형문화보다 소통 가능한 무형문화가 효용성이 더 높고 민속문화와 같은 토착문화가 국제사회에서 국가 이미지를 창조하는 데 더 기능적이기 때문이다.

우선 유형문화는 함부로 팔 수도 없고 자유롭게 구경할 수도 없다. 크게 훼손되는 까닭이다. 하지만 민요나 전설을 판다고 없어지고 민속 춤이나 민속놀이를 남에게 보여준다고 닳아 없어지는 것도 아니다. 오히려 팔면 팔수록 더 풍부해지는 것이 무형문화이다. 그러나 유형문화재는 어느 것이나 한 번 팔아 버리면 그만이다. 두 번 거듭 팔 수 없다. 물론 해외 판매는 금지되어 있다. 자연히 해외에 반출되거나 밀매된 문화재를 반환하고자 하는 것도 유형문화재들이다. 유형문화가 해외에 있는 한 우리 민족문화 유산으로서 가치를 상실하는 까닭이다.

무형문화는 사정이 다르다. 무형문화는 세계 어디에 있든 우리 문화유산이다. 우리 아리랑을 일본 사람들이 부른다고 해서 일본 사람들의 문화가 되는 것이 아니다. 우리 탈춤을 프랑스 사람들이 춘다고 해서 이를 반환하라고 할 필요도 없다. 우리 판소리를 이태리 사람들이 공연한다고 해서 막을 이유가 없다. 물론 이것은 밀반출도 밀매도 될 수 없고 그럴 필요도 없다. 누구나 익혀서 누릴 수 있고 향유할 수 있는 민속문화이기 때문이다. 오히려 외국 사람들이 관심을 가지고 배우러 오기를 환영한다. 유형문화재는 돈으로 거래되지만 무형문화재는 돈을 들여 공유하는 것이다. 그들은 돈으로 우리 문화를 구입해서 소유하고자 하는 것이 아니라 문화에 대한 애정으로 우리 문화를 익히고자 하는 것이다.

사실 나라 안에서도 유형문화재는 가진 자들의 것이다. 문화재로 지정된 민가나 정자, 서원, 재실, 사찰 등의 문화유적이나 청자와 백자, 토기, 동경, 검, 활, 장신구, 전적 등의 문화유물들은 한결같이 지배집단에 속해 있던 사람들의 자산이다. 이를 골동품으로 수집하고 보유하는 후대 사람들도 가진 자들이라는 점에서 다르지 않다. 왜냐하면 이들 유형문화재는 신분적으로 아무나 가질 수도 없고, 또 구조적으로 모두 가질 수 있는 것도 아니기 때문이다. 아무리 민주화되어도 문화재급 민가나 서원을 예사 시민들이 두루 소유할 수 없으며, 아무리 경제적으로 넉넉해도 고려청자나 조선백자를 골고루 가질 수 없다. 하지만 무형문화재는 사정이 다르다. 누구나 뜻만 있으면 공유할 수 있는 것이다. 널리 공유할수록 더 풍부해지고 다양해지며 창조적이 된다.

이를테면 민요와 설화, 무가, 민속춤, 민속놀이, 민속신앙, 일생의례 등의 무형문화는 누가 독점할 수 없다. 능력이 탁월한 사람이 독점한다고 해도 다른 사람의 것을 앗아가거나 배타적으로 점유할 수 있는 것이 아니다. 문화재로 지정해 두었다고 해도 다를 바 없다. 무형문화재 지정도 배타적 독점권을 인정하기 위한 것이 아니라 널리 전승하기 위한 것이다. 하회탈은 민속문화이지만 유형문화재이기 때문에 하회마을에 없다. 국립중앙박물관에 가져갔기 때문에 현장에 있을 수 없다. 그러나 하회탈놀이는 아직 마을에서 연행된다. 이는 가져갈 수도 없고 가져간다고 해서 하회탈놀이의 존재 자체가 없어지지도 않는다.[27] 그런데 하회탈 몇 개는 잃어버렸다. 하회마을에도 국립중앙박물관에도 없다. 왜냐하면 유형문화이기 때문에 누군가 팔아 먹은 까닭이다.

유형문화는 돈으로 거래된다. 우리 문화재가 해외로 밀반출되는 것도 돈 때문이다. 문화재가 밀반출되는 나라는 한결같이 경제력이 뒤진 후진국이고 이를 구입해 가는 나라는 한결같이 경제력이 앞선 선진국이다. 물론 문화재 반출에 따른 일정한 외화 수입이 보장된다. 그렇다고 해서 우리 문화재가 해외로 많이 반출될수록 경제적 수익이 있다고 생각하는 사람은 도굴꾼이나 밀매업자 외에는 아무도 없다. 왜냐하면 한 국가의 문화재는 돈으로 환산할 수 없는 그 이상의 가치가 있기 때문이다. 그러므로 유형문화재가 외국에 많이 반출되어 있을수록 문화주권은 상실되고 제국주의 문화침략에 피해를 입고 있는 셈이다.

과거 제3세계와 서방국가의 관계가 바로 그러한 문화적 복종과 지배 관계 속에 놓여 있었던 것이다. 영국의 대영박물관이나 프랑스의 루브르박물관에 소장 또는 전시되고 있는 수많은 유물들이 식민지배 시기에 제3세계에서 약탈해 온 유물이라는 사실이 이를 입증한다. 현재는 제3세계도 문화재 반출을 엄격하게 규제할 뿐 아니라 불법 반출된 문화재 반환 운동에 나서고 있다. 우리도 약탈 문화재 반환 문제로 프랑스 또는 일본과 분쟁 관계에 있다. 여기서 문제되는 것은 어디까지나 유형문화재이다.

그러나 민속문화나 무형문화재는 이와 정반대이다. 우리 민속문화는 가져갈수록 좋다. 그것은 우리 문화를 배워 가는 것이나 다름없기 때문이다. 특히 무형문화재는 유통되고 거래되는 것이 아니라 전승을 통해서 소통되고 공유되는 것이다. 한국 민속문화에 관심 있는 사람들은 자발적으로 찾아와서 흥미롭게 체험하고 진지하게 익히는 활동을 한다. 한국문화를 몸과 마음으로 터득하는 것이다. 그것은 상업적인 거래이자 유통이 아니라 문화의 공유이자 소통인 것이다. 따라서 외국인들이 우리 민속문화를 익혀서 세계적으로 널리 유행할수록 우리 문화는 세계 속에 살아 있는 것이다. 달리 말하면 우리 문화가 세계를 석권하는 셈이자 정복하는 셈이어서 유형문화재 해외반출과 전혀 상반되는 성과를 얻는 셈이다.

만일 아리랑이 해외로 널리 보급되고 외국인들이 판소리를 배우러 한국을 방문하며, 우리 풍물이 세계 각국에 전파된다면, 이것은 우리 문화의 해외 반출이 아니라 우리 문화의 해외 진출이다. 장차 김치가 세계적인 식품으로서 국제사회에 널리 유통되고 어느 나라나 김치를 중요한 찬거리로 여겨 식탁에 올린다면 우리 김치가 세계 식문화를 석권하는 셈이다. 우리 풍물놀이가 난타 공연과 함께 국제적인 축제행사마다 불려 다닌다면, 서양식 고적대와 거리 퍼레이드에 맞서서 우리 풍물이 세계 축제문화의 감초가 되는 것이다. 나아가 세계 각국이 이 풍물을 익혀서 저마다 축제행사에 공식적인 프로그램으로 받아들인다면 풍물은 세계 공연문화를 휩쓰는 셈이다.

그것은 마치 코카콜라와 맥도날드가 세계를 석권하는 것이나 마찬가지 효과를 올린다. 따라서 민속문화는 구조적으로 해외 반출이 아닌 해외 진출을 하는 것이자, 문화 약탈과 같은 방어적 문화 양식이 아니라 문화보급 또는 문화수출과 같은 공격적인 문화 양식이다. 그러므로 민속문화는 고유성으로 국가 이미지를 창출해내고 문화주권을 확보하는 데서 머물지 않고, 한층 적극적으로 세계문화에 파급효과를 미치며 때로는 국제사회에서 해외문화를 점유하는 구실까지 하는 것이다. 그러므로 민속문화 자산의 세계화는 경제적 가치로 따질 수 없는 생산적 효과를 얻는 것이다.

문화의 세기가 진전될수록 이와 같은 가능성은 더욱 높아진다. 왜냐하면 문화의 수준이 더욱 높아지고 세계화가 더욱 가속화되는 까닭이다. 국제사회에서 김치가 건강한 식문화로 공인되고 풍물이 신바람나는 공동체 음악문화로 인정받게 되면, 김치산업이 발전하고 풍물문화가 세계적으로 유행하게 될 것이다. 따라서 현재 상황에서 문화적 경향과 경제적 가치 문제를 이해하는 데 만족할 수 없다. 미래사회와 문화를 전망하면서 민속문화의 경제적 가치를 다시 가다듬지 않을 수 없다.

그럼 미래사회는 어디로 갈 것인가. 이런 질문에 대해서 너무 성급하다고들 생각한다. 왜냐하면 우리는 지금 정보사회를 맞이한 지가 얼마 되지 않았을 뿐더러 정보사회는 앞으로도 한참 지속될 것이라 여기는 까닭이다. 하지만 이러한 생각은 예사 사람들의 안일한 생각이다. 미래사회를 연구하는 전문가들의 시각은 다르다. 정보사회도 그리 오래 가지 않는다고 볼 뿐 아니라, 미래사회를 이미 정확하게 예측하고 있다. 중요한 것은 예측이 아니라 모든 사람들이 공감하고 있다는 사실이다. 세계 사람들이 미래사회를 일정한 형태로 규정하고 공감하며 그리로 간다고 생각하면 실제로 그쪽으로 가게 되는 까닭이다.

사실 21세기를 문화의 세기라 하는 규정이 중요한 것이 아니라, 이러한 규정에 대한 인식이 더 중요하다. 모두들 문화의 세기라는 인식 아래 문화에 관심을 가지고 문화를 통해서 새로운 세기를 만들어 가겠다고 여기고 실천하게 되면 21세기는 문화의 세기가 될 수밖에 없기 때문이다. 미래사회에 대한 예측도 마찬가지이다. 예측 자체보다 예측에 대한 사회적 공감도가 미래사회를 만들어 가는 것이다.

미래 문제를 연구하는 코펜하겐의 미래학 연구소도 한때는 '정보사회 다음에는 어떤 사회가 올 것인가?' 하는 질문을 처음에는 대수롭지 않게 여길 정도였다. 왜냐하면 정보화 시대나 인터넷 시대, 디지털 시대, 닷컴 시대라는 현실인식이 강고하게 공감을 얻고 있는 까닭이다. 따라서 이 연구소 소장인 롤프 옌센(Rolf Jensen)도 처음에는 너무 성급한 질문이라 여긴 나머지 "걱정하지 마십시오. 정보사회는 상당 기간 지속될 것이고, 그 과정의 주요 관심사는 신기술을 적용하는 것입니다."라고 응답하고 말았다.[28] 그러나 이 질문을 화두로 마침내 "정보사회 이후는 무엇인가?" 하는 연구를 하고 『드림 소사이어티』를 통해서 다음과 같은 결론을 내렸다.

> 정보사회의 태양이 지고 있다. 우리가 그 사회에 완전히 적응하기도 전에, 인류는 수렵꾼으로 또 농부로 살았고, 공장에서도 일했다. 그리고 지금은 컴퓨터와 인터넷으로 대표되는 정보사회에 살고 있다. 그러나 이제 또 다른 형태의 사회를 맞이하고 있다. 바로 드림 소사이어티다![29]

롤프 옌센은 인류의 발전단계가 수렵사회에서 농경사회, 산업사회, 정보사회로 나아왔는데, 앞으로는 '신화와 꿈의 사회'로 간다는 것이다. 더 구체적으로 말하면 앞으로는 정보사회처럼 디지털 정보나 데이터를 중심으로 시장이 형성되는 것이 아니라, 신화와 꿈, 그리고 이야기(story)를 중심으로 시장이 형성된다는 것이다. 그러므로 미래의 상품은 정보나 데이터와 같은 이성적인 것이 아니라 이야기와 꿈과 같은 감성적인 것이 주도한다는 전망이다.

"우리에겐 멋진 이야기가 필요하고 거기에 기꺼이 돈을 지불할 것이다." 미래학자 롤프 옌센이 『드림 소사이어티』에서 한 말이다. 부(富)와 여가 시간이 늘어나면서, 소비자는 물질적 상품에서 의미를 찾고자 한다. 구매 결정은 이성적인 것보다 감성적인 이유에서 이루어진다.

이야기는 늘 구매를 하고, 거래를 성사시키고, 효용성을 끌어올리는 중요한 동기였다. 우리를 매혹시키는 것은 품질이나 가격보다는 이야기였다. '애플'은 컴퓨터의 성역을 무너뜨리는 이야기였다. '페데랄 익스프레스'의 이야기는, 약속은 지켜진다는 것이다. 미래사회의 최고 리더는 이야기를 생산하는 사람이 될 것이다. 관리자는 그 다음이다. 롤프 옌센은 미래로 가는 길을 보여주고 있다.

— 해리엇 루빈(『여성을 위한 마키아벨리』의 저자)[30]

미래사회의 시장은 감성과 꿈, 또는 신화가 지배한다는 것이다. 사람들은 단순히 물질적인 상품을 구매하는 것이 아니라 그 상품에 담겨있는 의미나 상징 곧 이야기를 사고자 한다는 것이다. 이미 캐릭터 산업은 이 사실을 잘 입증하고 있다. 아이들은 단순히 문구를 사지 않고 문구를 장식하고 있는 캐릭터를 사고 있다. 캐릭터는 예쁜 그림이 아니고 사실은 이야기이다. 이야기를 간직하지 않는 그림은 아무리 아름다워도 결코 캐릭터가 될 수 없다.[31] 훌륭한 캐릭터는 으레 신화나 전설의 주인공이다. 그러므로 아이들이 캐릭터를 산다는 것은 사실상 이야기를 산다는 것이다.

이 아이들이 자라면 캐릭터 상품 곧 이야기와 꿈과 신화를 갈무리하고 있는 상품을 사게 마련이다. 아이들만 그런 것은 아니다. 어른들도 신화를 산다. 지금 신화시장이 새삼스레 들끓고 있다. 신화에 관한 책이 널리 팔리는가 하면 신화를 소재로 한 영상산업이 붐을 일으킨다. 그리스 로마 신화에 관한 책들도 불티나게 팔리고 있다. 따라서 '신화 열풍이 몰아치고 있다.' 또는 '그리스 로마 신화에 열광하는 한국인, 한국문화'로 규정하기까지 한다.[32]

영화 「인디아나 존스」 시리즈나 「반지의 제왕」도 일종의 신화이다. 한결같이 대박을 터뜨린 영화들이다. 오늘날 신화는 롤플레잉 게임과 같은 인터넷 문화 속에서도 널리 자리잡고 있다.[33] 이런 현상들은 현대인들이 신화와 환상에 빠져들고 있는 것이 아니라, 아예 신화의 세계로 가고 있는 것으로 본다.[34] 따라서 기동성 있는 학자들은 '왜 신화와 판타지인가?' 하는 질문에 답하고자 한다.[35] 그러므로 옌센의 미래사회에 대한 전망은 한갓 독백이 아니라 문화적 사실이며 공감대를 형성하고 있어 상당한 설득력을 지니고 있다.

미래사회에는 경제적 부가가치 창출을 신화와 환상 곧 상상력에 의한 이야기가 감당한다는 것이다. 따라서 옌센의 연구결과는 미래사회에서 경제적 경쟁력을 확보하려면 '이야기를 존중하라'는 것이다. 더 적극적으로 아예 '새로운 이야기를 만들어라'고 주장한다. 이야기를 잉태하지 못하는 아이디어는 존재할 가치가 없고 이야기를 품고 있지 않은 상품은 창고에 처박히고 만다는 것이다. 기업과 시장을 주도하려

31) 『지역문화와 문화산업』(지식산업사, 2001), pp.190~191. "캐릭터는 그림이 중요한 것이 아니라 그 캐릭터를 구성하는 스토리가 있어야 한다는 것이다. 미키마우스나 둘리와 같이 애니메이션에서 파생된 캐릭터들이 장수를 하는 이유도 그들이 스토리를 통해 생명력을 가지고 있기 때문이다. 그러므로 캐릭터를 그림으로 그리기 전에 생명력을 불어넣을 수 있는 이야기 발굴과 이야기 창작이 한층 긴요하다."

면 이야기꾼(storyteller)이 되라고 한다. 그러므로 이야기 없이는 어떤 부가가치도 생산하지 못한다며 이야기를 거듭 강조한다. 왜냐하면 사람들은 더 이상 상품 자체를 사지 않고 상품에 얽힌 이야기를 사기 때문이다. 딱딱한 정보지식 사회에서 말랑말랑한 이야기 사회로 가고 있는 것이다.[36]

실제 사례로 신발산업 '나이키'를 보기로 든다. 나이키는 언어와 국경을 뛰어넘어 이야기를 펼치고 있는 범세계적인 기업으로 손꼽힌다. 이 회사는 운동화에 이야기를 덧붙이는 탁월한 능력을 가지고 있다. 이 회사가 중시하는 것은 운동화라는 상품 자체가 아니라 젊음과 성공을 상징하는 이야기이다. 고난을 헤치고 성취를 이루어낸 휴먼 스토리가 누구나 나이키를 선호하게 만들었다는 것이다. 따라서 롤프 옌센이 내린 최종 결론은 정보사회의 태양은 지고 있다는 것이다. 그러므로 현재까지 하드웨어(hardware)에서 소프트웨어(software)로, 다시 콘텐츠웨어(contentsware)로 전개되어 온 정보사회가 막을 내리고 앞으로는 감성 중심의 이야기가 지배하는 휴먼웨어(humanware)의 사회로 간다는 것이다.[37]

다시 말하면 컴퓨터를 만드는 전자공학적 기술사회에서 컴퓨터를 운용하는 프로그램을 만드는 창의적 기술사회로 나아왔으며, 다시 컴퓨터 프로그램을 채우는 지식정보 사회로 발전해 왔다는 것이다. 그리고 앞으로는 창조적 상상력을 마음껏 펼치는 판타지의 사회로 간다는 것이다. 한마디로 줄이면 딱딱한 기술발명의 사회에서 말랑말랑한 환상 창조의 사회로 나아간다는 것이다.

지난 2003년 한국에 온 옌센은 유네스코가 주최한 국제포럼에서, 앞으로 20년 뒤의 사회를 예측하면서 오늘날의 시장과 다른 근본적인 차이점을 다음 두 가지로 제시하고 있다.[38]

■ 앞으로는 상품이 아닌 이야기들이(소비자들의 구매를 유발하기 위해) 서로 각축하며 경쟁을 벌일 것이다. 이야기가 곧 상품이고 상품 자체는 2차적인 상품에 불과하게 된다.[39]

■ 사업 내용에 따른 전통적인 구분 방식이 이야기의 내용, 곧 이야기 줄거리에 따른 구분 방식으로 대체될 것이다. 이야기들은 소비자들의 서로 다른 정서적 요구에 따르게 된다.[40]

이야기가 상품이고 본디 상품은 2차 상품으로 취급될 뿐 아니라, 아예 사업 내용까지 이야기의 줄거리에 따라 재배치될 것으로 본다. 따라서 정보사회의 영웅들은 신기술과 주요 정보 체제를 개발한 고등교육을 받은 전문가들이지만, 앞으로 10여 년 안에 이야기꾼들이 점차 영웅으로 떠오를 것으로 보는 것이다. 나아가 이야기를 만드는 회사(storytelling company)들은 경제와 사회에서 최고의 지위를 차지하여 선망의 대상이 될 것이다. 소비자들의 처지에서 보면 이러한 변화는 산업혁명 이래 보아 온 물질주의(materialism)와 작별을 고하는 것이자, 풍요의 상징인 상품과 결별하는 것이다. 미래사회에서 번영이라 하는 것은 듣고 싶은 이야기를 제공하는 상품으로 자신의 주위를 둘러싸는 능력을 말한다.[41]

요즘 우리 아이들이 가장 행복해하는 순간은 어떤 상황일까. 아마 영국 작가 조앤 롤링(Joan K. Rowling)이 지은 『해리 포터(Harry Potter)』 시리즈를 보고 있는 순간이 아닐까. 마법사 '해리 포터'에게 폭 빠진 아이들은 그 어떤 장난감보다 해리 포터 이야기가 더 소중할 것이다. 『해리 포터』가 세계적인 베스트 셀러로 경이적인 기록을 계속 수립하고 있는 것도 바로 미래에는 이야기산업이 번창할 것이라는 사실을 뒷받침한다. 『해리 포터』 시리즈는 지금까지 세계 200개국에서 55개 언어로 출판돼 1억9천200만 부가 팔리는 진기록을 세웠다. 성인 아동 도서 통틀어 출판사상 유례가 없는 세계 최고의 기록을 수립한 초유의 화제작이다. 제5편 『해리 포터와 불사조 기사단』은 시장에 출고된 지 단 하루 만에 500만 부라는 기록적인 판매고를 기록했다. 출판계의 모든 기록을 새로 쓰게 만든 것이다. 영화의 폭발적인 인기도 더 말할 나위가 없다.

따라서 이 책을 간행한 스칼러스틱사는 물론 저자 조앤 롤링은 돈방석에 올라앉았다. 작년에는 영국 여성 최고 소득자 순위에서 마돈나에게 밀려 2위에 올랐으나, 올해는 마돈나를 제치고 당당하게 정상에 올랐다. 롤링은 올해 약 4천8백만 파운드(약 9백1십2억 원)의 인세 수익으로 영국 여왕보다 6배나 많은 소득을 올리게 되어 가난한[42] 퇴직 교사에서 일약 영국 최고의 여성부호가 된 것이다. 그야말로 이야기 시장이 최고의 시장임을 입증하고 최고 이야기꾼이 CEO보다 더 큰 소득을 보장한다는 사실을 입증해 보인 문화현상이다.

42) 조앤 롤링은 자신의 원고를 복사할 비용이 없어서 직접 같은 원고를 두 벌씩 쳐야 했으며, 혼자서 딸 제시카를 키우느라 늘 "수중에 돈이 생기기 전에 지금 신은 신발이 맞지 않을 만큼 제시카가 커 버리면 어떻게 하나 걱정"하며 원고를 쓸 정도로 가난한 삶을 살았다.

전세계에서 출간된 『해리 포터』 시리즈

이야기를 비롯한 구비문학의 새로운 쓰임새를 고려할 때 21세기는 정보화 시대이자 이야기 산업의 시대이며 새로운 구비문학의 시대라고 할 수 있다. 이야기 자료들이 새로운 자본으로 주목받는 시대가 오고 있는 것이다.[43]

이야기가 가장 부가가치 높은 상품이 되는 미래사회에서는 민속문화가 더욱 각광을 받게 된다. 민속문화의 가장 오랜 영역이자 비중 높은 영역이 사실상 이야기이다. 그림형제들이 독일의 신화와 민담을 모아 책을 묶어내면서 민속(Volkskunde)이라는 말을 쓴 이래 민속학의 가장 오랜 주목을 받아 온 것이 바로 전승되는 이야기이고, 가장 많은 연구가 이루어진 것도 이야기이며, 연구방법론을 개척한 대상도 이야기라고 할 정도로, 이야기와 민속학은 떼어놓을 수 없다.

이야기는 그 자체로 민속문화의 중요 영역인 민속문학에 속할 뿐 아니라 신화는 굿과 동제 등 민속신앙과 밀접한 연관을 지니며, 전설은 각종 풍속과 민속놀이의 유래를 설명하는 구실을 담당하는 등 다른 민속문화와 더불어 널리 전승되고 있다. 따라서 미래사회의 경제적 가치로서 민속문화는 더욱 주목될 것이며 특히 다양하게 전승되는 신화와 전설, 민담, 서사민요, 서사무가, 판소리 등의 이야기 유산들은 다양한 문화상품을 창출하고 경제적 부가가치를 높이는 데 결정적인 구실을 감당할 것이다. 그러므로 민속문화야말로 미래사회에 각광받는 문화로서 '오래된 미래 문화'라[44] 하지 않을 수 없다.

6. 민속문화에 의한 문화상품 개발의 경제적 가치

민속문화는 미래사회에 더욱 주목받는 문화상품 또는 산업자원으로서 경제적 부가가치를 높이는 구실을 한다는 것이 여러모로 입증되어도 이를 생산적으로 활용하지 않으면 소용이 없다. 민요나 탈춤, 풍물, 민속신앙, 김치, 전설 등의 민속문화는 유형문화재와 달리 다른 나라에서 가져갈수록 우리 문화주권이 강화되고 국제사회에서 한국문화의 영향력이 더 커진다고 했지만, 경제적 목적으로 문화산업 자원으로 민속문화를 활용하는 경우에는 사정이 다르다. 오히려 유형문화재와 처지가 뒤바뀐다는 사실을 자각해야 한다.

유형문화재는 해외에 반출되어 다른 나라 박물관에 소장되어 있어도 이것이 상품화될 가능성은 적다. 문화재이기 때문에 상품으로 공식적인 거래가 불가능한 까닭이다. 물론 밀거래되는 경우에는 예외이다. 민속문화의 대부분을 차지하고 있는 무형문화재는 밀거래될 수도 없고 될 필요도 없다. 누구나 배워서 익히고 공유할 수 있기 때문이다. 일본의 젊은이들이 한국의 탈춤을 익혀서 자기 나라에서 공연한다고 제재할 길이 없고 제재할 필요도 없다. 오히려 민족문화의 자랑으로 여겨야 할 것이다.

프랑스 사람들이 우리 풍물을 익혀서 세계적으로 흥행을 하며 돌아다닌다고 해서 우리가 말릴 필요도 없고 말릴 수도 없다. 우리 민속문화를 국제사회에 홍보하는 셈이니 반가워해야 할 일이다. 마치 태권도가 국제무대에서 중요한 운동경기의 하나로 자리잡아서 태권도 종주국의 보람을 누리듯이, 우리 풍물과 탈춤이 세계 사람들에게 주목받는 기회가 된다면 그런 다행이 없다. 외국 사람들이 이를 흥행의 수단으로 삼는다고 하여 우리가 경쟁력에서 떨어지지도 않는다. 일본이 '기무치'를 상품화하여 세계 김치시장을 먼저 석권하려 들었지만 우리 김치에 밀리는 것과 마찬가지이다.

그렇지만 우리 민속문화를 그 자체로 익히고 전승하는 것이 아니라 문화상품으로 가공하여 산업화하는 경우에는 사정이 다르다. 우리 문화자산을 외국에서 문화상품으로 부가가치를 창출하게 되면, 우리는 저작권료도 받지 못하고 경제적 수익은 해당 국가에서 올리기 때문이다. 이미 국제사회에는 그러한 조짐이 두루 보인다. 민속문화 특히 신화나 전설 자료가 중요한 문화산업 자원이라는 사실을 잘 알고 이를 상품화하는 것이다. 영화 「인디아나 존스」도 이집트나 이스라엘의 전설을 이용하여 영상산업을 성공시킨 경우이다.

디즈니랜드는 1998년에 중국의 구전 실화인 '목란(木蘭)' 전설을 재구성하여 애니메이션 영화 「뮬란」을 제작하여 흥행에 성공하였다. 이 설화의 주인공 목란은 나라를 구한 여성 영웅으로서 마치 프랑스의 구국 소녀 잔다르크와 같은 인물에 비유될 수 있다. 여성주의가 주목되고 여성들의 사회적 지위나 시장 점유율이 높아지는 시기에 목란과 같은 전설적 여성 영웅을 애니메이션의 주인공으로 삼는 전략은 성공적일 수밖에 없다. 뮬란은 캐릭터로도 인기였다. 캐릭터로 성공할 수 있는 것도 이를 받쳐 주는 이야기가 있기 때문이다.

「뮬란」처럼 디즈니랜드에서 개발한 캐릭터들이 애니메이션으로 성공을 거두고 팬시산업으로까지 연결되어 부가가치를 창출하는 힘은 캐릭터를 캐릭터답게 창조해 주는 이야기의 힘에서 오는 것이다. 디즈니랜드의 캐릭터 산업 전문가들은 '이야기 산업 종사 작가들'로 통하며 서사문학의 전문가들이자 이야기의 기술자로 일컬어진다. 그들에게 블라디미르 프롭의 『민담형태론』 같은 이야기 이론서들이 필독서가 되어 있다.[45] 이야기를 모르고서는 캐릭터를 만

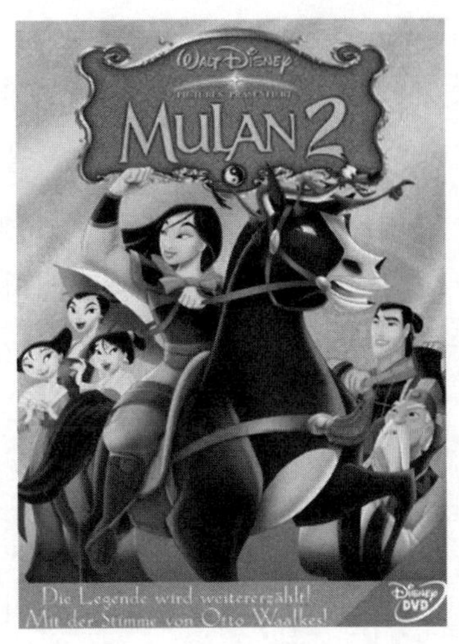

들 엄두조차 낼 수 없기 때문이며,[46] 애니메이션 제작도 불가능하기 때문이다. 그러므로 디즈니랜드의 문화산업은 사실상 이야기산업이라 해도 지나치지 않다. 롤프 옌센이 전망하는 미래사회는 사실상 디즈니랜드에서 실현하고 있는 것이다.

이야기를 우습게 취급하는 문화산업은 결코 성공할 수 없다. 영화라고 해서 예외일 수 없다. 영화는 이야기 곧 시나리오를 동영상화한 것일 뿐이다. 영화의 스토리가 감동적이면 영화배우나 첨단효과 등은 크게 문제되지 않는다. 우리 영화「집으로」나, 이란 영화「천국의 아이들」,「내 친구의 집은 어디인가」,「칠판」 등은 유명한 배우가 나오는 것도 아니고 특별한 첨단효과를 쓴 것도 아니다. 배우도 아닌 현지 주민을 쓰는가 하면 특수한 영화기법이나 첨단장비와 효과도 전혀 쓰지 않고도 관객을 끌어모은 것은 이야기가 주는 감동 때문이다.

흔히 영상산업의 성공 보기로 드는 영화「쥐라기 공원」이나「타이타닉」도 이야기가 주는 감동이 중요한 구실을 한다. 특수효과나 호화 배역은 2차적이다. 문화산업을 주장하는 이들은 이들 영화 내용은 거들떠보지도 않고 거두어들인 수익금에만 관심을 기울이며 이를 본받으라 한다. 영화는 한결같이 무리하게 돈을 벌고자 하는 사람들 탓에 비극적인 재앙을 겪게 된다는 이야기이다. 관객이 감동하는 것은 이와 같은 시나리오이지 경제적 수익이 아니다. 그러므로 나는 이 영화가 이야기하는 메시지는 외면한 채 경제적 이윤만 언급하는 행위를 두고 영화문화에 대한 모독이자 영화예술에 대한 능욕이라고 비판한다.[47]

〈춘향전〉이 10여 차례 이상 영화화되고 임권택 감독의 「춘향뎐」이 칸느국제영화제 본선에 진출하고

감독상까지 받을 수 있었던 힘은 춘향전의 서사적 이야기가 지닌 감동
에서 비롯된다. 춘향전이라는 이야기가 하나의 문화자본인 것이다. 그
런데 이러한 기본을 모르고 영화를 만드니 아무리 첨단기법을 이용하
고 홍보에 열을 올려도 영화가 흥행에 성공할 수 없다.

대표적인 보기로 심형래가 만든 영화 「용가리」를 들 수 있다. 그는
영구아트무비라는 영화사를 만들고 기발한 용가리 모형을 제작하여
「용가리」 영화와 캐릭터로 엄청난 외화수익까지 올릴 것으로 예견되었
다. 그래서 정부에서는 신지식인 1호라는 영예까지 주었다. 그러나 영
화가 완성되면서 기대는 물거품으로 끝나 버렸다. 영화가 실패했는데
캐릭터가 성공할 까닭이 없다. 용가리만 기발하게 만들고 첨단기법으
로 특수효과를 내는 데만 열을 올렸지, 감동적인 시나리오를 확보하는
데에는 전혀 관심을 기울이지 않았다. 사람들은 첨단기법이나 특수효
과를 보기 위해 영화를 관람하는 것이 아니라 이야기가 주는 감동을
보기 위해 영화를 관람한다는 사실을 망각한 것이다. 신지식인 1호가
아니라 신바보 1호가 된 셈이다. 영화는 기술산업이 아니라 문화산업
이자 이야기산업이라는 사실을 모른 탓이다.[48]

뮬란이나 홍길동처럼 전설적인 인물은 이미 있는 이야기를 충분히
이용하는 것만으로도 대단한 효과를 낼 수 있다. 그렇지 않으면 이야
기를 만들어내야 한다. 만화든, 애니메이션이든, 소설이든, 드라마든,
영화든 이야기를 소재로 한 대중매체로 사람들을 사로잡아야 비로소
캐릭터가 형성된다. 이야기로 창조된 주인공이든 살아 있는 유명 인기
인이든 그 이름값의 유명세가 바로 캐릭터 산업의 상품성을 확보하기
때문이다. 쉽게 말하면 유명인물의 초상권을 파는 것이 캐릭터산업이
다. 따라서 캐릭터가 먼저 있는 것이 아니라 캐릭터를 유명인물로 만
드는 이야기가 먼저 있는 것이다.[49] 그러므로 민속문화 자산인 이야기

는 캐릭터 자원이자 애니메이션 및 게임, 영화 등 이야기산업의 자원이 될 뿐 아니라 지역관광 및 지역축제 자원으로서도 훌륭하다.

실제로 지역자치 단체에서 개발한 캐릭터가 대부분 경제적으로 실패했지만 이야기가 있는 전설적 인물의 캐릭터는 성공했다. 전남 장성의 홍길동 캐릭터와 충북 단양의 온달 캐릭터가 그 보기이다. 어릴 때부터 바보 온달과 홍길동 이야기를 많이 듣고 자랐기 때문에 누구나 온달과 홍길동에 관한 인상이 깊다. 온달과 홍길동은 독창적인 이야기를 지닌 인물로서 개성을 지니기 때문에 그 자체로 고유명사일 뿐 아니라, 우리 민족이 공유해 온 민속문화 유산이자 지적재산이다. 문화산업 자원으로 조건을 잘 갖추고 있는 셈이다.

그러므로 이들 인물의 연고권이 있는 지역사회에서 기념 축제를 만들고 기념 공원을 조성하며 캐릭터를 개발함에 따라 생산성을 지닌 문화상품으로 탈바꿈하게 된 것이다. 온달과 홍길동은 그 자체로도 빛나는 이야기 자원이었지만, 지역사회에서 이들 인물을 지적재산으로 끌어안고 역사적 의미를 새롭게 부여하며 지역사회와 관계를 재조명함으로써, 온달을 단양의 인물로, 홍길동을 장성의 인물로 재창조해낸 것이다.

바보 온달은 울보 평강공주와 혼인하여 장수가 된 고구려의 명장이다. 『삼국사기』 열전에 흥미로운 전기가 소개되어 있을 뿐 아니라, 영화로 또는 희곡작품으로 문학적 형상화가 이루어져서 대중성이 높은 인물이다. 단양에서는 몇 해 전부터 아예 온달축제를 기획하여 온달전설에 입각한 다양한 프로그램, 곧 마당극 '온달과 평강' 공연, 온달장군 추모제, 온달장군 진혼굿, 온달산성 가족등반대회, 온달장군 선발대회, 온달 창던지기 등을 하여 독자적인 축제문화를 생산하였다.[50] 물론 온달과 평강의 캐릭터도 개발하고 단양의 관광자원들과 연결시켜,

고구려의 전설적 영웅을 20세기 말에 단양에서 되살아나게 한 것이다.

장성군의 홍길동 캐릭터는 이미 이 방면의 성공사례로 널리 알려져 있다. 1997년부터 홍길동 캐릭터를 개발하고 홍길동 생가 복원 및 기념관을 만들어 홍길동 공원을 꾸몄고, 나아가 홍길동 축제를 개최하여 장성이 곧 홍길동의 고장이라는 사실을 널리 홍보하고 있다. 그리고 홍길동 홈페이지를 구축하고 홍길동 게임 및 애니메이션, 비디오 영상 제작 등 다양한 문화산업 정책을 시행하고 있다.[51] 홍길동 캐릭터는 일년도 채 못 되어 5개 업체 7개 제품과 캐릭터 계약을 맺었을 뿐 아니라 50종의 문구 및 팬시 업체들과 계약을 벌이고 있어, 10년 뒤에는 5천억 정도의 수입 목표를 무난히 달성할 것으로 확신하고 있다.[52] 홍길동이라는 구슬을 장성군이 문화산업이라는 보배로 꿰어내서 상당한 경제적 수익을 올리고 있는 것이다.

바보 온달이나 홍길동 이야기가 세계적인 관광자원으로 발전할 수도 있다. 그러자면 이들 이야기가 다양한 매체를 통해서 국제사회에 널리 알려져야 하고, 이들 인물을 상징할 만한 형상물이 지역에 있어야 한다. 그러면 이야기를 따라 온달상과 홍길동상을 보기 위해 해외 관광객들까지 몰려오게 된다. 따라서 유명한 이야기가 있는 유물이 세계적으로 알려지게 되면 비록 그 자체로 대수롭지 않은 형상이라도 막대한 관광수익을 올릴 수 있다. 코펜하겐의 인어공주 동상이 바로 그러한 보기이다.

코펜하겐의 가장 유명한 상징은 항구지역 바닷가에 자리잡고 있는 인어공주(The Little Mermaid) 동상이다. 태국의 남부지방을 포함한 세계의 다른 지역에도 이와 비슷한 동상들이 많이 있는 것이 현실이지만, 코펜하겐에는 동상에 대한 이야기들이 전해지고 있다는 점이 다르다. 그 가운데 하나를 소개하면 다음과 같다.

　어느 날 밤 누군가 인어공주의 머리 부분을 잘라갔다. 이것은 세계 전역의 미디어를 통해 전달된 한 편의 드라마 같았다. 그런데 곧 새로운 두상이 바로 원래의 자리에 놓이게 되었다. 몇 해 지나지 않아 예전의 머리 부분이 발견될 것이다. 정확하게 알 수는 없지만 우리들은 그에 관한 서로 다른 이야기들을 제각기 할 것이다. 덴마크인들과 마찬가지로 관광객들도 그렇게 할 것이다. 드디어 원래의 머리가 어디에서 발견되었는지 안다고 주장하는 사람들이 나타날 수 있다. 그러나 그들은 말하지 않을 것이다. 전문가들에 따르면 인어공주는 결코 걸작이라고는 할 수 없다. 그러나 이야기의 내용이 좋은 것인지 나쁜 것인지는 중요하지 않다. 해마다 인어공주는 관광수입을 통해서 수백만 덴마크 크로너(kroner)를 벌어들이기 때문이다.[53]

덴마크 코펜하겐에 있는 인어공주 동상

인어공주 동상은 세계 도처에 있되, 관광자원으로서 경제적 수익을 올리는 것은 코펜하겐의 인어공주 동상뿐이다. 왜냐하면 거기에는 위에서 소개한 이야기 외에 많은 이야기들이 전승되고 있기 때문이다. 홍길동과 온달 이야기도 여러 가지 미디어를 통해 세계 사람들에게 널리 알려지는 것이 중요하다.

관광산업이 성공적이려면 관광안내가 흥미롭고 감동적이어야 한다. 문화관광의 경우는 더욱 그렇다. 앞으로 관광추세는 문화관광 쪽으로 성장하게 되므로 관광지의 문화유산을 흥미롭게 안내하고 설명하는 장치가 필요하다. 그래야 관광객을 많이 유치할 수 있다. 이러한 구실을 담당하는 것이 바로 유물전설 또는 역사전설들이다. 문화유산을 증거물로 형성된 각종 전설들은 문화관광의 가장 훌륭한 안내자 구실을 한다. 인어공주처럼 전설 때문에 현장을 찾아오게 하는 것이다. 문화유산을 둘러싼 특별한 풍속이나 금기도 같은 구실을 한다. 그러므로 역사유적을 중심으로 한 문화관광의 성공에도 흥미로운 전설을 비롯한 다양한 풍속들이 상당한 기여를 한다.

민속문화가 각 지역의 축제 자원이 되고 관광자원이 되고 있다는 것은 어제오늘의 현상이 아니다. 용인민속촌은 순전히 민속문화들을 관광자원으로 이용하여 경제적 이윤을 추구하는 문화기업이다. 안동의 하회마을과 제주도 성읍마을 등 민속마을로 지정된 마을은 문화관광지로서 경제적 수익을 올리고 있다. 각종 민속품이나 민속공예품들은 어느 지역에서나 관광상품 구실을 하고 있다. 알게 모르게 관광산업에 이바지하는 민속문화의 경제적 효과는 대단하다.

지역축제들은 거의 해당지역의 민속문화를 중심으로 시작되었다. 강릉단오굿은 역사적 전통을 고스란히 이어 온 가장 모범적인 축제라 할 수 있다. 단오굿을 통해서 얻는 경제적 효과도 만만찮다. 따라서 지역주민들은 문화적 효과 이상으로 경제적 가치를 인식하고 지역발전의 중요한 자산으로 삼는 까닭에 누구라도 강릉단오굿에 장애가 되는 언행을 하면 그냥 넘어가지 않을 정도이다. 외부 전문가들도 강릉단오굿의 문화적 효과와 경제적 효과를 대등하게 분석한다.[54]

연속 3년째 최고의 한국축제로 손꼽히고 있는 안동국제탈춤페스티벌도 하회별신굿탈놀이라고 하는 민속문화 자산이 중심이 되었다. 만일 안동에 하회별신굿탈놀이가 없었다면 국제탈춤페스티벌을 안동에서 주최할 수도 없으려니와 주최했다고 하더라도 주목을 받기 어렵다. 축제평가보고서의 경제적 효과를 보면 '지역경제의 생산유발효과는 109억3천만 원, 지역경제의 부가가치유발효과는 61억4천만 원, 지역경제의 소득유발효과는 3억1천5백만 원 정도로 추정되고 있다.'[55] 나는 축제평가 가운데 경제적 효과 부분은 자화자찬의 성격이 있어서 액면 그대로 받아들이기 어렵다고 판단하지만, 전혀 터무니없는 것이라 할 수도 없다.

이밖에도 남이장군대제나[56] 영산 3·1민속문화제,[57] 은산별신제,[58] 진도 영등제,[59] 자인단오굿,[60] 위도띠뱃놀이,[61] 제주도 영등굿[62] 등 대표적인 지역축제의 대부분은 민속문화 유산을 바탕으로 형성되어 있다. 최근에 형성된 전주세계소리축제도 남도민요와 판소리의 고장이라는 민속문화 자원이 받쳐 주었기 때문에 가능했다고 할 수 있다. 평가보고서에 의하면 전주소리축제의 생산유발효과가 57억5천만 원에서 78억7천만 원, 그리고 소득효과 창출에 따른 경제적 부가가치는 27억6천만 원에서 37억8천만 원으로 추산되고 있다.[63] 판소리가 유네스코 지정 세계무형문화재로 선정됨에 따라 앞으로 전주소리축제의 성장에 의한 경제적 효과도 증대될 전망이다.

흥미로운 사실은 지역축제가 민속문화 자원과 유교문화 자원의 대립과 갈등에 의해 오락가락하는 경우도 있다는 것이다. 밀양문화제는 아랑전설의 민속문화를 바탕으로 한 '아랑제'와 불교문화를 바탕으로 한 '사명대제', 유교문화를 바탕으로 한 '점필재제'가 서로 다른 축을 이루면서, 제각기 또는 함께 이루어져 왔다. 이러한 역사적 변화과정을 보면 밀양문화제의 가장 오랜 바탕은 아랑전설을 중심으로 한 아랑제라는 사실을 알 수 있다.[64] 아랑제가 40년의 역사[65]를 지니는 데 비하여, 사명대제나 점필재제는 10여 년 전에 끼어든 셈이다.

안동도 유교문화의 고장이자 양반의 고장이라고 하지만, 안동축제는 1960년대부터 시작된 안동민속축제가 오랜 역사를 자랑한다. 그리고 최근에는 민속축제에 이어 하회탈놀이를 중심으로 한 안동국제탈춤페스티벌이 안동지역 축제의 대표성을 띠고 있다. 유교문화를 소재로 안동세계유교문화축제[66]를 힘들여 벌여 봤지만 탈춤페스티벌처럼 지속성을 확보하지 못한 것은 민속문화에 대하여 유교문화 자원의 한계를 나타낸다. 유교문화는 상대적으로 축제 자원 구실을 하기 어렵다는 것이다. 그러므로 오늘날 문화산업의 대표 가운데 하나인 문화관광과 지역축제에서 모두 민속문화가 중요한 생산자원 구실을 하고 있는 현상을 부정하기 어렵다.

최근에 주목되는 문화산업은 이른바 '문화콘텐츠사업'이다. 문화자료를 디지털화하여 지식정보자료로서 온라인 소통이 가능하고 각종 문화상품으로 다양하게 재창조하여 부가가치를 높일 수 있도록 함으로써 문화산업 경쟁력을 확보하는 것이 긴요한 목적이다. 문화콘텐츠사업에 선정된 과제들을 보면 민속문화를 소재로 한 것이 상당한 비중

66) '새천년 퇴계와의 대화'라는 주제로 퇴계 탄신 500주년 기념 세계유교문화축제를 2001년 10월 5일에서 31일까지 안동에서 개최했다.

을 차지하고 있다. 이를테면 한국문화콘텐츠진흥원에서 제1차 문화원형 디지털콘텐츠화사업을 13가지 선정한 가운데 다음 내용들은 민속문화의 전통과 직접 또는 간접적으로 연관되어 있는 것이다.

- 동아시테크: 한국 신화 원형의 개발
- 하우스세이버: 한국 전통건축, 그 안에 있는 장소들의 특성에 관한 콘텐츠 개발
- 서울시스템: 신화의 섬, 디지털제주 21: 제주도신화전설을 소재로 한 디지털콘텐츠 개발
- 한국예술정보: 애니메이션 요소별 배경을 위한 전통건축물 구성요소 라이브러리 개발
- 드림한스: 고려시대 전통복식 문화원형 디자인개발 및 3D 제작을 통한 디지털 복원
- 이화여대섬유패션디자인센터: 문화원형관련 복식디지털콘텐츠 개발
- 아툰즈: 전통놀이 원형의 디지털콘텐츠 제작
- 코리아루트: 한국의 소리은행 개발—전통문화소재, 한국의 소리

콘텐츠사업으로 선정된 문화원형이 대부분 민속문화라는 사실은 앞에서 검토한 것처럼 여러 가지 당위성을 지니고 있기 때문에 놀랄 일이 아니다. 특히 내가 직접 아이템을 준 코리아루트의 '한국의 소리은행 개발'이 한 보기이다. 원래 소리은행의 발상은 전주세계소리축제와 관련해서 '지역축제의 세계화 방안'에 대한 전북도의회 초청강연[67]을 하는 자리에서 내가 구체적인 소리축제 항목으로 제시했던 것이다. 그러나 소리축제추진위원회에서는 받아들여지지 않았지만, 이 제안을 받아들인 '코리아루트'에서는 한국문화콘텐츠진흥원에서 공모한 문화

원형 관련 콘텐츠개발 사업에 「한국의 소리은행 개발」이라는 주제로 신청하여 거뜬히 제1차 지원사업으로 선정되었다.[68]

벤처기업인 '코리아루트'가 문화콘텐츠 사업에 발군의 역량을 발휘할 수 있는 것은 이 기업을 이끄는 대표 김진순이 민속학 전공자로서 민요를 조사·연구하여 석사학위 논문을 썼을 뿐 아니라 전국을 누비며 민속문화 현지조사에 오랜 공력을 들인 감각 덕분이다. 따라서 그는 문화콘테츠진흥원의 지원사업 선정 이전에 이미 '영상기록 백두대간'의 기획으로 사기업으로부터 지원을 받아 이 과제를 수행했을 뿐 아니라, 그 이후에도 '민중문화재―이 땅의 꾼'이라는 주제로 MBC의 지원을 받아 과제를 수행하고 있다. 한결같이 민속문화 유산과 이를 전승하고 있는 사람들을 자원으로 한 디지털영상산업이다.

출판산업에도 민속문화 자료는 긴요한 자원 구실을 한다. 편해문은 어린이들이 부르는 민요를 수집해서 정리한 원고로 창작과비평사에서 제정한 '제2회 좋은 어린이책 원고' 비창작 부문에서 대상을 수상하고, 옛아이들 노래 1, 2로 『동무 동무 씨동무』, 『가자 가자 감나무』를[69] 출판했다. 민요CD를 첨부한 책인데, 출판가에서 화제가 될 정도로 주목을 끌었으며 저자로서 인세도[70] 제법 챙겼다. 중요한 것은 출판수익에 머물지 않고, 이것을 계기로 연구활동을 계속해서 석사학위논문[71]도 쓰고 단행본[72]도 간행하였으며, 옛아이들 노래와 더불어 아이들 교육 전문가로 학계에서 널리 인정받아 국제심포지엄에 연구발표[73]를 하였

68) 『경북의 문화인프라 구축과 세계화』, 95쪽. "'소리은행' 콘텐츠 사업은 한마디로 한국의 모든 소리를 수집하여 은행처럼 저장해 두었다가 필요한 문화콘텐츠로 활용하겠다는 사업이다. 설화나 민요·무가·풍물과 같은 무형문화재 관련 소리는 물론 일상생활에서 나는 여러 가지 소리, 자연물 소리까지 모두 디지털로 녹음해서 저장하고 필요할 때마다 공급하는 일이다. 보기를 들면 방아 소리의 경우, 민요 방아소리만 수집하는 것이 아니라, 실제로 방아 찧는 소리를 절구방아소리, 디딜방아소리, 연자방아소리, 물레방아소리, 통방아소리 등을 다양하게 수집하고 각 소리마다 연월일시와 조사장소, 소리내는 주체 등을 밝혀서 저장하는 것이다. 물레방아소리도 처음 물을 대서 돌아갈 때 나는 시작소리, 방아공이와 연결하여 방아를 찧을 때 나는 소리, 물을 막아서 물레를 멈추는 소리 등을 분별하고, 계절에 따라 지역에 따라 규모에 따라 한 차례만 수집하는 것이 아니라 가능한 한 계속해서 많이 수집해서 저장한다."

으며 각종 관련 강좌를 기획하여 운영하고 있다는 점이다.[74] 민속문화를 통해 우리 학계에서 자립 가능한 한 사람의 전문가가 성장된다는 사실도 경제적 가치 이상으로 중요한 사실이다.

어린이들의 민요자료들이 어린이 도서상품으로 훌륭한 자원이 된 것처럼, 최근에는 민속문화 자료를 그림동화로 엮어서 아동도서의 베스트 셀러가 되었을 뿐 아니라 문광부선정 우수도서로 뽑힌 사례가 있어 주목된다. '잃어버린 자투리문화를 찾아서'를 표방한 이춘희의 『똥떡』과 『꼴 따먹기』, 『싸개싸개 오줌싸개』, 『고무신 기차놀이』 등[75]은 간행 즉시 아동도서 상품으로 출판계의 화제를 모았다. 씨름·풍물·연날리기·탈춤·동제 등 종래의 민속문화 기획과 달리 민속문화 가운데에서도 '밤똥참기', '닭싸움', '풀각시놀이', '야광귀신', '계란밥' 등 널리 주목받지 못하는 사소한 민속들을 찾아서 새롭게 기획한 결과[76] 기대 이상의 반응을 얻어서 쓴이를 일약 출판계의 유명작가로 떠오르게 만들었다.

기획물의 이름도 '국시꼬랭이 동네'라 하여[77] 그 자체가 하나의 민속문화 현상을 나타내며, 안동 사투리를 그대로 표방했는데 성공적이었다. 이제는 사투리도 상품이다. 순전히 사투리로 쓴 『오지게 사는 촌놈』[78]이 뜨고 전라도 사투리를 살려서 편집하는 『전라도닷컴』[79]이 인기이다. 다시 말하면 국시꼬랭이처럼 민속학자들도 거들떠보지

74) 한겨레문화강좌 가운데 신화와 전설, 민담 관련 강좌들을 제각기 기획하여 성공적인 프로그램을 진행하였다.

76) 나는 원래 감수자로 이 기획에 참여했는데, 처음 원고를 감수하면서 출판사에서 원래 기획했던 기존의 전통문화 항목들을 보고 진부하다고 판단하여 앞으로 출판할 항목들을 모두 새로 기획하기로 하였다. 그동안 아동도서에서 다루지 않았던 민속들만 동화로 엮어 간행하기로 하고 작가 이춘희와 편집팀장 송지현과 의논하여 책의 제목과 내용은 물론 '국시꼬랭이 동네'라는 기획이름까지 민속적인 냄새가 확 나도록 하였다. 이렇게 기획을 전면적으로 혁신하는데 편집팀장 송지현과 작가 이춘희는 기꺼이 동의하였다. 세 사람은 죽이 잘 맞은 셈이다.

77) 내가 이 시리즈의 기획의도를 표지글로 썼는데, 그 중에 일부를 소개하면 다음과 같다. "'국수'는 누구든 잘 알고 있습니다. 그런데 '국시꼬랭이'를 제대로 아는 사람은 별로 없습니다. 우리 어른들은 모두 국시꼬랭이를 먹으며 자랐습니다. 국시꼬랭이는 잃어버린 우리 자투리 문화이자, 속 깊게 자녀를 사랑하는 어머니 마음입니다. 우리 아이들을 우리 아이들답게 키우고 싶어하는 어머니 마음으로 그동안 지나쳐 왔던 자투리 문화들만 가려내서 이야기로 담았습니다."

않은 민속일수록 더 인기가 있다는 것이다.

『똥떡』은 간행되자 말자 똥떡 신드롬을 일으킬 정도로 아이들 사이에 화제가 되었으며, 아동도서가 불황인 중에도 한 달만에 무려 2만 부나 팔려 나갔다. 이처럼 하찮게 여기는 민속문화일수록 상품성이 높은 셈이다. 그런데 우리 민속문화에는 이러한 자투리 민속이 얼마나 많은가. 그 경제적 가치를 생각한다면 탈춤이나 동제, 풍물 같은 대단한 민속뿐만 아니라 소외된 민속문화에 관심을 기울이지 않을 수 없다. 그러고 보면 민속문화 유산은 어느 것이나 문화상품화가 가능한 대단한 문화자산이라는 것을 재인식하게 만든다.

7. 민속문화에 의한 신기술상품 개발의 경제적 가치

민속문화는 그 자체로 문화산업 자원으로서 경제적 가치를 지니는 것만 아니다. 민속문화가 다른 산업을 일으키고 새로운 상품을 발명하며 과학기술을 증진시키는 구실도 적극적으로 감당한다. 우리 민속문화 속에 갈무리된 오랜 문화적 슬기는 우리나라 사람들만 사유할 수 있는 창조력의 바탕이다. 문화가 전혀 다른 사람들은 상상할 수 없는 신기술과 새 상품을 발명하는데, 민속문화 만한 창조적 발상의 자원이 없다고 해도 지나치지 않다. 현재 그러한 구실을 한 몇 가지 사례를 보면 민속문화에 대한 경제적 가치 인식을 새롭게 가다듬을 수 있다.

식혜를 음료수로 개발하여 기존 음료수 시장을 석권한 것은 이미 10년이 가까워 온다. 음료수 시장의 침체를 단숨에 극복한 것이 도투락의 식혜상품이었다. 그 뒤에 대기업들까지 너도나도 식혜사업에 뛰어들 정도였다. 수정과와 미숫가루를 비롯하여 마침내 '아침햇살'과 같은 쌀음료까지 등장한다. 간장은 물론 된장과 고추장도 상품화된 지 오래이다. 잣죽과 깨죽은 물론 팥죽과 호박죽도 있다. 전통식품이 상품화되면 김치처럼 해외수출도 가능하다.

민속식품이 상품화되는 것은 현대사회에서 자연스러운 일인가. 피자와 치즈, 아이스크림, 햄버거 시장을 뚫고 호박죽이나 식혜가 경쟁을 한다는 것은 예삿일이 아니다. 누룽지가 상품화되더니 어느새 누룽지사탕까지 나왔다. 민속음식을 잘 들여다보면 상품화 자원이 엄청나다는 것을 알 수 있다. 우리가 이제야 음식문화주권을 회복하고 있는 셈이다. 민속음식이 상품으로 가공되어 시장에 깔리는 것만은 아니다. 주술적인 민속문화 사유까지 상품화되고 있다.

시골에 없는 점쟁이들이 대도시에 진을 치고 일정한 거리를 형성하고 있을 정도이다. 예사 카페보다 사주카페가 더 인기를 끌고 있다. 물론 시골에는 사주카페가 없다. 서울의 로데오 거리처럼 대도시의 번화가에 자리잡고 있다. 노인들보다 젊은 세대들이 사주팔자에 관심이 많다. 따라서 인터넷을 이용하여 사주팔자를 봐 주는 사이트가 한때 상당한 소득을 올리며 번성했다.

기술이 발달하면 주술이 쇠퇴할 것으로 생각한 것이 착각이다.[80] 기술과 주술은 반비례하는 것이 아니라 정비례한다고 해도 지나치지 않다. 기술과 주술의 동반관계는 자동차 고사에서 잘 드러난다. 자동차가 생기면서 전에 없던 자동차 고사를 비롯하여 자동차 주술이 다양하게 생겨난 것이다.[81] 대학 수능고사가 문제되면서 전에 없던 수능고사 주술이 번성하고 주술상품까지 시장에 버젓이 나돈다.

수능시험을 앞두고 제과점과 문구점에는 입시주술상품이 다양하게 진열된다. '잘 붙어'라고 하는 뜻의 합격엿과 찹쌀떡은 이제 진부한 상품이 되었다. 과거에는 상상도 하지 못할 기발한 주술품이 입시생들을 맞이한다. 문제를 잘 풀라는 뜻의 '휴지'와 '손수건', 답을 잘 찍으라는 뜻의 '포크'와 '도끼', 문제를 잘 보라는 뜻의 '거울' 등 아주 다양한 상품들이 개발되었다.[82] 나아가 부적팬티까지 개발되어 있다.

민속문화의 관점에서 보면 네티즌이니 신세대니 하여도 우리 아이들이나 어른들은 여전히 부처님 손바닥 안에서 놀고 있는 셈이다. 유감주술의 사유 속에서 해방되지 못하는 까닭이다. 따라서 앞으로 이러한 주술상품은 더욱 기발하게 개발될 가능성이 높다. 발렌타인데이나 화이트데이처럼, 삼짇날이나 단오, 칠석, 동지 등 세시풍속에 따라 주술품과 절식을 상품화하면 경제적 수익을 올릴 수 있다. 이날 주술품을 사서 지니고 반드시 절식을 사 먹도록 하는 것도 문화의 힘이다.

민속문화는 이렇게 다양한 문화상품을 창출하는 것만이 아니다. 현대적인 첨단 기술상품도 독창적으로 개발하는 역량을 발휘하고 있다. 과연 민속문화와 같은 케케묵은 전통이 첨단기술 상품을 발명할 수 있을까. 이야기가 미래산업인 것처럼 민속도 미래문화일 수 있다는 생각을 가진 사람은 새로운 첨단기술을 발명할 수 있고 신상품을 개발할 수 있다. 이제 그러한 보기들을 몇 가지 살펴보기로 하자.

일본의 고다쯔

　세계에서 전기담요를 제일 처음 상품화한 나라는 일본이다. 원래 미국에서 병원에 입원한 환자들을 따뜻하게 해주기 위해 담요에 열선을 깔아 현재의 전기담요 비슷한 것을 의학용으로 만들었다. 그러나 이를 본격적으로 상품화하여 가전제품으로 널리 쓰도록 개발한 것은 일본이다. 결국 전기담요의 발명은 미국에서 하고 상품화는 일본에서 한 것이다. 일본에는 전통적으로 안방에 '고다쯔〔火燵〕'라고 하는 이불 속에 넣는 화로 외에는 구조적으로 실내에 난방시설이 없었다. 그러므로 전기담요 상품화의 개연성이 충분하다.

　그럼 세계에서 전기장판을 제일 처음 발명한 나라는 어느 나라일까. 바로 한국이다. 한국 외에는 전기장판을 상상도 할 수 없다. 등을 따뜻하게 해서 난방을 한다는 발상은 온돌문화를 누리는 한국사람들 외에는 불가능한 까닭이다. 온돌생활을 누대로 해온 한국사람들 체질에는 배가 따뜻하기보다 등이 따뜻해야 잠을 잘 잘 수 있다. 따라서 난방용 전열기로 전기장판을 개발하는 것은 자연스러운 일이다. 1980년대 초 일본인 주부 관광객들이 한국에 오면 유일하게 사 가지고 가는 한국제 가전제품이 전기장판이었다는 말이 있을 정도이다.

　이제 일본에도 전기담요를 전기장판처럼 바닥에 깔아 쓰는 용으로 생산하고 있을 뿐 아니라 최근에는 덮는 담요보다 까는 담요의 수요가 더 많아졌다. 열의 대류법칙에 의하면 덮는 전기담요보다 까는 전기장판이 난방용으로 훨씬 효과적인 까닭이다. 이불용 전기담요에서 장판용 전기담요까지 오는 데 일본에서는 무려 5년이나 걸렸다. 1964년 무

렵에 덮는 전기담요가 처음 개발되어서 상품으로 보급되었는데, 전기
장판처럼 바닥에 까는 전기담요는 1969년이 되어서 비로소 상품으로
판매되기 시작했다. 그리고 1997년부터는 깔거나 덮거나 모두 가능한
겸용 담요가 개발되었다. 우리는 처음부터 바닥에 까는 전기장판을 개
발하여 상품화한 사실에 비하면 문화와 가전제품의 발명 사이의 관계
가 유기적이라 하지 않을 수 없다.

　사실 온돌문화는 전기장판만 발명 가능하도록 한 것이 아니다. 벽면
에 설치한 라지에터와 같은 측면 보일러가 서양건축에 도입되면서, 이
를 그대로 받아들이는 한편, 보일러 배관을 방바닥에 깔아 놓은 밑면
보일러를 새로 개발한 것도 온돌문화에서 비롯된 착상이자 발명이다.
온돌은 그 자체로도 벽난로보다 여러모로 과학적이고 경제적이며 위
생적인 난방구조[83]일 뿐 아니라, 온돌식 보일러를 발명하고 전기온돌
을 발명하는가 하면 마침내 옥매트와 온돌침대[84]까지 발명하기에 이르

렀다. 아직 일본에는 전기온돌도 옥매트도
없다. 바닥에 까는 전기담요가 고작이다.
온돌침대까지 가려면 아직 멀었다고 하지
않을 수 없다.

84) 일반적으로 '돌침대'라고 하고 재질에 따
　라 '옥돌침대', '맥반석침대', 또는 '흙침
　대'라고 하지만 문화적 전통을 고려해서
　보면 온돌형 침대이므로 나는 '온돌침대'
　라 일컫는다.

　벽난로형 측면 보일러를 온돌형 밑면 보일러로 바꾸었듯이, 전기 보
일러도 전기온돌로 바꾸었을 뿐 아니라, 구조적으로 열을 가할 수 없
는 매트를 사용한 침대조차 온돌처럼 돌을 간 침대를 만들어 바닥을
뜨끈뜨끈하게 만들었다. 온돌문화를 누리지 못한 사람들은 돌침대를
상상조자 하기 어렵다. 그러나 온돌문화를 누린 사람들은 보일러형 난
방시설과 침대형 잠자리를 받아들이게 되면서 이러한 외래문화를 그
냥 받아들이지 않고 온돌문화에 맞게 창조적인 발명을 하게 마련이다.
　온돌침대는 단순히 돌을 깔아 전기로 열을 내게 하는 수준이 아니라

여러 가지 전자파 차단 기술과 원적외선 방출 기술, 그리고 뜸질효과 등 다양한 기술을 발휘하여 가장 값비싼 고급 침대를 생산하는 데까지 나아간 것이다. 돌침대는 세계적인 발명품으로 외국에서조차 공식적으로 인정받고 있다. 따라서 온돌침대는 매트형 침대와 가격 비교가 되지 않을 만큼 고가품이며, 앞으로 해외시장에 수출되어 기존의 침대시장을 석권할 가능성이 높다.

실제로 특정 돌침대 제조업체는 특허기술 개발에 따라 벤처기업으로 지정되는가 하면, 미국 및 일본에 다량의 돌침대를 수출하여, 2000년 4월에는 수출유망중소기업으로 선정되었으며, ISO9002 국제품질 인증 획득과 함께 우수제품 GQ마크를 획득하고, 1997년에는 독일 신기술 발명전에서 의료기 부분 금메달을 수상할 정도로 뛰어난 기술력을 인정받고 있다. 돌침대는 찜질효과가 있으며 음이온 및 원적외선, 초장파 발생을 가능하도록 만들 수 있기 때문에 잠자리용 침대로서 가전제품 수준에 머물지 않고 독일에서 의료기로 공인될 정도이다. 온돌문화에서 비롯된 창조적 발상이 침대문화를 혁신적으로 바꾸어 놓은 셈이다.

온돌형 난방의 장점을 고려하면 앞으로 우리 주거문화가 온돌형 실내생활로 점차 바뀌어 갈 가능성이 높다. 한국의 김치처럼 세계 사람들이 온돌에서 자고 온돌침대를 사용한 체험을 통해서 이의 편리성과 건강성을 확인하게 되면 온돌형 보일러와 온돌형 전기장판, 온돌형 침대로 주거문화와 잠자리문화를 바꾸어 갈 가능성이 높다. 왜냐하면 건강에 좋고 위생에 좋으면 선호도가 높을 수밖에 없는 까닭이다. 그러므로 온돌문화의 우수성이 국제사회에 알려지기만 하면 우리 건축회사는 수출시장을 개척할 수 있게 될 것이다.

미국 로스앤젤레스의 굿사마리탄병원은 세계 최고 수준의 병원이라는 명성을 얻고 있다. 그런데 이 병원은 지난해부터 양식을 배제하고 불고기를 비롯한 닭볶음탕, 두부조림, 참치김밥, 미역국, 된장국 등 한식으로 환자식을 만들어 제공하고 있다. 원래 한국인 환자를 위해 한식을 공급했는데, 한식이 기름기가 적고 영양이 고르다는 사실을 알게 된 병원측은 한식이 환자식으로 최고의 음식이라 판단한 결과이다. 온돌침대라고 해서 예외가 아니다.

따라서 LA의 우리 동포들이 사는 아파트를 온돌형 보일러로 난방시설을 하고 그들이 집집마다 온돌침내를 사용하게 되면 미국내에 파급 효과가 상당히 크리라 전망할 수 있다. 이불형 전기담요만 사용하던 일본에서도 장판형 전기담요를 쓰고 있는 걸 보면 전혀 억측은 아니다. 최근 10년 사이에는 일본에도 위에 덮는 이불형 전기담요는 거의 수요가 없고 바닥에 까는 장판형 전기담요가 널리 유행하여, 일본의 난방문화도 온돌형으로 알게 모르게 전환되어 가고 있는 것이다. 아무래도 바닥에 까는 담요가 더 편하고 열효율이 높기 때문이다. 그러므로 미국 사회에도 재미동포들을 중심으로 온돌문화가 보급되면, 온돌형 보일러나 전기온돌 자재 수출은 물론 시공회사의 해외진출도 가능하다. 온돌침대의 경제적 효과 이상의 수출경쟁품이 바로 민속문화의 전통에 의한 온돌문화라 할 수 있다.

온돌침대가 장영실 과학 문화상을 수상할 만한 발명품이듯이 김치냉장고도 같은 수준의 발명품이다. 김치냉장고는 한국인의 최신 냉장고 발명품이자 한때 주부들이 가장 가지고 싶어하는 가전제품 1호였으며, 침체에 빠진 가전제품 시장을 살려낸 효자 상품 구실을 하였다. 한마디로 김치냉장고는 김치문화의 전통에 의해 발명된 것이다. 김치문화를 온전하게 누리고자 하는 한국 사람들에게 일반 냉장고는 한에 차지 않는다. 쉽게 맛이 변하기 때문에 김장김치의 온전한 맛을 즐길 수 없다. 당연히 김장독과 같은 새 냉장고 기술이 요청되기 마련이다.

김치냉장고 기술은 예사 기술이 아니다. 온도를 조절하는 것도 0.1도 수준으로 미세하게 조절할 수 있어야 할 뿐 아니라, 일반 냉장고처럼 순환방식으로 냉기를 공급해서는 김치를 제대로 보존할 수 없다. 따라서 아예 김치를 보관하는 용기 자체가 4면에서 온도를 내려 준다. 용기의 재질은 물론 냉장기술도 기존 냉장고 방식과 전혀 다르다. 따라서 김치냉장고는 김치의 숙성과 보존에만 기능적인 구실을 하는 것이 아니다. 일반냉장고에 보관하면 송풍 방식의 냉기로 건조해져서 시들해져 버리는 야채와 과일, 생선, 날고기 등도 아주 싱싱하게 보관할 수 있는 새로운 감각의 냉장고이다. 그러므로 이제는 김치냉장고가 아니라 야채와 과일 등을 신선하게 보관하는 생장고로 재인식되고 있다.

김치냉장고의 해외 수출은 이미 4년 전부터 시작되어 우리 가전제품의 해외 진출을 선도하고 있다. 다른 가전제품은 해외의 다른 여러 제품들과 경쟁을 해야 하지만 김치냉장고의 경우는 경쟁 대상이 없다. 그동안은 주로 교포사회를 중심으로 마케팅이 이뤄졌으나 지난해 월드컵 대회를 계기로 김치를 아는 외국인이 많아져 김치냉장고의 수출 가능성이 더 높아졌다. 따라서 김치냉장고의 해외 마케팅 포인트를 중·상류층을 겨냥한 세컨드 냉장고로 잡고 있다. 즉 김치 보관용이 아니라 외국인의 식생활을 반영한 과일·야채·와인·치즈·육류 등을 보관하는 전문형 냉장고로 해외시장을 겨냥하고 있다.[85] 그러므로 김치문화는 김치 자체의 수출에서 한국식당의 수출, 김치냉장고의 발명과 새 가전제품의 수출 등에 이르기까지 막대한 경제적 가치를 창출하고 있는 것이다.

같은 맥락에서 보면 우리 민속문화의 신기술 개발 가능성과 세계 시

85) 김치냉장고를 만드는 한 기업은 작년에 미국과 일본, 중국에만 5만 대 정도 수출한 실적을 가지고 있는데 앞으로 수출 규모가 더욱 성장할 것으로 전망된다.

장에 수출 경쟁력을 확보할 수 있는 가능성은 무한하다고 할 수 있다. 일본이 라면의 종주국이지만 매운 맛을 즐기는 우리 음식문화에 맞게 개발한 매운 맛의 '신라면'은 지금 세계 라면시장을 석권하고 있다고 해도 지나치지 않다. 이른바 빨래판 세탁기나 물걸레 청소기 등의 가전제품 개발은 순전히 우리 민속문화의 전통에서 비롯된 것이다. 빨래판을 이용하지 않는 서구식 세탁문화[86]에서 빨래판 세탁기를 만들 발상을 할 수 없듯이, 입식생활을 하는 까닭에 방바닥을 물걸레로 청소하지 않는 서구식 주거생활에서는 물걸레 청소기를 생각조차 할 수 없다. 그러나 빨래판 세탁기가 다른 세탁기에 비하여 세탁효과가 크면 다른 문화권에도 얼마든지 수출할 수 있고, 물걸레 청소기는 온돌문화가 확산되는 것과 더불어 세계적인 청소기로 보급될 수 있다.

86) 나라마다 빨래하는 방법도 제각각이다. 인도에는 빨래를 전문으로 하는 직업이 있는데 우리처럼 판판한 돌이나 나무판에 대고 빨래를 치대지 않는다. 빨래를 휘둘러 때리는 방법이 고작이어서 세탁하는 데 상당한 힘이 든다. 서구에서도 돌판이나 나무판을 이용하는 세탁방식을 발견하기 어렵다.

8. 경제적 가치를 넘어서는 목적 가치로서 민속문화

새로운 발명품을 만들고 신기술을 개발해낸다는 사실 하나만으로도 민속문화의 경제적 가치는 이용하는 데 따라 무한하다. 그런데 문화는 수익을 창출해 주는 직접적인 경제 기능도 있지만 다른 효과로 경제를 윤택하게 해주는 간접적인 경제 기능도 있다. 따라서 민속문화의 간접적 경제 기능도 지나칠 수 없는 일이다. 교환가치를 지닌 재화를 직접 창출하는 것은 아니지만, 실제로 경제생활을 하는 데 도움을 주는 2차적 기능과 경제적 재화의 투입을 줄여 주는 구실을 하는 3차적 기능이 있다. 사실 실제로 재화를 벌어들이는 기능 못지않게 중요한 경제적 가치라 할 수 있다.

  민속문화의 2차적 경제 기능 가운데에는 여러 가지가 있지만 이미 학계에서 제기되고 있는 경제교육 기능을 들 수 있다. 민속문화는 경제교육 기능을 수행하고 있다는 것을 경제이론에 따라 다양하게 해석하고 있어 주목된다. 민속놀이[87]는 물론, 속담[88]과 민요[89] 등도 경제교육에 효과적 구실을 발휘하고 있다는 연구를 보면 민속문화 일반이 사실은 경제문화라 해도 지나치지 않다. 사실 민속문화에 갈무리된 절약 정신 하나만 해도 대단한 경제교육 효과라 할 수 있다.

  구체적으로 민속놀이의 경제교육 기능을 보면, 땅따먹기의 경우 제한된 공간을 서로 다투어 많이 획득하는 것을 경쟁하는 놀이인데, 이는 경제학에서 가장 핵심 과제인 '희소성'의 문제를 익히게 한다는 것이다. 희소성 문제는 주어진 예산이나 자신의 능력 범위내에서 문제를 해결하도록 합리적 선택을 요구하는 경제활동이다. 아이들이 땅따먹기 놀이를 통해서 희소성의 경제원리를 자연스레 터득한다는 해석이다.[90]

  고무줄놀이는 난이도가 높은 놀이를 하기 위해 평소에 반복해서 연습하고 최선을 다해 경쟁한다. 점점 높이가 높아지는 난이도도 있고 놀이 방법이 점점 복잡해지는 난이도도 있다. 이를 통하여 어린이들은 늘 능력을 향상시키기 위해 노력하고 놀이의 규칙을 터득하여 경쟁의식을 고양한다. 경쟁의 합리성과 경쟁의식은 경제활동에 가장 소중한 원리라 할 수 있다. 특히 강렬한 경쟁의식은 '따라잡기 모델'로 승화되어 압축경제성장의 성과를 이룩할 수 있다.[91]

  윷놀이는 윷을 노는 것 못지않게 말을 쓰는 기술이 중요하다. 같은 점수가 나와도 말을 어떻게 쓰느냐 하는 전략에 따라 승부가 결정된다. 말을 하나씩 분산해서 운용할 수도 있고 짝을 지어 한꺼번에 움직일 수도 있다. 그리고 상대편 말을 잡아 먹는 방법을 택할 수도 있다.

한 동씩 가게 하면 안정성은 있지만 속도가 느려 문제가 되고, 둘셋씩 포개서 가면 속도는 매우 빠르지만 상대편의 말에 잡혀 모두 죽을 수도 있다. 이는 기회비용과 관련한 경제교육 효과를 지닌 것으로서, 주식투자에서 분산투자와 집중투자의 지혜를 배울 수 있다는 것이다.[92]

민속문화를 어떻게 인식하고 이용하는가에 따라 경제적 교육 가치를 발휘한다. 그러나 더 중요한 경제적 기능은 사실상 3차적인 것이다. 3차적 경제 기능은 재화의 소득은 물론 경제활동과 아무런 관련이 없다. 민속문화가 그 자체로 경제적 효과를 낸다는 것이다. 다시 말하면 경제적 재화의 투입 없이 경제적 지출을 통해서 얻을 수 있는 것을 확보해 준다는 사실이다. 이는 사실상 민속문화뿐만 아니라 모든 문화가 다 그러하다. 그렇다고 하여 이 문제를 제쳐놓을 수 없다. 왜냐하면 이 문제야말로 인문학문의 통찰이자, 사회학문의 시각에서 다루는 경제적 가치 문제를 극복할 수 있는 길이기 때문이다.

중요한 것은 경제적 재화를 벌어들이는 것이 아니라 그렇게 벌어들인 재화를 무엇에 쓰는가 하는 것이다. 더 솔직하게 말하면 돈을 왜 버느냐 하는 것이다. 돈을 벌어서 뭘 하자는 것이냐, 또는 어디에다 쓰려고 돈을 버느냐 하는 것이다. 돈을 벌어들이는 일 자체, 곧 돈이 목적이 아니라면 당연히 돈을 벌어들이는 목적을 묻지 않을 수 없다. 왜냐하면 돈은 벌어서 쓰지 않으면 사실상 아무런 가치가 없기 때문이다. 돈은 쓸 때 비로소 돈으로서 가치를 발휘한다. 그러므로 이 질문은 결국 돈을 무엇하고 바꾸려고 벌어들이느냐 하는 것이다.

사람에 따라서 다르겠지만, 가장 이상적인 목적은 인간답게 살기 위해서 돈이 필요할 것이다. 인간답게 사는 데에는 여러모로 돈이 필요하다. 돈으로 구입을 해야 인간다운 삶을 누릴 수 있는 것이 많은 까닭이다. 인간답게 사는 삶의 기본적인 틀이 사실은 문화이다. 민속문화는 공동체 문화가 중심을 이루는 것으로서 인간다운 삶을 이루는 다양한 문화를 무상으로 공유하는 양식으로 이루어져 있다.

인간답게 살기 위해서는 신앙생활도 하고 예술활동도 하며 일도 해야 하고 놀이도 즐겨야 한다. 이밖에 일생의례와 같은 의례생활도 하지 않을 수 없다. 민속문화 속에는 공동체 놀이도 있고 공동체 노동도 있으며 공동체 예술과 공동체 신앙도 있다. 요즈음은 놀이를 즐기려면 상당한 경비가 소요된다. 놀이감을 구입해야 하고 놀이시설을 이용하려면 일정한 비용을 지출해야 한다. 그러나 민속놀이는 그러한 비용 지출이 없다. 골목에서 하는 아이들 놀이는 물론 본격적으로 하는 어른들의 놀이도 공동체 놀이로 이루어지는 까닭이다. 동채싸움이든 줄당기기이든, 강강술래, 놋다리밟기 등 모두 더불어 즐기며 무상으로 공유하는 문화이다.

요즘은 의례생활도 허례허식에 치우치지 않고 간소하게 하더라도 구조적으로 상당한 비용이 지출된다. 따라서 혼례식을 올리는 데 수천만 원을 쓰기도 한다. 예식장 이용비와 혼례복 임대비, 접대용 식사비만 하더라도 상당한 경비를 지출해야 하고 신혼여행 경비도 만만찮다. 하례객들도 예식장까지 여비를 써가며 이동해야 할 뿐 아니라 현금을 지출해서 부조를 해야 한다.

그러나 전통혼례에는 신혼여행도 없었을 뿐 아니라, 신부 집 마당에서 대례청을 차리고 혼례식을 올리기 때문에 예식장 비용도 들이지 않으며, 마을에서 혼례복이 공동으로 마련되어 있어 일체 경비가 지출되지 않는다. 음식도 마을사람들의 각종 음식 부조로 이루어지는 까닭에 특별히 많은 지출을 하지 않아도 좋다. 제각기 자기 집에서 지은 농산물로 감주와 묵, 두부, 술 등을 빚어서 잔칫집에 모아 놓고 다시 나누어 먹는 까닭에 예식장까지 가는 여비는 물론 현금 지출도 없다. 다시 말하면 예식장 업자나 식당 주인 등 제3자가 끼어들어 막대한 이윤을 가로채는 구조가 아니다. 그러므로 민속문화의 이러한 경제성도 주목하지 않을 수 없다.

인간답게 살기 위해서는 예술활동도 해야 한다. 그래야 수준 높은 문화생활을 즐길 수 있다. 오늘날 문학활동과 음악활동, 연극활동, 미술활동을 하려면 상당한 비용을 지출해야 한다. 일정한 교육기관에서 배워야 할 뿐 아니라 특별한 지면이나 무대 등의 활동 공간을 확보해야 가능하다. 따라서 아무나 예술활동을 할 수 없다. 각종 등단활동을 통해 아주 소수의 전문가들만 예술가로서 예술생산의 주체 구실을 한다. 예술작품을 향유하는 일도 만만찮다. 서울 시민들 중에서 예술의 전당을 이용한 사람의 비율이 극히 낮다는 사실이 이를 입증한다.

그런데 민속예술은 모두 무상으로 공유하는 것이다. 따라서 예술의 생산 주체 구실도 자기 역량에 따라 마음껏 할 수 있다. 전설을 전승하고 민담을 지어내며 민요를 재창조해 부르는 문학활동에 아무런 경비가 소요되지 않는다. 일상생활 공간에서 자유롭게 공동체 성원들과 더불어 수행 가능한 까닭이다. 마을에서 탈놀이와 같은 연극을 하고 장승을 깎아서 세우는 조각활동을 하며, 풍물을 치며 연주활동을 벌이는 일도 이와 다르지 않다. 그러므로 민속예술의 주체로서 이를 생산하고 향유하는 활동에 돈이 없다고 제약을 받는 일은 없다. 누구든지 자유롭게 참여해서 자신의 예술적 역량을 마음껏 펼칠 수 있다.

지금처럼 돈을 버느라 엄청난 고생을 하고 다시 이 돈으로 예술활동과 같은 문화생활을 하기 위해 돈을 쓰는 과정에 결국 다른 사람들이 이윤을 챙긴다. 더 중요한 것은 이러한 유통과정에 대부분의 사람들은 객체로 떨어지거나 소외된다는 사실이다. 모든 사람들이 주체가 될 수 있고 경제적 지출 없이 인간다운 삶을 누릴 수 있는 민속문화의 경제적 가치는 사실 양적 개념을 우선하는 경제 논리로는 따질 수 없는 것이다. 이 따질 수 없는 문화적 가치야말로 가장 높은 가치인 것이다.

"빵을 사기 위한 돈과 주식에 투자하기 위한 돈은 다르다"고 한 엔대(Ende)[93]의 말처럼, '문화생활을 하기 위해 쓰는 돈과 부를 축적하기 위해 쓰는 돈은 다르다'고 할 수 있고, '빵을 사는 돈과 신문을 사는 돈은 다르다'고도 할 수 있다. 문화 자체가 인간다운 삶을 위한 공동체적 생활양식이라고 한다면 이를 통해 돈을 벌겠다는 발상 자체가 삶을 수단화하는 행위이다. 후진국일수록 문화비용이 낮고 식품비용이 높다. 빵을 위해 "문화를 그 자체로·팔아 먹는 일이야말로 가장 후진적이다".[94] 인간다운 삶을 위해 애써 번 돈을 아끼지 않고 쓰겠다는 발상이 바로 문화생활비 지출이 높은 문화선진국 사람들의 생각이다.

우리 옛말에도 '개같이 벌어서 정승같이 쓰겠다'고 하지 않았는가. 정승같이 쓰는 것이 수준 높은 문화생활을 누리는 것이다. 정승 같은 문화생활을 누리기 위해 개처럼 애써 돈을 벌어들일 따름이다. 그런데 돈이 목적이 되어 문화를 수단화한다면 문제가 아닐 수 없다. 그것은 개처럼 살겠다는 것이나 다름없기 때문이다. 비록 개같이 돈을 벌더라도 정승같이 살기 위해서는 문화 투자에 인색하지 말아야 한다.

삶의 목적이 어디에 있는가. 수준 높은 문화생활을 하는 것인가, 아니면 부를 축적하여 부자생활을 하는 것인가. 가치관에 따라 그 목적이 서로 다를 수 있다. 만일 인간다운 삶의 가치를 실현하는 것이 삶의 보람이라고 한다면 수준 높은 문화생활에 목적을 두어야 할 것이다. 민속문화는 우리에게 그러한 문화생활을 제공하는 것이다. 그러므로 이 글은 사실상 경제적 가치로 따질 수 없는 민속문화의 문화적 가치를 재발견하기 위하여 먼 길을 돌아왔을 따름이다.

경제적 가치는 수단적 가치이지만 문화적 가치는 목적적 가치가 아닌가! 따라서 민속문화든 고급문화든 경제적 가치가 전혀 없어도 이를 지키고 가꾸는 일에 일정한 투자를 하지 않을 수 없다. 그것이 삶의 진정한 목적이기 때문이다. 문화에 대한 투자는 경제적 지출이 아니라 인간다운 삶을 위한 가장 바람직한 투자이자, 창조적인 삶에 대한 가장 생산적인 투자이다. 새뮤얼 헌팅턴은 '뒤늦게 문화적 가치가 인류 발전을 결정한다'는 사실을 깨닫고 "문화는 정말 중요하다"고 주장한다.[95] 그러므로 문화의 역사적 뿌리이자 사회적 바탕을 이루며 문화민주화의 가능성을 담보하고 있는 민속문화야말로 경제적 가치와 정치적 힘을 넘어서는 결정적 가치를 지닌다고 하지 않을 수 없다.

■ 미주

1) 임재해, 「지방정부의 지식기반 확충과 문화산업 발전 구상」, 『지역문화와 문화산업』, 지식산업사, 2000, p.27. 앞으로 각주에서 임재해의 논문과 저서를 전거로 하는 경우에는 이름을 밝히지 않는다.
3) 「경북의 문화인프라 구축과 세계화 전략」, 경북새천년연구원 주최의 새천년 경북발전의 비전과 전략(포항공대, 2002년 7월 19일) 세미나 발표자료집, pp.95~96.
4) 주강현, 『21세기 우리문화』, 한겨레신문사, 1999, pp.301~319에서 이 문제를 자세하게 다루었다.
6) 송의호, 「하회탈 선물로 붙티」, 중앙일보 2003년 8월 29일자 〈U대회 플라자〉. "쇼핑몰에서 외국 선수들이 선물용으로 가장 많이 찾는 물품은 하회탈이나 부태, 한국인형 등이다."
9) 이민종, 「김치수출 폭발적 1억 달러 달성 눈앞」, 파이낸셜 뉴스 2003년 6월 24일자. www.fnnews.com
10) 정기환, 「전통공예품 일본 열풍」, 중앙일보 2003년 2월 18일자. "최근엔 한국음식을 찾는 일본인 고객들이 늘면서 일본인 식당업자들도 하나 둘 한국식당 경영에 나서고 있다. 이에 따라 한국식당 수도 급격히 늘어나 도쿄(東京)에만 2천여 곳, 간토(關東) 지방 전체로는 1만여 곳에 달한다."
11) 정기환, 앞의 글, 같은 곳.
12) 피용익, 「기 소르망, 한국은 트레이드 마크가 없다」, edaily, 2003년 7월 25일.
13) 김혜수, 「문화마케팅 체계화 절실」, 한국경제신문, 「상품도 문화다」. http://my.dreamwiz.com/lutain/marketing/ marketing2/industry11.htm.
14) 김혜수, 앞의 글, 같은 곳.

15) 「문화주권 수준에서 보는 지역문화의 현실 읽기와 일거리 찾기」, 국가균형발전을 위한 교육·문화적 과제를 위한 토론회, 대통령자문 정책기획위원회(2003년 9월 26일, 전북대학교 건지 아카데미홀), pp.119~124에서 문화주권 문제를 다루었다.

16) 「민속예술의 본질적 성격과 인간해방 기능」, 『比較民俗學 23』, 比較民俗學會, 2002. 8, pp.66~75에서 민속예술의 생산주권에 관해 자세하게 다루었다.

17) 「지역문화의 민주적 전통과 문화분권의 재인식」, 지방분권시대 문화분권 정책을 위한 토론회(대구사회연구소, 2003년 10월 18일), p.56.

18) 앞의 글, pp.57~58.

19) 새뮤얼 P. 헌팅턴·로렌스 E. 해리슨 공편, 이종인 옮김, 『문화가 중요하다』, 김영사, 2001, pp.8~9.

20) 2002년 현재 McDonald는 세계 121개국에 진출하여, 약 3만 개의 점포를 보유하고 있다. 예를 들어 일본에는 3867개 점포(2003년), 한국은 324개 점포(2001년)가 있다.

21) Rolf Jensen, 「From Information to Imagination: When Values Become More Important than Products, even in the Marketplace」, 문화다양성과 공동가치에 관한 국제포럼(2003경주세계문화엑스포조직위원회 — 유네스코한국위원회, 2003년 9월 24~26일), p.143.

22) 신동호, 「문화사회, 문화민주주의를 향한 시야를 가지자」, 『대구경북포럼 40』, 대구경북개발연구원, 2003년 1·2월호, p.56, "문화에는 표준이 있을 수 없고 표준이 성립되면 문화는 죽는 것이다."

23) 한국유네스코, 『무형문화재 보존을 위한 제1차 유네스코 국제연수 워크샵(1998. 10. 13~20) 자료집』, p.156, 주강현, 「21세기 통일 시대의 아카이브 — 왜, 지금, 아카이브 건설을 촉구하는가」, 『민속기록보존, 어떻게 할 것인가』, 국립민속박물관 학술발표회, 2000. 8. 23, 요지집, p.8에서 재인용.

24) 이사벨라 버드 비숍, 이인화 옮김, 『한국과 그 이웃 나라들』, 살림, 1994, pp.29~30.

25) 라이샤워·패어뱅크, 전해종·고병익 옮김, 『동양문화사』, 을유문화사, 1984, p.506.

26) 새뮤얼 헌팅톤, 이희재 옮김, 『문명의 충돌』, 김영사, 1997, pp.52~56.

27) 『경북의 문화인프라 구축과 세계화 전략』, pp.92~93.

28) 롤프 옌센, 서정환 옮김, 드림 소사이어티, 한국능률협회, 2000, p.15.

29) 롤프 옌센, 서정환 옮김, 앞의 책, 머리말 첫 문장.

30) 롤프 옌센, 서정환 옮김, 앞의 책, 뒷표지글.

32) 김현자, '21세기 문명과 신화', 『문학과 경계』 2002년 봄호, p.69 및 p.79.

33) 김현자, 앞의 글, p.77.

34) 이도흠, 「신화와 판타지 — 해방의 출구인가, 억압의 장인가?」, 『문학과 경계』 2002년 봄호, p.41.

35) 문학과 경계 2002년 봄호는 '왜 신화와 판타지인가?' 하는 것을 특집으로 다루면서 이도흠, 김현자, 장영란의 글을 싣고 있다.

36) 정진홍, 「드림 소사이어티 — 이야기가 있는 IT를 만들어라」, http://www.crmpark.com/portfolio2437.htm.

37) 정진홍, 앞의 글, 같은 곳.

38) Rolf Jensen, 「From Information to Imagination: When Values Become More Important than Products, even in the Marketplace」, 문화다양성과 공동가치에 관한 국제포럼(2003경주세계문화엑스포조직위원회 — 유네스코한국위원회, 2003년 9월 24~26일), pp.135~154.

39) Rolf Jensen, 앞의 글, p.151. "Stories, not products, will be competing with each other. The story is the produce, the product is the byproduct."

40) Rolf Jensen, 같은 글, 같은 곳. "The traditional division into lines of business will be been replaced with lines of story, or storylines; stories directed at different

emotional needs in the consumer.”

41) Rolf Jensen, 같은 글, pp.152~153.

43) 「설화의 쓰임새가 놀랄 만큼 달라지고 있다」, 실천민속학회 편, 『민속문화, 무엇이 어떻게 변하는가』, 집문당, 2001, p.285.

44) 「민속문화의 생태학적 인식」, pp.304~307에 걸쳐 민속문화는 오래된 과거의 문화이면서 지속 가능성을 지닌 미래의 문화로서 ‘오래된 미래의 문화’라는 사실을 자세하게 다루었다.

45) 도정일, 「인문학, 인문교육, 그리고 문화산업」, 『문화예술』 9월호(한국문화예술진흥원, 1999), p.12. “디즈니 애니메이션을 비롯한 미국 설화산업 종사 작가들은 서양 서사문학의 전문가들이며 ‘이야기의 기술자’이다.”

46) 『지역문화와 문화산업』, p.183.

47) 『문화주권 수준에서 보는 지역문화의 현실 읽기와 일거리 찾기』, p.142.

48) 『지역문화와 문화산업』, pp.177~178.

49) 앞의 책, pp.183~184.

50) 이창식, 「온달문화축제의 성격과 전망」, 이창식 편, 『온달과 단양』, 단양문화원, 1999, pp.22~29.

51) 남치호, 「향토 지적재산 발굴을 통한 지역활성화」, 최고경영자과정 강의교재(안동대학교 행정경영대학원, 1999 9~12월), p.133.

52) 남치호, 앞의 글, 같은 곳 참조.

53) Rolf Jensen, 『From Information to Imagination: When Values Become More Important than Products, even in the Marketplace』, p.140.

55) 이상광 외, 『안동국제탈춤페스티벌2003 조사연구』, 안동대학교 민속학연구소, 2003, p.218.

56) 김선풍, 「남이장군대제론」, 『比較民俗學 13』, 比較民俗學會, 1996, pp.97~109.

57) 한양명, 「영산 3.1문화제의 기반과 실현, 그리고 기능」, 『比較民俗學 13』, 比較民俗學會, 1996, pp.131~158.

58) 이필영, 「은산별신제」, 『比較民俗學 13』, 比較民俗學會, 1996, pp.163~172.

59) 나승만, 「영등제 전승과 축제화」, 『比較民俗學 13』, 比較民俗學會, 1996, pp.189~200.

60) 김택규, 「자인단오굿」, 『比較民俗學 13』, 比較民俗學會, 1996, pp.205~228.

61) 하효길, 「위도띠뱃놀이의 현황과 전망」, 『比較民俗學 13』, 比較民俗學會, 1996, pp.229~236.

62) 文武秉, 「제주도의 영등굿」, 『比較民俗學 13』, 比較民俗學會, 1996, pp.241~253.

63) 이정덕 외, 『2001 전주세계소리축제 평가 결과 보고서』, 전북대 전라문화연구소 외, 2001, p.155.

64) 김은정, 「아랑전서의 축제화 양상과 그 사회 문화적 의미」, 안동대학교 대학원 석사학위논문(2002년), pp.49~65에 이 문제를 자세하게 다루었다.

65) 밀양아랑제집전위원회, 『密陽아랑제 四十年史』(1999).

67) 「지역축제의 세계화 방안」, 전북도의회 전주세계소리축제특별위원회 초청강연(2001. 01. 26, 전북도의회회의실).

69) 편해문, 『동무 동무 씨동무』, 창작과비평사, 1998.
　　편해문, 『가자 가자 감나무』, 창작과비평사, 1998.

70) 정확한 것은 알 수 없지만 두 책 모두 8쇄를 찍었는데 약 2만 부 정도 팔린 셈이다.

71) 편해문, 「옛 아이들 노래를 통해 아이들 세계 읽기」, 안동대학교 대학원 석사학위논문, 1998.

72) 편해문, 『옛 아이들의 노래와 놀이 읽기』, 박이정, 2002.

73) 편해문, 「마을공동체 속에서 살펴 본 배움과 나눔의 교육」, 국제유아교육심포지움—『늦게 피어도 아름다운 꽃』(이화여자대학 국제교육관, 2003년 10월 30일~11월 1일), pp.270~312.

75) 이춘희 글, 박지훈 그림, 『똥떡』, 언어세상, 2003.
　　이춘희 글, 김품창 그림, 『꼴따먹기』, 언어세상, 2003.

이춘희 글, 김정한 그림, 『싸개 싸개 오줌싸개』, 언어세상, 2003.
　　이춘희 글, 박지훈 그림, 『고무신 기차놀이』, 언어세상, 2003.
78) 서재환, 『오지게 사는 촌놈』(전라도닷컴, 2003).
79) 황풍년 외, 월간 『전라도닷컴』(전라도닷컴)은 2003년 11월 현재 21호가 나왔는데, 나는 이 잡지에 혹해서 5년간 정기구독을 했다. 사실 평생구독회원이 되고 싶었지만 그런 제도가 없어서 최고 오랜 정기구독자가 된 것이다.
80) 「민속문화, 무엇이 변하고 변하지 않는가」, 실천민속학회 편, 『민속문화, 무엇이 어떻게 변하는가』, 집문당, 2001, p.41.
81) 앞의 글, 자세한 것은 pp.42~43을 참조하기 바란다.
82) 같은 글, pp.43~44 참조.
83) 「민속문화의 수용과 변용의 논리」, 실천민속학회 편, 『민속문화의 수용과 변용』, 집문당, 1999, pp.34~36에서 온돌의 장점을 다루었다.
87) 김성규, 「우리나라 민속놀이를 이용한 경제교육」, 『경제교육』 11권 2호, KDI경제정보센터, 2002, 가을호, pp.78~93.
88) 김성규, 「속담을 이용한 경제학 개념 교육」, 『경제교육』 10권 1호, KDI경제정보센터, 2001년 여름호.
89) 김성규, 「우리나라 민요를 이용한 경제교육방안」, 『경제교육』 9권 1호(KDI경제정보센터, 2000년 여름호.
90) 김성규, 『우리나라 민속놀이를 이용한 경제교육』, pp.80~81.
91) 김성규, 앞의 글, pp.82~83.
92) 김성규, 같은 글, pp.84~86 참조.
93) 고병헌, 「나눔의 교육을 위하여: 사회정의와 사회통합 실현을 위하여 교육통화를 제안한다」, 국제유아교육심포지움—『늦게 피어도 아름다운 꽃』(이화여자대학 국제교육관, 2003년 10월 30일~11월 1일), p.370에서 재인용.
94) 지역문화와 문화산업, p.22.
95) 새뮤얼 헌팅턴, 「문화는 정말 중요하다」, 새뮤얼 P. 헌팅턴·로렌스 E. 해리슨 공편, 이종인 옮김, 『문화가 중요하다』, 김영사, 2001, pp.8~13.

판소리의 현재적 이해

김진영

1. 판소리란 무엇인가

판소리는 한 명의 창자(唱者)가 부채를 들고 고수의 북 장단에 맞추어 긴 줄거리를 갖춘 이야기를 창(소리·노래)과 아니리(말)을 섞어가며 연행하되, 너름새(발림·몸짓)를 곁들여 표현하는 우리나라 고유의 연행 예술이다.

창자는 보통 목청을 조절하고, 청중의 호응 파악과 주의 집중을 위하여 먼저 짧은 노래인 단가(短歌)를 부른 다음에 본사가(本事歌)인 판소리를 부르는데, 소리판의 사정에 따라 하나의 작품 전체를 부르기도 하고〔완창〕, 특정한 부분만 부르기도 한다〔토막소리〕. 과거에는 판소리 한바탕을 완창하는 것은 특별한 경우에나 있었고, 대부분의 경우는 자신이 집중적인 공력을 기울여 특장(特長)으로 삼은 대목만을 청중 앞에서 토막소리로 연행하는 방식이었다.

고수는 자리에 앉아서 북 반주를 담당하고, 창자의 연행 사이 사이에 적절한 추임새를 넣어 창자와 청중의 흥을 돋우고 창자를 이끌거나 상대역을 담당하기도 한다.

청중은 서양 성악 공연시의 일방적 감상 방식과는 달리 연행의 감상 도중에 창자와 고수를 북돋우는 추임새를 함으로써 고수와 마찬가지로 연행에 적극적으로 참여하여 쌍방향의 교감으로 소리판을 고조시키고 왕성시키는 역할을 담당한다. 이러한 역할을 제대로 수행하는 격이 높은 청중들을 '귀명창'이라 부른다.

이렇게 볼 때, 소리판에서는 창자·고수·청중이 삼위일체가 되어 호흡함으로써만 성공적인 판소리 연행이 가능한 것이다.

그러나 무엇보다도 중요한 것은 창자의 역량이다. 근세 판소리의 집대성자로, 사설을 구비하여 정리하였고 광대(배우) 양성에도 힘썼으며 (여자 광대도 최초로 양성) 극작·연출에 대한 인식에의 창의 분화를 시도하기도 하였던 신재효는 그가 창작한 「광대가」에서 판소리 광대가 갖춰야 할 역량과 그것이 판소리에서 가지는 기능을 다음과 같이 들고 있다.

광대 행세 어렵고 또 어렵다. 광대라 하는 것이 제 일은 인물치레, 둘째는 사설치레, 그 직차 득음이요 그 직차 너름새라/너름새라 하는 것이 귀성끼고 맵시있고 경각에 천태만상 위선위기 천변만화 좌중에 풍류호걸 귀경하는 남녀노소 울게 하고 웃게 하는 이 귀성 이 맵시가 어찌아니 어려우며/득음이라 하는 것은 오음을 분별하고 육률을 변화하여 오장에서 나는 소리 농낙하여 자아낼 제 그도 또한 어렵구나/사설이라 하는 것은 쇄금미옥 좋은 말로 분명하고 완연하에 색색이 금상첨화 칠보단장 미부인이 병풍 뒤에 나서는 듯 삼오야 밝은 달이 구름 밖에 나오는 듯 새눈 뜨고 웃게 하기 대단히 어렵구나/인물은 천생이라 변통할 수 없거니와 원원한 이 속판이 소리하는 법례로다.

위에서 보면 광대가 갖춰야 할 조건은 인물, 사설, 득음, 너름새의 네 가지이다. 그 중 첫째 요건인 인물은 타고나는 것이므로 변통할 수 없다고 했으므로 실제로 천운(天分)과 수련을 통해서 갖출 수 있는 것은 사설, 득음, 너름새의 세 가지가 된다. 사설이라고 하는 것은 판소리의 대본, 곧 문학으로서의 작품 구조를 의미하고, 득음(得音)이란 음악성의 통달을 가리키며, 너름새란 연행 현장에서의 무용적·연극적 자질을 두고 하는 말이다. 이로 보면 신재효는 판소리가 지닌 문학성, 음악성, 무용성, 연극성을 종합한 종합예술적 성격을 극명히게 인식한 인물이었다.

즉 그는 타고난 바탕(인물)에다 문학·음악·무용·연극적 요소를 두루 갖춘 광대에 의해서만 비로소 감동적인 판소리 연행이 가능함을 설파한 셈이다. 이렇게 볼 때, 제대로 된 판소리는 완성도 높은 소리의 음악성과 사설의 뛰어난 문학성, 그리고 너름새(발림)가 갖는 상징적 절제의 연극성과 무용성을 갖추고 있는 세계 성악 예술 양식 가운데에서도 두드러진 연행예술이라 하겠다.

2. 판소리의 명칭과 기원

'판소리'라는 명칭은 '판'과 '소리'가 결합된 말이다. 판소리를 가리키는 데 쓰인 용어는 소리, 광대소리, 타령, 잡가, 극가(劇歌), 창악, 창극, 창곡조(唱曲調), 우희(優戲) 등으로 일컬어 오다가 현재에는 '판소리'라는 명칭으로 굳어졌다. '판'은 다수가 모여 어떤 일을 벌리는 곳이나 정황, 행위 자체를 뜻하고, '소리'는 음악을 뜻한다. 따라서 판소리는 다수의 청중이 모인 판놀음에서 불리는 성악이라는 의미를 지닌다. 이렇게 판[舞臺]의 소리[歌]로 보는 것이 일반적이지만, '판'이 중국에서는 악조(樂調)를 의미하는 것에 주목하여 변화 있는 악조로 구성된 판창(板唱), 즉 판을 짜서 부르는 소리로 보는 주장도 있다.

판소리는 본래 국악(國樂)의 한 용어이지만, 그 판소리 사설의 중요성 때문에 국문학의 한 장르 용어로도 쓰이고 있다.

판소리의 기원에 대해서는 시각을 달리하는 여러 학설이 있는데, 이는 판소리가 지닌 문학·음악·연극의 종합예술적 성격에 기인한다. 판소리의 발생설은 다음과 같이 요약될 수 있다.

① 문장체 성행설
② 설화 기원설
③ 광대소학지희 기원설
④ 서사무가 기원설
⑤ 중국의 강창문학 영향설
⑥ 명창 기원설
⑦ 창우집단 기원설

그런데 판소리가 이야기를 노래로 부르는 구비서사시(口碑敍事詩)인 점에서 서사무가와 관련이 깊고, 또한 우리나라 남부 지역의 세습무(世襲巫) 가계에서 판소리 명창들이 다수 배출되었다는 점을 통해 볼 때, 위의 기원설 가운데 서사무가 기원설이 가장 유력하다고 할 수 있다.

3. 판소리의 역사적 전개

판소리사는 역사적 전개 양상에 따라 1) 형성발전기 2) 전성기 3) 쇠퇴기의 세 시기로 나누어 볼 수 있다.

1) 형성발전기 (17~18세기)

판소리의 성립은 대개 17세기 후반 경으로 추정된다. 초기의 판소리는 전라도와 충청도 지역의 전통적인 민간 연희 양식의 하나였던 것으로 추정된다. 따라서 부르는 사람도 민중이고 청중도 주로 민중이었을 것이다. 그리다가 18세기에 들어와 판소리는 서서히 양반 지식인층에까지 침투하게 되어 향유층을 확대하였고, 또한 지역적으로도 발생지인 호남, 호서 지역을 넘어 서울에까지 확대되었다.

1754년 만화(晩華) 유진한(柳振漢)이 호남지방을 유람하고 한시로 남긴 「가사 춘향가 이백구(歌詞春香歌二百句)」, 일명 「만화본 춘향가(晩華本春香歌)」로 미루어 볼 때, 본래 서민층이 즐기던 판소리가 양반층의 주목을 받아 한시 작품의 소재로 수용된 것을 보면, 이 시기의 판소리는 이제 사설의 측면이나 음악의 측면에서 모두 상당한 세련미와 예술성을 확보하였을 것으로 보인다. 이 시기에 활동한 명창으로는 하한담, 최선달, 우춘대 등이 있다.

2) 전성기 (19세기)

판소리의 전성기는 수많은 명창들이 배출되어 각기 뛰어난 기량으로 서민뿐만 아니라 중인, 양반 사대부 계층으로부터도 크게 환영받고, 그 결과 그들의 사회적 위상도 크게 향상된 시기이다.

음악적으로는 장단·악조·더늠 등의 특성 있는 개발과 완숙미로 그 수준을 한층 높이면서 유파별 창제의 분화도 이루어졌고, 판소리 레퍼토리도 12마당으로 확충되었다. 문학적으로는 판소리에 바탕을 두거나 깊은 연관을 맺고 있는 판소리계 소설이 방각본으로 다수 간행되면서 독서물로서도 커다란 애호를 받기에 이르렀다.

19세기 전반기는 이른바 전기 8명창의 시대이다. 권삼득·송흥록·염계달·모흥갑·고수관·신만엽·김제철·주덕기·황해천·송광록 명창 등이 활동하면서 자신들의 장기로 개발한 더늠이나 개성 있는 선율을 남겨 판소리의 예술성을 더욱 높였다.

19세기 후반기에는 후기 8명창의 시대이다. 박유전·박만순·이날치·김세종·송우룡·정창업·정춘풍·김창록·장자백·김찬업·이창윤 명창 등이 활약하면서, 전기 8명창 시대에 생성시킨 더늠과 선율형들을 더욱 연마, 세련시켜서 수많은 명곡들을 산출하였다. 이렇게 되자 판소리는 이제 서민층과 중인·양반층의 애호뿐 아니라 궁중의 애호를 받기에 이르렀고, 여러 명창들이 관작을 받기도 하였다.

이 시기에 동리 신재효(1812~1884)는 판소리 광대들을 적극 후원하고 여성 명창도 육성하며, 종래의 12마당 가운데 6마당의 사설을 정리·개작하였다. 이를 통하여 판소리는 특히 사설의 합리성과 넉넉한 문자속을 지니게 되었는데, 반면 서민적 발랄성은 약화되기도 하였다.

또한 서민적 한(恨)이 짙게 서려 있는 서편제 소리가 부각되어 한 큰 흐름을 이루었고, 명창의 등용문이 되는 전국대사습 행사가 시작되었다.

특히 19세기 후반에는 양반 사대부층에서 판소리를 애호하는 기풍이 확대되어 각개 명창을 적극적으로 후원하기도 하였고 판소리의 향유 지역도 전국적으로 확대되었다.

이제 판소리의 유파도 전승 지역과 전승 계보에 따라 동편제, 서편제, 중고제로 분화되면서 각기 개성 있는 소리제로 정착되었다.

3) 쇠퇴기(20세기)

19세기 말엽 판소리는 최전성기를 맞는다. 손꼽을 수 있는 명창만도 백을 넘을 정도로 흥성하였으나 모든 예술의 성쇠가 그렇듯이 판소리 역시 정점에 이르렀다가 20세기에 들어오면서 점차 쇠퇴하기 시작하였다. 이 시기에 판소리 레퍼토리는 12마당 중 5마당(춘향가, 심청가, 흥보가, 적벽가, 수궁가)만 전승되고 나머지는 소리를 잃어버렸다.

20세기 전반기에는 이른바 5명창의 시대이다. 박기홍, 김창환, 김채만, 전도성, 송만갑, 이동백, 김창룡, 유성준, 정정렬 명창 등이 활약하였다.

20세기 초에 협률사, 원각사 등 근대 서구식 극장이 만들어지면서 새로운 무대 환경에 적응하며 살아남기 위해서, 판소리는 배역을 나누어 연극적으로 공연하는 음악극인 창극의 길로 접어들게 되었다. 유성기의 보급에 따라 레코드 취입도 다수 이루어졌고 특히 일제강점기라는 민족 현실의 참담함과 한 많은 대중의 취향에 따라 한스러운 가락이 증폭되었다.

일제시대 때 전국 주요 도시에 권번(기생조합)이 설치되고, 거기에서 판소리도 가르치기 시작하면서 여성 명창도 다수 배출되었다. 광복 후인 1964년 국가에서 중요무형문화재(인간문화재) 지정 제도를 두어 판소리도 중요무형문화재로 지정하여 보존하고, 전수의 맥을 잇도록 함으로써 판소리는 중흥의 계기를 다시 맞고 있는 셈이다.

이 시기에 김연수, 임방울, 박동진, 박초월, 김소희, 박봉술, 강도근, 한애순, 오정숙, 성창순, 조상현, 성우향, 박송희, 한농선, 송순섭, 안숙선 명창 등이 소리맥을 이어 왔고 후진을 양성하였다.

4. 판소리의 음악적 구성요소

판소리의 음악은 성악(聲樂), 조(調), 장단(長短)으로 구성된다.

성음(聲音)은 소리의 결이다. 성음을 즐긴다는 말은 목소리의 결, 곧 목소리의 음질(音質)을 즐긴다는 뜻이다. 판소리의 기본 성음은 거칠고 쉰소리인 '수리성'이고, 이보다 상대적으로 맑고 고운 결을 지닌 소리를 '천구성'이라 하여 제일로 친다. 성음에는 슬픔이 깃든 애원성이 있는 것을 중시한다.

조(調)는 음률의 형태를 말한다. 음률의 형태에 따라 계면조, 우조, 평조로 나뉜다. 계면조는 주로 슬픈 대목을 노래하는 데 쓰이고 서양 음악의 단조와 유사하다. 우조는 주로 웅장하고 씩씩한 대목을 노래하는 데 쓰이고, 평조는 주로 화평한 느낌을 노래하는 데 쓰이는데, 이 둘은 서양 음악의 장조와 유사하다.

장단은 가장 쉽고 일반적은 수준에서 보면 서양 음악의 박자에 해당된다. 그런데 우리 음악에서는 이 장단이 매우 중요해서 아무리 소리를 잘하고 연주를 잘한다 해도 장단에 어긋나면 실격이 되는 것으로 평가한다. 판소리 역시 그만큼 장단이 중요한데, 상황에 맞는 장단은 판소리의 표현력을 극대화한다.

판소리의 자단에는 진양(조), 중모리, 중중모리, 자진모리, 휘모리, 엇모리 등이 있다.

진양 장단은 여러 장단 가운데 가장 느린 장단으로 느린 6박을 한 단위로 하여 이것이 네 개 모인 24박이 한 장단이 된다. 주로 한가한 장면이나 슬피 탄식하는 서정적인 대목이나 스케일이 커서 원대하고 장중한 느낌을 표현할 때 사용한다.

중모리 장단은 보통 빠르기의 장단으로 전체가 12박 한 장단이다. 서정적인 내용이나 서사적인 내용에 두루 사용되고 해설하는 부분에도 쓰이는 판소리의 기본 장단이다.

중중모리 장단은 중모리 장단을 조금 빠르고 흥겹게 치는 것과 같은 장단으로 약간 빠른 12박이 한 장단이다. 상황이 덩실덩실 춤이라도 출 만한 흥겨운 대목이나 반가운 대목, 또는 몸부림치며 통곡하는 대목에 주로 사용된다.

자진모리 장단은 중중모리 장단보다 더 빠른 장단으로 3분박 4박자가 한 장단이다. 사물이나 사건을 쭉 나열하거나 긴박한 장면을 묘사하는 대목에 주로 사용된다.

휘모리 장단은 자진모리 장단보다 더 빠른, 아주 빠른 장단이다. 휘몰아 간다고 해서 붙여진 이름인데, 매우 빠른 4박으로 구성된다. 주로 사건이나 사물을 매우 빨리 반복 나열하는 데 사용된다.

엇모리 장단은 5박 둘을 이어놓은 10박으로 구성된 장단이다. 2분박과 3분박이 섞인 혼합 박자고 신령한 인물이나 기이한 사물을 묘사하거나 이들이 등장할 때 주로 사용된다.

한편 판소리는 전승 체계에 따라 동편제, 서편제, 중고제 등의 유파로 나눠진다. 정노식의 『조선창극사』에서는 다음과 같이 유파를 나눠 보고 있다.

대가닥에는 동편(東便)제[調] 서편(西便)제 중고제 호걸제가 있으나 대체로 동서(東西)로 난우고, 중고 호걸은 극소(極少)하다. 동편(東便)은 우조(羽調)를 주장(主張)하여 웅건청담(雄建淸淡)하게 하는데 호령조가 많고 발성초(發聲初)가 썩 진중하고 구절(句節) 끝마침을 꼭 되게 하여 쇠마치로나 내려치는 듯이 하고, 서편(西便)제는 계면(界面)을 주장(主張)하여 연미부화(軟美浮華)하게 하고 구절(句節) 끝마침이 좀 지르를 끌어서 꽁지가 붙어다닌다. 동(東)은 담담연(淡淡然) 채소적(菜蔬的)이라 하면 서(西)는 진진연(津津然) 육미적(肉味的)이다. 동은 천봉월출격(千峰月出格)이라 하면 서(西)는 만수화란격(萬樹花爛格)이다. 그 색채(色彩)와 제작(製作)을 개약(槪略) 이상(以上)으로 표시하면 근사할 듯하다. 중고제는 비동비서(非東非西)의 그 중간(中間)인데 비교적(比較的) 동(東)에 근(近)한 것이다. 그러면 동서(東西)의 유래(由來)가 여하(如何)히 분류(分流)된 것이냐 하면 송흥녹(宋興祿)의 법제(法制)를 표준(標準)하여 운봉(雲峰) 구예(求禮) 순창(淳昌) 흥덕(興德) 등지(等地) 저쪽을 서편이라 하였다. 그 후에는 지역(地域)의 표준을 떠나서 소리의 법제(法制)만을 표준(標準)하여 분파(分派)되었다. 중고제 호걸제는 염계달(廉季達) 김성옥(金成玉)의 법제(法制)를 많이 계승(繼承)하여 경기(京畿) 충청간(忠淸間)에서 대부분(大部分) 유행(流行)한다.

이상의 기록을 바탕으로 각 유파의 특성을 살펴보면 다음과 같다.

동편제는 섬진강 동쪽 지역인 남원·순창·곡성·구례 등지에 전승된 소리고 가왕으로 일컬어지던 송흥록의 소리를 법제로 삼는다. 그 소리의 특징은 우조 가락의 표현에 중점을 두고, 감정을 가능한 한 절제하며, 장단은 대마디 대장단을 사용하여 기교를 부리지 않는다는 점이다. 발성은 통성을 주로 사용하여 엄하게 하고, 구절 끝마침을 짧고 분명하게 힘을 주어 끊어낸다.

서편제는 섬진강 서쪽 지역인 광주·나주·담양·화순·보성 등지에 전승된 소리로 박유전의 소리를 법제로 삼는다. 슬픈 느낌을 주는 계면조의 표현에 중점을 두고, 발성의 기교를 중시하여 다양한 기교를 부리며, 소리가 늘어지는 특징을 지닌다. 또한 발림이 매우 세련되어 있다.

중고제는 충청도와 경기도 지역에 전승된 소리로 염계달, 김성옥으로부터 비롯한다. 현재에는 전승이 끊어져 정확한 음악적 특성을 알 수 없다.

5. 판소리 열두 마당

흔히 판소리 작품을 일컬을 때 12마당이라고 하는데, 이는 송만재의 「관우희(觀優戲)」(1843)와 정노식의 『조선창극사(朝鮮唱劇史)』(1940)의 기록에 기인한다. 이로 보면 판소리의 전성기인 19세기 초에 이미 열두 마당으로 정립되었을 것인데 19세기 중반 신재효에 의해서 정리된 『판소리사설집』에는 벌써 여섯 마당으로 축소되었고, 20세기 초반에 나온 이선유의 『오가선집』(1933)에는 현재 불려지는 것과 같은 다섯 마당만을 수록하고 있다. 이것을 표로 정리하면 다음과 같다.

송만재 관우회 12마당	정노식 조선창극사 12마당	신재효 판소리사설집 6마당	이선유 오가전집 5마당
춘향가	춘향가	춘향가	춘향가
심청가	심청가	심청가	심청가
홍보가	홍보가	박타령	박타령
수궁가	수궁가	토별가	수궁가
적벽가	적벽가	적벽가	화용도
변강쇠타령	변강쇠타령	변강쇠가	
배비장타령	배비장타령		
강릉매화전	강릉매화전		
옹고집타령	옹고집타령		
장끼타령	장끼타령		
왈자타령	무숙이타령		
가짜신선타령	숙영낭자전		

❶ 춘향가

춘향가는 옥중화, 남원고사, 열녀춘향수절가 등으로 불리는데, 열녀 설화, 암행어사 설화, 신원 설화, 관탈민녀 설화 등이 근원설화로 거론된다. 춘향과 이도령의 신분을 초월한 지고지순한 사랑과 여인의 정절을 강조하면서 한편으로는 탐관오리인 변학도를 등장시켜 지배계급의 횡포와 억압에 대한 서민들의 날카로운 비판의식을 담고 있다.

❷ 심청가

심청가는 효녀 설화, 희생 설화, 개안 설화 등이 근원 설화로 거론된다. 심청전은 여타 작품과 달리 주인공과 대립하는 적대자가 구체적으로 존재하지 않는다는 점이 특징적이다. 그럼에도 많은 사람들의 애호를 받았던 요체는 적대자의 부재를 대신한 세계의 횡포, 곧 극한의 궁핍에 더해진 인간으로서는 어쩔 수 없는 운명에 맞선 주인공의 눈물겨운 분투라는 관점에서 파악될 수 있다. 그리고 심청의 효행은 단순히 관념화된 봉건 이데올로기로서의 효의 구현이라기보다는 극한의 가난을 함께 한 인간적·육친적 연대에서 우러난 행위로 이해된다.

❸ 흥보가

흥보가는 연의각, 놀부전, 박타령 등으로 불리는데, 동물보은담, 선악형제담, 무한재보담, 몽고의 박타는 처녀, 방이 설화 등이 근원 설화로 거론된다. 흥부전은 우애라는 윤리적 문제를 다루고 있으면서도, 한편으로는 조선 후기 가난한 농민이 극심한 궁핍에 시달리며 겪던 애환과, 그로부터 비롯된 현실 사회의 모순에 대해 문제를 제기하고 있다.

❹ 수궁가

수궁가는 별주부전, 토공전, 별토전, 불로초 등 여러 명칭으로 불린다. 이야기의 원천은 인도본생담에 뿌리를 두고, 육도집경 등의 한역 불경 삼국사기의 구토지설 등을 거치면서 조선 후기에 이르러 작품화된 것으로 보인다. 수궁가는 용왕의 득병이라는 상황 하에 서로 대립적인 태도를 취하고 있는 별주부와 토끼를 통하여 봉건 체제에 대한 당대인들의 상반된 태도를 우언적으로 표현하고 있다. 즉 토끼는 용왕으로 표상되는 봉건 체제를 부정하고 더 나아가 새로운 세상을 꿈꾸는 혁신적인 이념을 현시하고 있으며, 별주부는 지배 계층에 속한 다른 인물들과는 차별된 태도를 보이면서도 봉건 체제를 신봉하는 보수적인 이념을 현시하고 있다. 이로 볼 때, 수궁가는 혁신적인 이념을 현시하는 토끼와 보수적인 이념을 현시하는 별주부의 대립을 통해 이행기적 상황에서 어떤 이념적 태도를 취할 것인가를 당대인들에게 진지하게 묻고 있는 것이라 할 수 있다.

❺ 적벽가

적벽가는 적벽대전, 화용도, 화용도 타령 등으로 불리는데, 나관중이 지은 「삼국지연의」 가운데 적벽대전 부분을 독립시켜 판소리화한 것이다. 적벽가는 「삼국지연의」의 기본 줄거리를 유지하면서도 일반 군사들의 인물상을 재창조하여 「삼국지연의」의 엄숙하고 숭고한 분위기를 파괴하며 희극미를 표출시킨다. 충과 지용을 강조하면서도, 한편으로는 인명과 인권을 유린하는 선생의 폐해와 지배층의 폭압에 대한 날카로운 비판정신을 드러내고 있다.

❻ 변강쇠타령

변강쇠타령은 가루지기 타령, 횡부가 등으로 불리는데, 장승동티 설화, 부착 설화, 가로지기 설화, 구부총 설화 등이 근원 설화로 거론된다. 음란함과 경계를 내세우는 가운데, 하층 유랑민들의 비극적 생활상을 희극적으로 그려내고 있다. 강쇠와 옹녀의 삶의 모습은 삶의 터전을 잃고 살아가기 위해 온갖 짓을 다해야 하는 유랑민들의 비극적인 형상을 보여준다.

❼ 배비장타령

배비장타령은 「만화본 춘향가」와 신재효의 「오섬가」에 일부 내용이 소개되어 있었으나 그 전체적인 내용은 1916년 소설 『배비장전』이 간행되면서부터이다. 근엄한 체하는 배비장이 애랑에게 빠져 궤 속에 든 채 관아에 끌려가 망신을 당한다는 것이 대체적인 줄거리이다. 이 작품의 주제에 대해서는 위선적인 인물 또는 지배층에 대한 풍자라는 견해와, 관인사회의 비리와 야합상을 소재로 관인사회 일반을 풍자한 것이라는 견해가 있다.

❽ 강릉매화타령

강릉매화타령은 창과 사설이 전하지 않다가 1992년 「매화가」라는 사설이 발굴 소개되어 내용이 알려지게 되었다. 책방 골생원과 강릉 기생 매화가 만나 사랑을 나누다 헤어지게 되나, 매화를 잊지 못해 다시 돌아온 골생원은 강릉 사또가 매화가 죽었다는 계교에 속아 가짜 무덤에 가서 울고, 귀신으로 변장하여 나타난 매화를 그녀의 혼으로 알고 사랑을 나누다가, 매화의 꾐에 넘어가 나체가 되어 상여 뒤를 따라가다가 망신을 당한다는 이야기이다.

❾ 옹고집타령

옹고집타령은 「관우회」에서의 짤막한 언급 이후 내용이 전하지 않다가 1950년 김삼불의 교주본 「옹고집전」이 나오면서 내용이 알려지게 되었다. 장자못 전설, 쥐설화, 진가쟁주(眞假爭主) 설화 등이 근원 설화로 거론된다. 욕심 많은 옹고집이 동냥 온 중을 모욕한 죄로 도승의 노여움을 사, 도승이 허수아비로 가짜 옹고집을 만들어 진짜 옹고집을 내쫓고 주인 노릇을 하게 되었으나, 마침내 쫓겨난 옹고집이 도인의 질책으로 회개하여 개과천선하고 집으로 돌아온다는 내용의 이야기이다.

❿ 장끼타령

장끼타령은 판소리로서의 전승이 끊어졌으나 그 내용이 소설·가사·민요 등으로 전해 온다. 장끼가 까투리의 만류에도 불구하고 탁첨지 덫에 놓은 콩을 먹고 죽게 되자, 까투리는 참새·소리개·까마귀·오리 등의 청혼을 물리치고 홀아비 장끼를 만나 재혼하고 자손이 번창했다는 이야기이다. 이 작품은 일반적으로 남존여비와 개가금지라는 당시의 완고한 유교 도덕을 풍자한 것으로 평가되고 있으나, 한편에서는 중세 봉건해체기 향촌사회의 하층 유랑민의 고난에 찬 삶과 위선적 유교윤리에 대한 민중적 비판이라는 견해도 있다.

⓫ 왈자타령(무숙이타령)

왈자타령은 창과 사설이 전하지 않다가 1991년 「게우사」라는 작품이 발견되면서 그 내용이 알려지게 되었다. 대방 왈자로 방탕하게 살아가던 장안의 갑부 무숙이가 약방 기생 의양으로 인해 온갖 망신을 당하고 결국에는 가정으로 복귀한다는 이야기이다.

⓬ 가짜신선타령

가짜신선타령은 「관우희」에 그 개략적인 내용이 들어 있을 뿐 사설은 전하지 않는다. 어떤 어리석은 사람이 신선이 되려고 금강산에 들어가서 늙은 선사에게 그 방법을 물어 신선이 된다는 천일주를 받아 마시고 신선이 된 줄 알았으나 결국 속고 말았다는 이야기이다.

⓭ 숙영낭자전

숙영낭자전은 백선군과 숙영낭자 간의 사랑 이야기로 백상서가·백상군가·백선군가 등으로 불렸다고 한다.

6. 판소리와 판소리계 소설

판소리와 판소리계 소설의 관계를 조망할 때, 우선 구비 문학과 기록 문학의 관계망 속에서 투시하는 것이 바람직하다.

판소리는 판소리계 소설보다 구비성을 좀더 강하게 지니고 있다. 판소리에는 대화를 이끄는 바탕글이 생략되는 경향이 있는데, 이는 판소리 창자가 각 인물이 처한 정황에 따라 각 인물의 목소리를 그대로 모방함에 따라 '~말하되', '~하는 말이', '~물으시되' 등과 같은 대화를 이끄는 바탕글이 불필요하기 때문이다. 그리고 서술자의 진술에서 말 건넴의 어투를 보여주는 종결어미가 많이 사용되는데, 이는 청중과 현장에서 대면하게 된 창자가 현장적 친교를 위해 청중에게 말을 건넨다는 의식이 강하게 작용하기 때문이다. 또한 판소리 창자가 인물과 서술자, 그리고 연출자 등 여러 가지 역할을 동시에 맡기 때문에 진술 상의 혼란 내지 다성성(多聲性)은 필연적인데, 이에 따라 서술자의 시점에 인물의 시점이 침입하는 시점의 혼용이 많이 일어난다는 점도 구비적인 성질이라고 할 수 있다.

이에 비해 판소리계 소설에는 기록성이 좀더 발현되고 있다. 판소리계 소설에는 판소리와는 반대로 대화를 이끄는 바탕글이 존재하는 성향을 보여주는데, 그것은 띄어쓰기는 물론이고 문장부호조차 존재하는 않는 활자 배열상 바탕글이 없다면 인물의 대화인지 서술자의 지문인지 분간할 수 없다는 작가의 의식이 작용하기 때문이다. 그리고 대상과의 정서적 교류를 보여주는 말 건넴의 어투보다는 대상에 거리를 두고 객관적으로 바라보는 종지형 어투를 많이 갖고 있다. 또한 시점도 이동이나 혼용이 심하지 않고 일정하게 고정된 경향을 보여준다. 이는 모두 문자 기록이라는 성질에서 연유되는 것이라고 생각된다.

이와 같이 판소리는 구비성의 경향을 좀더 강하고 갖고 있고, 판소리계 소설은 기록성의 경향을 좀더 강하게 보여주지만 이는 정도의 문제이지 절대적인 유무의 문제는 아니라는 점을 인식할 필요가 있다. 다시 말해 위의 사례들이 모두 양쪽에 나타나는데, 빈도와 성격의 차이를 보여줄 뿐이라는 것이다. 한편 구비성과 기록서의 문제는 위에서 살펴본 바와 같은 형식적인 지표들뿐만 아니라 내용상으로도 나타날 수 있다는 점도 유의해야 한다.

판소리와 판소리계 소설의 관계 속에는 둘 사이의 선후 문제라는 또 다른 문제가 함축되어 있다. 다시 말해 판소리로 불려지다가 그것이 소설로 정착되었는지, 아니면 문자화된 소설이 먼저 있었고 그것이 판소리로 불려졌는지의 문제인 것이다. 둘 사이에는 심한 혼용이 있고, 무수한 상호 교섭이 실현되어 있어 속단하기에는 분명 무리가 있다. 또 각 개별 작품마다 전개 양상을 달리하고 있어 선후 문제를 일률적으로 다룰 수도 없다.

「춘향전」이나 「흥부전」, 그리고 「토끼전」의 경우는 판소리가 판소리계 소설을 선행하는 것으로 보는 것이 통설이다. 그것은 판소리의 모태가 되었을 것으로 판단되는 선행 소설본이 발견되지 않고, 판소리의 영향권내에서 형성된 후행 소설본들만 발견되기 때문이다. 그리고 이 세 작품의 경우는 설화적 흔적이 강하게 남아 있는데, 이 또한 소설화 과정을 거치지 않고 설화에서 바로 판소리화 과정으로 진입했다는 방증이 될 것이다.

「심청전」의 경우, 소설 선행설과 판소리 선행설이 팽팽하게 맞서고 있다. 소설 선행설은 경판 「심청전」이 예스런 문장체 고소설의 맛을 풍기면서 판소리 「심청가」의 이야기 골격은 고스란히 간직하고 있다는 점에서 설득력을 얻고 있고, 판소리 선행설은 경판 「심청전」도 다른 경판 판소리계 소설들처럼 기존 판소리를 문장체 소설화하는 과정에서 배태된 것이라고 보는 입장이다. 그러나 소설 선생설이나 판소리 선행설이나 모두 결정적인 근거를 댈 수 없는 현실이다. 소설 선행설의 입장에서 보면 소설이 앞선다는 믿음을 주는 요소들만 부가되어 보이고, 판소리 선행설의 입장에서 보면 판소리가 앞설 것이라는 증거들만 부가되어 보이기 때문이다. 따라서 선입견적 시각을 완전히 탈색시키고 객관적인 입장에서 반대되는 증거들도 유념하는 틀 속에서 논리적으로 용해시켜내는 일이 필요하리라 생각된다.

한편 「적벽가」의 경우는 소설 선행설을 가장 확실하게 입증해 주는 사례가 된다. 「적벽가」는 중국의 『삼국지연의』라는 소설 중에서 '적벽대전'이라는 일부분을 개작 윤색하여 만든 판소리이기 때문이다. 그러나 「적벽가」는 '적벽대전'이라는 일부분의 이야기 골격만 받아들였을 뿐 세부적인 묘사와 대화 방식은 완전히 한국식으로 환골탈태된 모습을 보여준다. '적벽대전'의 이야기 요소는 「적벽가」의 틀을 유지시키는

명창 박동진의 판소리 장면

최소한의 골격에 불과해서 한국적 개작과 확장 부분을 제거하고 보면 엉성한 뼈대만 남을 따름이다. 이러한 관점에서 보면 많은 판소리 작품들이 설화적 이야기 몇 가지를 얼기설기 엮어 풍성한 작품으로 형상화한 방식과 거의 똑같은 방식으로 「적벽가」도 이루어진 것이라 할 수 있다. 따라서 판소리 창작 관습에서 볼 때 '적벽대전'이라는 이야기 요소도 일종의 설화적 모티프에 불과하지 않을까 생각되기도 한다.

이러한 점들을 종합해 보면 판소리는 초기에는 설화적 이야기들과 서정 장르의 사설들을 깁고 때워 엉성한 형태로 시작되었다가 정련화 과정을 거치면서 나중에는 기존의 고소들까지 연창의 대상으로 삼게 된 것으로 보인다. 판소리 열두 마당에 속하는 「숙영낭자전」이나 「배비장전」, 그리고 「장끼전」 등은 모두 고소설로서 존재하다가 판소리가 위력을 떨치던 시기에 판소리에 도입된 것으로 생각되는 것이다.

■ 참고문헌

강한영, 『판소리』, 〈교양국사총서〉28, 세종대왕기념사업회, 1977.
국어국문학회 편, 『판소리 연구』, 태학사, 1998.
김대행, 『우리시대의 판소리문화』, 역락, 2002.
김병국 외 편, 『춘향전 어떻게 읽을 것인가』, 박이정, 1993.
김종철, 『판소리사 연구』, 역사비평사, 1996.
_____, 『판소리의 정서와 미학』, 역사비평가, 1996.
김진영·김현주 역주(1996), 『춘향전』, 박이정, 1996.
김현주, 『판소리 담화 분석』, 좋은날, 1998.
박 황, 『판소리 이백년사』, 사사연, 1987.
서종문, 『판소리 사설 연구』, 형설출판사, 1984.
이국자, 『판소리의 예술 미학』, 나남출판, 1989.
이기우·최동현 편, 『판소리의 지평』, 신아출판사, 1990.
이선유, 『이선유 오가전집』, 대동인쇄소, 1933.
정노식, 『조선창극사』, 조선일보사, 1940.
정병욱, 『한국의 판소리』, 집문당, 1981.
정병헌, 『판소리 문학론』, 새문사, 1993.
_____, 『판소리와 한국 문화』, 역락, 2002.
정양·최동현 편, 『판소리의 바탕과 아름다움』, 인동, 1986.
정충권, 『판소리 사설의 연원과 변모』, 다운샘, 2001.
조동일·김흥규 편, 『판소리의 이해』, 창작과 비평사, 1978.
최동현, 『판소리란 무엇인가』, 에디터, 1991.
_____, 『판소리 이야기』, 인동, 1999.
최혜진, 『판소리계 소설의 미학』, 역락, 2000.
판소리학회 편, 『판소리의 세계』, 문하고가 지성사, 2000.
한국브리태니커, 『판소리 다섯 마당』, 뿌리 깊은 나무, 1982.

「겨울연가」와 디아스포라적 정체성

박준규

1. 들어가는 말

2002년 2월 2일 인천공항에서 병역기피 혐의로 입국 불허를 받고 다시 미국으로 돌아가야만 했던 대중음악 가수 유승준의 해프닝은 이제 다양하고 복잡한 사회적 문제와 현상들이 중층적으로 교차하는, 소위 '유승준 사건'이 되었다. "대한민국의 이익이나 공공의 안전을 해하는 행동을 할 염려가 있다고 인정할 만한 상당한 이유가 있는 자"(현행 출입국관리법 제11조 제1호 제3항)의 조항을 서둘러 적용한 법무부의 행위 자체에 대한 논의와 더불어 이에 대한 언론을 포함한 여러 사회계층 및 부문들의 반응들도 실로 다양하였다.

이 중 하나로 유승준같이 '해외'로 이민 가서 외국에서 영구적으로 사는 재외동포에 대한 제문제를 들 수 있다. 보다 구체적으로는 흔히 재미동포 또는 미주한인이라고 불리는 코리안 아메리칸들에 관한 법적, 사회적, 정치적, 문화적 지위에 관한 문제의 측면에서 이 사건을 바라볼 수 있다.[1] 필자는 언론, 대중매체, 인터넷 게시판 등 소위 대중문화에서 드러난 유승준 사건의 전개를 지켜보면서 만약 유승준이 코리안 아메리칸이 아니었다면 상황과 반응이 똑같았을까 하는 의문을 갖게 되었다. 그간 여러 이유로 남한 사회는 다른 재외동포들에 비해 코리안 아메리칸을 우대하고 있었다. 코리안 아메리칸들이 많고 다양한 특권을 누릴 수 있었던 여러 배경 중에는 1990년대 후반 남한 사회에 본격적으로 나타난 '영어제일주의'와 친미문화주의와 같은 현상을 일으킨 세계화도 포함될 수 있으리라 생각한다. 다시 말하면 국경을 비교적 자유롭게 넘나들면서 세계의 공용어인 영어를 할 수 있는 코리안 아메리칸들이 미국이란 최강대국의 시민권자임을 등에 업고 지구화 시대를 상징하는 초국가주의자로서 일반인들의 동경의 대상으로 주목받으면서 이들은 한국 사회에서 또 하나의 새로운 특권 '집단'으로 부각하게 된 것이다.

이렇게 보면 자신의 사회적 '성공'을 위하여 국가의 경계선을 넘나드는 유승준은 최근 인류학, 문화연구 등 여러 학문에서 주목받고 있는 디아스포라 연구의 핵심적인 개념인 '초국가적이고 혼성된 정체성을 가지고 있는 디아스포라인'의 한 사례라고 할 수 있겠다. 화인(華人) 디아스포라를 연구한 아이와 옹(Aihwa Ong, 1999)에 의하면 '디아스포라인'들은 과거 국내의 정치적 불안과 경제적 어려움을 피해 번영과 안정을 위하여 자의 반 타의 반으로 '고향'을 떠났던 이민자들과는 달리, 적극적이고 전략적인 태도로 날로 심해지는 지구적 경쟁 속에서 생존하기 위해 민족—국가의 경계선을 넘나든다고 말한다.

국경을 비교적 자유롭게 넘나드는 디아스포라인들은 존재론적으로

[1] 필자는 디아스포라적 관점에서 유승준 같은 미주한인 또는 재미동포들을 코리안 아메리칸이라고 칭하고자 한다. 이에 대한 구체적인 논의는 "'미주한인'의 디아스포라적 아이덴티티"(박준규 2002: 300~321) 참고.

유연한 집단적 정체성을 가지고 있다. 다시 말해 이들이 가지고 있는 어느 특정한 집단—이것은 혈통적, 국적적, 문화적, 지역적, 인종적, 종족적 등등의 집단일 수 있다—에 대한 소속감(belongingness)은 다층적이며 다수적이다. 예를 들어 유승준은 혈통적으로 자신을 한국인이라고 주장하지만 국적상으로는 미국인임을 주장한다. 이런 유연한 집단적 정체성의 법적 표명이 이중국적이다. 남한 사회에서 이제 이중국적이란 용어는 그렇게 낯설지 않는 용어이며 출입국관리국의 2000년도 통계에 의하면 출입국관리국이 파악하고 있는 이중국적자는 약 3만 명에 이른다. 이중 2/3인 2만 명이 미국 국적과 캐나다 국적을 가진 한국 이중국적자다.[2]

자녀들에게 미국 시민권을 부여하기 위해 많은 비용을 들여 미국 영토에서 출산하려고 하는 부부들이 날로 늘어나고 있다는 한 시사프로그램의 보고를 고려해 본다면 미국과 한국의 이중국적자의 수는 날로 늘어날 것으로 보인다.

유승준과 몇만 명의 이중국적자들이 디아스포라인에 대한 현실적 사례라면, 텔레비전 멜로드라마 「겨울연가」에 나오는 이민형과 그의 어머니는 대중문화에 나타난 디아스포라인이라고 할 수 있겠다. 한국의 문화산업은 그것이 현실을 반영하는 것인 한에서 남한 사회 곳곳에 나타나는 세계의 시공간적 압축이란 의미를 가진 지구성을 외면할 수 없다. 이미 한국의 문화는 경제를 포함한 다른 부문과 같이 지구화 과정에 깊이 들어가 있다.[3]

2) 한국은 이중국적을 인정하고 있지 않기에 현행 국적법 제12조에 의하면 대한민국의 국적과 외국 국적을 함께 가지게 된 자는 만 22세가 되기 전까지 하나의 국적을 선택하여야 한다. 국적을 선택하지 아니한 자는 그 기간이 경과한 때에 대한민국의 국적을 상실한다. 그러므로 이중국적자로 구별되는 2만 명은 아직 22세가 안된 사람들이다.

3) 민족 정체성의 주요 상징 중의 하나라고 할 수 있는 '땅' 또는 토지의 측면에서 한겨레 신문(2002년 4월 30일)에 의하면 3월 31일 현재 외국인이 소유하고 있는 서울시 토지는 총 5천677필지에 230만891㎡이다. 올해 1/4분기 서울시의 외국인 토지 취득은 342건에 면적은 12만5천 785㎡(2천840억 원)에 달하며 이 중 외국 국적을 취득한 해외동포가 275건에 5만4천434㎡(1천499억 원)으로 다수를 차지하고 있다 (http://www.hani.co.kr/section-004100020/2002/04/004100020200204300744050.html).

　이에 대한 사례는 많지만 미디어 부문에서 한국의 텔레비전은 위성과 디지털 방송이라는 새로운 기술과 한국경제의 전반적인 탈규제화로 인해 가히 글로벌 텔레비전의 시대를 열어 가고 있다고 할 수 있다.

　이러한 구조적 배경의 지구화와 더불어 또 다른 한편, 소프트웨어라고 할 수 있는 텔레비전의 내용, 즉 드라마, 게임쇼, 다큐멘터리, 뉴스 등등을 포함한 프로그램 또한 상당 부분 지구화의 형태를 띠어 가고 있다. 지구화에 대한 정의는 경제학, 사회학, 역사학 등등에 따라 다양하고 다차원적으로 정의되고 있지만 이 글에서는 지구화를 민족―국가의 경제, 문화, 정치 등이 하나로 통합하는 지구성과 민족―국가·지역 간의 차이가 새롭게 발명되고 강화되는 지역성이 모순적으로 상호작용하는 다층적인 과정으로 이해하고자 한다. 많은 학자들도 이런 과정을 지구화의 한 특성으로 파악하여 지구적 지역주의(glocalism)라고 일컫고 있다. 고도의 상호의존성을 가지고 있는 세계가 어떤 형태로 구조화되었는지를 이해하려는 의미에서 지구화는 "지역성의 창조와 편입"(Robertson 1995: 40)을 포괄하는 압축된 하나의 세계로서 지구적 지역화(glocalization)라고 이해할 수 있다.

　이런 맥락에서 이 글은 2002년 1월 14일부터 3월 19일까지 총 20회 방영되어 겨울 텔레비전 드라마 장르를 독점하다시피 한 사극의 우세에도 불구하고 흥행에 성공한 월·화 미니시리즈 드라마 「겨울연가」에 나타난 디아스포라적 정체성을 살펴보고자 한다. 이것은 문화산업에서 나타난 한국인의 정체성에 대한 논의의 한 부분으로서 지구화 시대에 있어서 한국인의 정체성에 대한 담론의 새로운 주제라고 할 수 있는 디아스포라적 정체성을 글로벌 텔리비전이라는 구조적 변화 속에서 조망해 보고자 함이다. 이를 위하여 필자는 대중문화 연구에서 사용되고 있는 문화·텍스트 비평 방법론을 사용하여 드라마의 방송 과

정에 대한 분석, 드라마 등장인물과 스토리에서 발견될 수 있는 초국
가주의적이고 혼성적인 한국인의 정체성 즉, 디아스포라적 정체성을
살펴보고자 한다.

2. 이론적 배경

얼핏 보기에 이 글은 매우 다양한 학문적 주제들을 혼란스럽게 다루
고 있는 것 같은 인상을 줄 수 있다. 하지만 이런 인상은 이 글의 문제
가 아니라 이 글이 다루고자 하는 주제인 '지구화'에 대한 학술적 논의
자체가 매우 다양하며 복잡하기 때문에 나타난 현상이다. '지구화'에
대한 정의만 보아도 경제학, 역사학, 정치학 등 각 학문마다 다양한 의
미로 정의되고 해석되어지고 있다(구춘권 2000, Robertson 1995,
Featherstone 1999). 그러기에 완벽하게 '지구화'를 정의하고 그 개념을
일관되게 적용하여 사용하기란 매우 어렵다. 그러나 이 문제를 총체적
으로 바라보면서 그 과정이 현실 속에서 드러나는 다양한 양상들을 고
려하면 이론적인 수준에서의 논의에 비해 볼 때 현실의 차원에서의 설
명이 의외로 단순하게 풀릴 수도 있다.

해결의 실마리는 사회적 변화와 시대의 현상을 설명하고자 하는 개
념들을 하나의 과정으로 이해하고 고정적인 개념보다는 가변적이고
유연한 역사적 개념으로 이해하는 데서 찾을 수 있다. 이런 관점에서
지구화는 지구성과 지역성이 압축된 시공간(초국가적)에서 모순적으로
혼성되어 나타나는 지구적 지역주의화라고 이해해 볼 수 있다. 그리고
이런 측면에서 많은 학자들이 '틈'에 껴 있는 집단으로 파악하는 소위
디아스포라를 지구적 지역주의화와 더불어 고려할 수 있다.

‘디아스포라(diaspora)’는 희랍어 중 씨를 뿌린다는 뜻을 가진 speiro 와 ‘~의 위에’라는 뜻의 전치사 dia에서 유래된 단어다. 희랍인들에게 는 이는 이주 또는 식민지화를 뜻하였고 얼마 전까지만 하여도 기원전 6세기에 포로가 되어 바벨론으로 끌려간 후 점차 다른 나라로 흩어져 살게 된 유태인들을 가리키는 데 사용되었다(Cohen 1997: ix). 그러나 오늘날 ‘디아스포라’는 흩어진 유대인들뿐만 아니라, 노예로 대서양을 건너 미국·카리브해 섬·남미·유럽 등등으로 끌려간 아프리카인 및 문화적 디아스포라를 형성하게 된 그 후손들을 포함하여 노동 및 무역 을 위하여 이산한 화인, 식민지 시기에 아프리카로 이주한 후 영국에서 이민사회를 형성한 인도인·남아시아인들 같은 다른 다양한 이산 민족 들에게도 적용되고 있다. 일본에 살고 있는 재일한국·조선인(자이니치) 과 코리안 아메리칸들도 자신들을 ‘디아스포라인’이라고 부르는 움직 임이 있다. 이처럼 ‘디아스포라인’의 자격과 범위는 날로 확산되어 가 고 있다. 필자는 한인들의 경우에 해외 입양인, 혼혈인들도 지구적 지 역화라는 관점에서 ‘디아스포라인’에 포함시켜 이해해야 한다고 본다.

‘디아스포라’ 연구의 대표적인 이론가는 길로이(Paul Gilroy, 1993)다. 길로이는 블랙 아틀란틱(Black Atlantic)이라는 개념으로 백인 중심 유 럽 사회에 살면서, 이중적이고 문화적 혼성성을 갖는 흑인으로서 자신 의 경험을 이해하고자 하였다. 그러나 개인적으로 ‘디아스포라’ 이민 사회를 연구하는 데 있어서 가장 폭넓고 깊이 있는 방식을 제기한 연 구자는 브라(Avtar Brah, 1996)라고 생각한다. 인도계 우간다인으로서 미국과 영국에서 교육을 받고 현재 런던대 교수로 있는 브라는 여성으 로서 위에서 이미 언급한 연구자들과는 달리 젠더(gender)와 성 (sexuality)에 대한 깊은 통찰력을 갖고 페미니즘적 관점에서 민감하게 ‘디아스포라’ 연구에 접근하고 있다. 그에 의하면 ‘디아스포라’ 개념은 오늘날 각각 다른 역사적 이민사회의 이야기라기보다는 서로 다른 '디아스포라' 형성 과정 속에, 또는 그 사이에 존재하고 있는 연관성의 계보학적 분석을 위한 탐구적 기술의 집합으로 이해된다. 이 연관성이 세계 곳곳에서 형성되고 있는 여러 '디아스포라' 이민사회들을 동질화하거나 이질화하는 권력 관계와 관련되어 있다는 주장으로 미루어 볼 때, 브라는 푸코의 담론화와 권력 이론을 염두에 두고 있는 것으로 보인다. 이렇게 볼 때, '디아스포라'는 정적이고 고정화된 사회 또는 집단을 일컫는 것이 아니며 민족—국가가 아닌 지구의 좌표 위에서 구체적인 권력 관계에 의해 동적이고 유체적으로 형성되는 담론으로 파악해야 한다.

더 나아가 브라는 '디아스포라' 개념이 지역·경제·문화·정치·심리적 경계의 구성과 변형이란 의미를 내포하는 포괄적인 개념의 '국경/경계'과 함께 담론화되어야 한다고 말한다. 미국 텍사스주 남서부와 멕시코를 나누는 국경에 살고 있는 사람들 삶의 사회적 관계를 분석하기 위하여 또한 심리·성·영성·문화·계급·인종적 구분의 '경계' 개념을 이론화한 글로리아 안잘두아(Gloria Anzaldua)를 언급하면서 브라는 국경 또는 경계를 사회적 관계, 일상생활의 경험, 그리고 주체성/정체성으로서 이해해야 한다고 한다(Brah 1996: 198).

한편 '디아스포라' 연구는 위치의 정치학에 준거해야 한다. 브라에 의하면 여성주의에 상당한 영향을 받은 위치의 정치학은 모순 속의 위치성, 즉 계급·인종주의·종족성·성·나이 등으로 나눠진 공간 속에 동시적으로 정해지는 다층적 위치, 움직이는 문화·종교·언어적 경계선을 가로지르는 이주로 인한 변동적 위치, 국경과 심리적 국경을 가로지르는 여행으로 인한 변동적 위치 등에 주목한다. 다시 말해 위치의 정치학은 이미 언급한 '디아스포라' 연구자들이 주장하는 반쪽들,

이주/이민자들, 여성들, '디아스포라'인들이 경험하고 저항하고 해체하고 재구성하고 기억하는 삶을 일반화하거나 단일/일치시키지 않고, 다층적이고 제도화되어 있는 인종주의·성차별주의·계급주의로 표현되는 권력의 억압·폭력·착취의 좌표에 이들이 주체로서 위치 정해지는 다축적인 위치성을 밝히고자 한다.

이렇게 소수자들의 사회운동과 지구화를 배경으로 형성된 디아스포라 연구는 현대사회의 배제/탈구(displacement), 희생, 문화적 혼성성, 문화적 투쟁에 대한 주체적 경험, 반쪽들의 기존 문화에 저항하는 글쓰기, 초국가적 사회관계로 이뤄진 네트워크와 이를 가능하게 하는 최첨단 통신기술, 지구성을 중심으로 한 지구적 담론/글로벌 담론, 탈지역화 등등의 주제에 초점을 둔다. 그러나 이 모든 주제를 다루는 것은 불가능하기에 이제부터 디아스포라적 담론의 핵심적 개념이라고 할 수 있는 초국가주의와 혼성성에 대해 구체적으로 살펴보려고 한다.

스미스(Michael Smith)는 지구화 담론과 초국가주의는 이들의 범위나 규모나 영향력에서 개념적으로 분명히 구별된다고 말한다. 그는 인류학자인 마이클 키니(Michael Kearney)를 인용하며 지구화와 초국가주의는 "의미나 정체성, 그리고 사회적 결과물을 생산하는 데 있어서 국가의 역할에 대해 근본적 전제를 각각 다르게 하고 있다"(Smith 2001:3)고 말한다. 이렇게 볼 때 지구화는 국가나 지역으로부터의 탈중심화 과정을 의미하는 한편 초국가주의는 어느 한 국가나 지역에 뿌리를 내리고 있지만 국경을 초월하는 사회적 관계를 의미하는 것으로 이해할 수 있다. 그러나 앞에서 언급한 것처럼 지구화를 지구적 지역화로 이해한다면 스미스의 정의로 이해되는 초국가주의도 지구적 지역화와 같은 개념으로 받아들일 수 있을 것이다.

정치적인 측면에서 지구적 지역주의는 세계 경제 통합과 미국 '대중문화'의 확산을 핵심으로 한 미국 제국주의의 헤게모니에 반대하여 강화되고 재구성되는 정치·문화적 민족주의의 부활을 의미한다. 문화산업에서 세계 경제 통합의 대표적인 사례는 나날이 중앙 집중화되고 독과점되는 글로벌 미디어다. 예를 들어, '미디어 황제'라 불리는 뉴스코퍼레이션의 회장인 루퍼트 머독은 4백 5십억 명의 잠재적 시청자들을 갖고 있는 홍콩 거점의 위성TV 디미어 사업체인 스타TV를 포함하여 텔레비전 사업만으로 지구의 약 2/3를 소유하고 있다(크리스 바커 2001: 105). 그러나 무엇보다 중요한 것은 글로벌 미디어는 단지 광범위한 텔레비전 사업체의 소유뿐만 아니라 미디어 기업들의 제요소들을 서로 연결하고 있다는 데 있다. 크리스 바커는 "머독이 20세기 폭스와 스타TV내에 영화나 텔레비전 프로그램에 대한 거대한 서고를 확보하였고, 이제 자신의 네크워크를 통해 그것들을 배급할 수 있으며 이를 통하여 고수익의 글로벌 광고 시장을 창출하고자 하는 듯하다"(크리스 바커 2001: 105)고 말한다.

반면 여러 국가내에서는 이런 흐름에 반대하는 움직임 또한 급속도로 추진되고 있다. 최근 또다시 이슈화되고 있는 스크린쿼터문화연대(이사장 문성근)의 스크린 쿼터(한국영화 의무상영일수) 지키기 운동이 그 대표적인 사례가 될 수 있을 것이다. 지방의 저항이라고 할 수 있는 한국의 스크린 쿼터가 국경을 넘어 지구성을 띠고 '문화의 종(種) 다양성 확보와 자국영화 보호'의 모범사례로 프랑스를 비롯한 유럽 각국의 의회 의원들에게 소개되는 현상은 일종의 아이러니다(디지털조선 2002년 2월 13일 http://cinema.chosun.com/site/data/html_dir/2002/02/13/20020213000002.html). 이처럼 초국가주의는 지구적 지역화를 통해서도 표출된다. 즉 지구적 지역화는 국경을 넘나드는—문화·정치·사회·심리적 경계를 가로지르는—초국가주의를 전제하고 있다.

혼성성 또한 초국가주의와 같이 다양한 학문 영역에서 논의되는 개념 중 하나다. 이는 전혀 새로운 개념은 아니지만 기존에 다소 부정적으로 이해되어 온 측면이 많았다고는 할 수 있다. 생물학에서 혼성 (hybrid)은 두 개의 종(種)이 합해져 만들어진 잡종을 말하고, 사회적으로 혼성은 다른 인종의 피가 섞였다하여 괄시를 받아 왔던 혼혈인을 지칭하는 데 주로 쓰였다. 그러나 혼성성에 대한 긍정적인 측면이 최근들어 강조되면서 개념은 지구화, 디아스포라, 초국가주의 등과 더불어 현 세계의 대표적인 현상으로 활발하게 논의되고 있다. 피터스(Jan Nederveen Pieterse)는 문화적 형태와 관련하여 혼성성은 "기존의 관습에서 분리되어 새로운 형태와 결합되어 새로운 관습이 만들어지는 것" (1995: 45)이라고 하며 새로운 현상이 아닌 이미 오래 전부터 일어나던 것이라고 설명한다.

그러나 강조되어야 할 것은 혼성물은 항상 기존의 원천(소스)에 준거하여 차이성을 갖게 된다는 점이다. 그러므로 혼성물에 대한 논쟁은 새로 만들어진 것에 대한 논쟁이 아니라 그것이 기원한 원천의 정체성에 대한 논쟁이 되는 것이다. 구체적인 맥락에서 디아스포라에 대한 논의를 살펴보면, 논의는 독특한 디아스포라인들의 문화·생활방식·제도 등에 대한 논의라기보다는 디아스포라의 다중적인 위치가 내포하고 있는 고정된 좌표들 즉, 여러 민족—국가들의 '상상된' 정체성과 권력관계에 대한 논의라고 볼 수 있다. 이것은 다음으로 논의될 텔레비전 멜로드라마 「겨울연가」에 나타난 디아스포라적 정체성에 대한 분석에서 좀더 구체적으로 설명될 것이지만 디아스포라 개념을 서로 다른 '디아스포라' 형성 과정 속에, 또는 그 사이에 존재하고 있는 연관성의 계보학적 분석을 위한 탐구적 기술의 집합으로 이해하는 것과 같다. 이런 맥락에서 「겨울연가」에 나타난 디아스포라적 정체성에 대한 분석은 곧 「겨울연가」에 나타난 지구적 지역화된 한국인 정체성의 한 측면이라고 볼 수 있다.

3. 「겨울연가」에 나타난 지구적 지역화된 한국인 정체성

이 부분에서는 한국인 정체성에 대한 담론의 일환이라고 할 수 있는 지구적 지역화된 정체성 즉, 디아스포라적 정체성에 대한 논의를 한국 방송공사(KBS) 2 텔레비전에서 월·화 미니시리즈로 방영된 「겨울연가」에 등장하는 주요 인물들을 중심으로 시작해 보고자 한다. 먼저 지적되어야 할 점은 「겨울연가」에 대한 필자의 분석은 대중문화 연구에서 흔히 말하는 공급자 중심의 텍스트 분석에 상당 부분을 할애하고 있다.[4] 다시 말해 이 글은 「겨울연가」에서 나타나는 복합적인 이미지와 이야기를 텍스트—홀(Stuart Hall)이 지적한 기호화(encoding)라고 할 수 있겠다—로 놓고 분석하면서 그 결과의 이데올로기적 의미를 해독(decoding)해 보고자 한다. 이것은 대중문화에 대한 페미스트적 접근 방법 중 하나인 "특정 여성 이미지들을 생산해내는 사회구조와 문화적 맥락이라는 틀 속에서 여성의 위치와 경험 분석"을 채택하여 디아스포라적 관점을 결부시킨 접근방식(태혜숙 2000: 198)과도 유사성을 갖는다. 이 접근방식에는 홀의 미디어 이론이 전제되어 있다.

4) 공급자 중심 분석에 대비되는 분석은 수용자 중심의 분석이다. 이 분석 방법은 주로 문화 수용자들의 문화 해석 방식을 조사하고 대중적인 문화 텍스트의 의미를 밝히려는 데 사용된다. 특히 이엔 앙(Ian Ang 2000: 484-489)은 문화 연구의 중점 사안인 문화 소비에 대한 연구에 관하여 문화적 기술지학적 방법을 동원한 질적(심층 인터뷰 및/또는 참여관찰) 연구를 강조하고 있다. 필자 또한 앙의 지적에 동의하며 이 글의 주제인 지구적 지역화된 한국인의 정체성에 대한 보다 더 구체적이고 상세한 기술을 위해서는 심층 인터뷰와 참여관찰을 강조하는 문화적 기술지학적 방법을 사용한 연구가 추후 진행되어야 한다고 본다.

홀에 따르면 미디어가 어떤 메시지를 소통시키기 위해서는 수용자들이 그 메시지를 의미 있는 담론으로 해독할 만한 조건이 형성되어야 한다. 즉, 미디어의 소비와 수용 역시 넓은 의미에서는 그 자체가 생산과정의 한 '계기' 라는 것이다. 특정 미디어의 생산에 이미 관객의 취향이나 가치관이 들어가 있기 때문이다. 또한 기호화는 기호해독이 가능한 한계와 척도를 어느 정도 결정한다. 그런 한계가 정해지지 않는다면 메시지의 의미를 수용자가 마음대로 읽어 버릴 것이다. 즉 기호화와 기호해독 사이에는 어느 정도 상호관계가 있으며 그 양자 사이의 일지는 그냥 주어지는 것이 아니라 미디어 장치와 기술을 통해 만들어지는 것이다(태혜숙, 2000: 198).

홀은 미디어 분석에서 수용자의 메시지와 함께, 그것을 해독할 조건을 고려할 것을 강조하는데, 이렇게 볼 때, 텔레비전 드라마를 분석하는 것은 수용자들이 갖고 있는 의식 및 세계관과 이들을 포함하고 있는 한 사회의 현실이나 지향을 추출해내려는 의도를 갖는 작업이라고 할 수 있다. 이런 맥락에서 먼저 대중문화·대중매체로서의 「겨울연가」를 글로벌 텔레비전이라는 구조적 틀에서 분석하고, 그 다음에 대중문화 연구 이론에 기반한 텍스트 분석을 통해 드라마의 주요 인물에 기호화된 디아스포라적 정체성을 발견해 보고자 한다. 후자에 관해서는 이미 검토된 바 있는 초국가주의와 혼성성을 주요 특성으로 삼고 있는 디아스포라인으로서의 코리안 아메리칸을 중심으로 살펴보고자 한다.

1) 「겨울연가」의 구조 : 글로벌 텔레비전

지난 겨울 최고의 화제 드라마로 평가되고 있는 「겨울연가」의 흥행에는 지구화된 방송과정이 결정적인 역할을 했다고 해도 과언이 아닐 것이다. 여기서 방송과정이란 기획·광고·배급·상영시간 등등 프로그램이 텔레비전에서 상영되기까지의 그 모든 것과 더불어 상영 이후 인터넷·음반·소설·해외 수출 등등의 부대사업을 포함하는 총체적인 과정을 말한다. 이 같은 「겨울연가」의 방송과정은 바커(2001)의 연구 주제인 글로벌 텔레비전의 좋은 사례가 된다.

초국적 텔레비전의 증가와 그것이 민족—국가의 제한적인 텔레비전 서비스에 가하는 위협에 대한 감지로 최근 관심을 받고 있는 글로벌 텔레비선은 나차원적이고 역동직인 과징과 싱호작용이라는 점에서 지구화 과정과 많은 공통점을 가지고 있다. 비록 지역마다 조금의 차이는 있지만 바커는 글로벌 텔레비전은 공공 서비스의 상업화와 텔레비전의 민영화를 초래하는 텔레비전 산업의 탈규제, 텔레비전 포맷 및 프로그램 수출, 위성과 디지털 방송 같은 새로운 기술의 도입, 복합적이고 초국적인 텔레비전 방송사 등장, 글로벌 프로그래밍 등등을 일컫는 것이며 결과적으로 글로벌 미디어와 글로벌 미디어의 독과점을 형성시켰다고 말한다(바커 2001).

「겨울연가」의 경우 공공 방송사인 KBS가 프로그램에 관한 제작과 마케팅 등등의 전반적인 과정을 대중음악을 포함한 다중 매체 제작사인 팬엔터테인먼트에 맡김으로써 「겨울연가」의 방송과정은 최근 여러 프로그램과 같이 기존의 사내 제작과 상영이라는 단순한 과정에서 기획, 광고, 상영, 해외 수출, 인터넷사업, 음반, DVD, 소설, 핸드폰 벨소리 등 복합적인 매체로 다양한 종류의 수용자들에게 전달되어 수입을 최대한으로 높이는 복합적인 방송과정으로 탈바꿈하였다. 시청자들이 자신들의 소감을 남길 수 있는 인터넷 게시판에는 많은 시청자들이 「겨울연가」를 텔레비전 본 방송으로 보고 다음날 유선방송으로 보고 주말에는 재방송을 보고 또 인터넷에 들어가 주문형 비디오(VOD)

로 또 한번 재방송을 본다고 적혀 있다(http://drama.kbs.co.kr/winter/).
또한 드라마의 결말이 소위 해피엔딩이 아닌 슬픈 내용이라는 것을 미
리 안 시청자들이 인터넷 게시판을 통하여 항의 시위와 '협박'을 하여
제작진이 결말 내용을 바꿨다는 기사가 뉴스에까지 보도되었던 적이
있다. 이같이 글로벌 텔레비전 시대의 방송과정은 텔레비전에서의 본
방송을 전후로 구성되어 있는 다양하고 복합적인 미디어와 상호연결
되어 수용자들에게 부분적이지만 쌍방향적으로 전달된다.

이것은 흔히 말하는 헐리우드식 블록버스터 제작방법으로서 전문 제
작사가 영화나 드라마를 기획에서 마케팅, 배급 및 부대사업 등 방송과
정의 모든 것을 지구적이고 획일적이며 대규모 즉, 메가급으로 기획하
고 추진해 나가는 것을 말한다. 많은 예 중에 하나가 얼마 전에 전세계
적으로 큰 흥행을 이룬 영화「해리포터」다.『씨네21』에 의하면 책은 전
세계 46개 언어로 번역되어 1억2천만 권 이상의 판매 기록을 세웠으며
한국에서만도 400만 부 이상이 팔렸다고 한다. 영화 역시 전미 역사상
최고의 개봉 흥행 기록(9천3백만 달러)을 비롯해 영국·독일·대만·싱가
포르·브라질·멕시코 등 개봉 국가마다 최고의 개봉 흥행기록을 세웠
다. 이처럼「겨울연가」도 한 나라에서 제작된 프로그램이 해외로 수출
되는 것이면서 동시에 선진국의 복합적이고 총체적인 제작과정이 한국
으로 수입되어 다시 재수출되는 것이라고 할 수 있으며, 또한 공공 방
송이 민영화 또는 상업화되어 가는 단계의 사례라고 할 수 있겠다.[5]

5) 필자는 이런 지구적 지역화 과정 특히 신자
유주의 세계화의 핵심인 민영화 과정이 순
조롭게 진행되고 있다고 생각하지 않을 뿐
더러 긍정적이기보다 부정적인 측면이 많다
는 것을 지적하고 싶다. 오히려 이 과정은
다양한 이해관계들이 첨예하게 대립되는 정
치적, 경제적, 문화적 공간이다.

2) 텍스트로서의「겨울연가」분석

「겨울연가」의 연출은 작년「가을동화」라
는 같은 장르와 분위기의 드라마를 연출한

바 있는 윤석호가 맡았으며 인기 스타인 배용준이 남자 주인공인 강준상/이민형 역을, 그리고 최지우가 여자 주인공인 정유진 역을 맡아 흥행의 한 원인을 제공했다. 그러나 제작진들의 기대 외로 조연 역을 맡은 박용하(김상혁 역)와 박솔미(오채린 역) 두 배우 또한 인기를 얻어 「겨울연가」의 성공을 한층 과시하였다.

피아니스트 강미희의 아들 강준상은 아버지를 찾아 자신의 존재를 확인받기 위해 어머니가 다녔던 학교인 춘천의 제일고등학교로 전학을 가서 유진과 상혁을 만나게 된다. 자신의 아버지가 상혁의 아버지라고 생각한 준상은 상혁과 상혁의 아버지인 김진우에 대한 애증에 방황하면서도 유진과의 사랑에 위안을 받는다. 또 다른 친구인 채린(박솔미)은 준상에게 한눈에 반하고, 상혁(박용하)도 유진을 좋아하지만 둘은 고배를 마시게 된다. 준상은 자신의 아버지가 유진의 아버지라는 생각에 모든 것을 포기하고 미국으로 가려고 한다. 그러나 준상은 공항으로 가는 택시에서 내려 유진과의 약속 장소로 가는 중간에 교통사고가 나고 만다. 이후 준상은 친구들에게 죽은 것으로 알려진다.

　10년 후 '폴라리스'라는 인테리어 회사를 동료들과 함께 운영하는 유진은 어느 날 준상과 외모가 똑같은 한 건설회사의 대표인 이민형을 스키장 리노베이션 관계로 만나게 된다. 그 후 지금까지 친하게 지내던 상혁과 약혼을 한 상태인 유진은 가슴 깊이 묻어둔 준상에 대한 사랑으로 혼란에 빠지게 된다. 그런데 이민형은 자신이 준상이라는 것을 알게 되지만 준상으로서의 기억을 전혀 생각해내지 못한다. 그러다가 갑작스런 교통사고로 부분적인 기억이 돌아온다. 모든 것이 잘 되어 가는 것 같았으나 유진의 아버지를 사랑하였던 준상의 어머니는 유진과 준상의 관계를 용납하지 못하고 거짓말로 유진과 준상이가 아버지가 같은 이복형제라고 말한다. 이 사실에 준상은 큰 실망을 하고 유진과 헤어지기로 결정한다. 그러나 수상한 점을 발견한 상혁의 아버지 김진우는 준상이가 교통사고의 후유증으로 병원에 입원했을 때 친자 확인

검사를 받고 준상이 자신의 아들이라는 것을 알게 된다.

모든 사실이 올바로 알려졌을 때 준상은 자신이 실명을 할 수 있다는 것을 알고 유진과 상혁이 다시 사귀기를 기원하며 미국으로 떠난다. 3년 후 유진은 우연히 자기가 건축하고 싶었으나 너무 비용이 커서 포기한 집이 한국에 버젓이 지어져 있는 것을 발견하고 그 집으로 달려간다. 바로 그곳에는 실명한 준상이 미국에서 잠시 돌아와 있었으며 둘은 재회를 하고 드라마는 해피엔딩의 분위기로 결말 아닌 결말로 끝난다. 이미 글로벌 텔레비션과 판련하여 쌍방향 방송과정에 대한 논의에서 언급하였듯이 원래 계획되었던 결말은 준상이 교통사고 후유증으로 죽는 것이었지만 해피엔딩을 강력히 원하는 시청자들의 항의로 결말은 부분 수정되었다.

「겨울연가」는 멜로드라마이며 이에 걸맞게 스토리는 '해석학적 기호들'에 의해 바램과 실현을 앞에 두고 매번 보다 더한 분규들로 상황이 복잡해지고 꼬이며 전개되어진다. 롤랑 바르뜨(Roland Barthes)에 의하면 '해석학적 기호'는 "기대를 진실에 대한 기본적인 조건으로, 즉 기대 끝에 무엇이 기다리고 있다는 것을 서사들이 말하고 있다는 사실로 만드는 데 기능한다. 이런 의도는 기대가 무질서를 의미하기에 질서로의 회귀를 의미한다"(Modleski 1987: 266에서 재인용)고 하나 결말이 없는 소프 오페라(soap opera) 드라마의 경우 해석학적 기호의 기능은 질서로의 회귀인 기대의 끝이 아니라 기대 그 자체, 다시 말해 일상적인 무질서로의 회귀를 의미한다.

모들스키(Modleski, 1987)는 자신의 연구에서 소프 오페라 속에 존재하고 있는 해석학적 기호들을 여성이라는 시청자와의 관계를 통하여 분석하여 매우 흥미로운 논의를 제공해 주고 있다. 그에 의하면 소프 오페라에는 전형적인 기호들이 존재하는데 이들은 ① 항상 자녀

곁에서 묵묵히 지켜보는 이상적인 어머니와 뒤에서 조종하는 어머니, ② 가족의 중요성, ③ 악인, ④ 반(反)진보성이다. 이 글이 주목하고자 하는 것은 모들스키가 지적한 전형적 기호 중 가족과 반진보성이다.

당연히 「겨울연가」에서도 가족은 중요한 주제이다. "닮은 얼굴과 닮은 몸이 증명하고 있는 핏줄이라는 것은 아무리 부정하려고 해도 부정할 수 없는 원죄와 같다. (…) 맹목적으로 자신의 판단만을 밀어붙이는 어머니나 아버지를 증오하기에 그로부터 물려받은 재능까지도 혐오하는 아들, 절대로 그 존재를 인정할 수 없는 이복동생…"이라고 말하는 제작진의 기획의도에서도 나타났듯이 「겨울연가」는 가족을 둘러싼 '일상적인 무질서'를 보여주고 있다(http://drama.kbs.co.kr/winter/people/plan.shtml). 드라마는 터부시되어 있는 이복형제 간의 연인관계(준상과 유진), 혼외관계(강미희와 김진우), 미혼모(강미희) 등등 비전형적인 가족의 형태를 보여주고 있지만 이것은 가족에 대한 기존의 이해를 무시하거나 파괴하는 것이 아니라 현실의 문제를 확인시킴으로써 이상적인 가족의 이미지를 강화시키는 것이다. 반진보성에 대해서는 아래에서 다루고자 한다.

시청자들에게 사실과 픽션의 차이는 모호하다. 드라마나 영화에서 나오는 인물은 가상적인 인물임에도도 불구하고 사실적 인물로 여겨진다. 이런 현상은 배우가 자신의 인기와 배우로서의 성공을 유지하기 위하여 특정한 성격과 인품, 이에 맞는 의상 스타일 등의 이미지를 다른 영화나 드라마에서도 지속적으로 연결해 가는 것과 심지어는 상업적으로 사용하고자 하는 과정에서 명확해진다. 토드 기트린(Todd Gitlin)은 「샌프란시스코의 거리」에 탐정의 역할을 맡고 있는 칼 말덴이 아메리칸 익스프레스 여행자수표 선전에 나와 수표 사기 사건을 해결하고 헌신적이고 유능한 의사 역할을 맡았던 로버트 영이 피로를 풀

어 주는 디카페인 커피 선전을 하는 경우가 시청 과정의 한 부분으로
서 시청자-소비자로 하여금 사실과 픽션을 구별하지 못하게 한다고
말한다(1987: 256). 「겨울연가」에 나오는 배용준 또한 자신의 이미지를
성공적으로 유지하는 배우 중 한 명이다. 그는 이미 「호텔리어」라는 인
기 미니시리즈 드라마에서도 미국에서 온 사업에 성공한 청년으로 비
슷한 역을 맡은 바 있다. 그리고 그는 그런 자신의 이미지를 상업적으
로 활용한다. 매번 「겨울연가」가 끝나자마자 나오는 선전은 배용준을
전속 모델로 한 LG카드 선전이나. 선전에서 배용준은 상류층에 속한
청년으로 삶을 즐기는 사람으로 나온다. 이국적인 곳으로 여행을 가고
음악을 즐기며 일에서도 성공한다.

그러나 토드 기틀린이 지적하듯이 이런 이미지는 현재에 못박혀 있
다. 사실과 픽션이 모호한 이미지의 인물은 모집된 것도 아니고 훈련
된 적도 없으며, 이 계층이나 저 계층에서도 오지 않았으며 이 학교나
저 학교 출신이 아니다. "우리는 그에 대한 거의 모든 것을 그의 행동
과 인격으로 알게 된다(257)." 다시 말해 배용준의 이미지는 현재 금융
분석가, 기업인, 연예인 등과 같이 상류층에서 활동하며 부러움과 시
기를 받고 있는 초국가주의적인 코리안 아메리칸들이 특권 집단으로
나타난 한국사회의 현재와 밀접한 관계를 가지고 있다고 생각된다.

3) 「겨울연가」의 디아스포라적 정체성

이름은 무엇인가? 장미는 다른 이름으로 불려지더라도 마찬가지로 향기로
울 것이다.

— 셰익스피어 『로미오와 줄리엣』 2장 2막

이제 본격적으로 등장인물들을 중심으로 정체성에 대한 논의를 시작해 보자. 이 글은 논의를 좀더 구체적으로 진행하기 위하여 디아스포라적 정체성을 갖고 있는 코리안 아메리칸과의 연결점을 찾아 「겨울연가」가 이야기하는 정체성에 대한 담론을 살펴보고자 한다.

먼저 강준상/이민형이란 인물을 살펴보자. 이 둘은 동일한 인물이지만 다른 기억과 이름을 갖고 있다. 강준상은 아버지 없이 자라 어두운 면을 가지고 있으나 이민형은 미국에서 태어난 2세로서 다정하고 맑은 성격을 가진 인물로 비춰진다. 이는 혼성성의 전형적인 사례로서 어려서 부모님을 따라 이민을 가 이중문화권에 속해 있어 1.5세로 불려지는 코리안 아메리칸의 한 사례이다. 대부분의 코리안 아메리칸들은 두 개의 이름을 가지고 있다. 하나는 주로 집안에서 부모들에 의해 사용되는 한글 이름이고 다른 하나는 집 밖에서 사용하는 영어 이름이다. 그러나 이름에 대한 느낌과 의미는 강준상과 이민형이 보여주는 상반된 이미지 못지않게 다르다. 코리안 아메리칸들에게 있어서 한글 이름은 자신의 한국적 정체성을 상징하고 영어 이름은 미국적 정체성을 상징하기에 심리적인 영역에서 이 둘은 항상 충돌한다.

특히 미국이라는 인종차별주의적 사회에 민족적 소수자로 살고 있는 코리안 아메리칸들은 자신의 삶 동안 적어도 한 번은 정체성에 대한 혼란을 경험하게 된다. 민족―국가란 개념적 틀에 한정되어 있는 본질주의적 민족 정체성 담론이 지배적인 현실에서 혼성성은 부정되고 가치 저하되기에 코리안 아메리칸들은 매번 일상생활에서 코리아와 아메리카 중 하나만을 선택하도록 강요당한다. 대표적인 예가 처음 만나는 사람으로부터 받는 "당신은 어디서 왔습니까?"라는 질문이다. 아무리 영어를 유창하게 하여도 심지어 미국에서 태어났다 하여도 질문자는 미국인이라는 국적 또는 문화적 정체성이 아닌, 개인의 외모에 비추어 본래부터 있던 것이고 변하지 않는다고 전제되는 한국인이란 민족적 정체성을 코리안 아메리칸에게 확인시키고자 한다.

코리안 아메리칸들을 민족—국가의 개념적 틀에 감금하고자 하는 시도는 미국뿐만 아니라 한국에서도 행해진다. 한국사회 또한 미국 사회 못지않게 혼성적인 정체성을 부정한다. 「겨울연가」는 이민형으로 하여금 자신의 정체성을 버리고 강준상의 정체성을 '되찾게' 함으로 이런 한국사회의 정서를 그대로 보여주고 있다. 왜 이민형은 그토록 자신의 '본명'과 기억을 찾고자 했을까? 정체성을 주어진 것이고 변하지 않는 것으로 파악하는 본질주의적 시각으로 이해한다면 이런 질문은 불필요한 질문이다. 당연히 강준상은 사실적인 인물이고 이민형은 가상의 인물인 것이다. 코리안 아메리칸과 관련하여 한국사회는 이들의 한국적 정체성만이—비록 이것이 일상생활과 존재에 아무런 의미가 없다 하여도—사실적인 정체성인 반면 미국적 정체성은 용납할 수 없는 거짓되고 비현실적인 정체성인 것으로 취급한다.

이민형에게 이름만큼 중요한 것은 기억이다. 기억이란 무엇인가? 사전적인 의미에서 기억이란 생활체(生活體 : 사람이나 동물 등)가 경험한 것이 어떤 형태로 간직되었다가 나중에 재생 또는 재인(再認)·재구성되어 나타나는 현상이며, 4가지 단계인 기명, 보유, 재생, 재인으로 나뉘진다고 한다. 문화적인 의미에서, 더 나아가 이 글의 주제와 관련하여 기억은 개인 또는 집단의 정체성을 구성하는 데 중요한 역할을 하는 소속감과 밀접한 관계를 가지고 있다. 그러나 문화적 정체성이나 집단적 정체성을 연구하는 학자들에 의하면 기억은 결코 자연적인 것이 아니라, 많은 부분 개인 또는 집단의 의식 또는 환경에 의해 구성되고 조작 또는 편집되며 심지어는 발명된다. 「겨울연가」에서도 이민형이 가지고 있는 자신에 대한 기억은 최면술로 삽입된 가상적인 기억이다. 그러기에 이민형은 참된 기억을 찾고자 힘을 쓴다. 과연 참된 기억은 존재하는 것인가? 이민형이 되찾고 싶어하는 강준상의 기억은 아주 부분적이고 상황적인 다시 말해 정유진과의 관계에서 만들어진 좋은 기억들만을 되찾고자 하는 것이다.

코리안 아메리칸들에게 있어서도 기억은 특히 '조국' 또는 '고향'에 대한 기억은 두 가지 단계에서 아주 중요한 기능을 한다. 첫 번째 단계에서 '조국'에 대한 기억은 디아스포라의 집단적 정체성을 유지하고 강화하는 데 사용된다. 그러나 이 기억은 사실상 기억이 없는 향수에 불과하다. 다시 말해 코리안 아메리칸들의 집단적 기억은 단절되었고 파편화된 문화적 기호들이 민족—국가 중심의 헤게모니에 의해—부분적으로 사적 경험 또한 전체의 흐름을 역행하지 않는 정도로 포함된다—만들어진 상상된 기억인 것이다. 개인적으로 13세에 미국으로 이민을 간 필자는 대학교 시절에 한국 중심의 정체성을 수용하면서 '대가족', '선후배', '죽마고우' 등 개인주의적인 미국 문화와 반대되는 소위 공동체적 한국문화에 대한 좋은 기억들을 재생하게 되었다. 그러나 이 기억은 '한국인'이라는 집단적 정체성과 집단적 기억의 틀에 짜여진 상상된 기억이었을 뿐이다. 이 상상성은 두 번째 단계에서 명확히 표출된다.

두 번째 단계는 한국이라는 지정학적 위치에서 펼쳐지며 코리안 아메리칸의 집단적 기억이 한국의 배타적인 민족 정체성에 의해 무시되고 거부되는 단계이다. 그토록 집단적이었기에 완고했던 코리안 아메리칸의 기억은 코리안 아메리칸들이 한국사회에 발을 내딛는 순간부터 그것이 단절된 것이며 허위적인 것이라는 것을 여지없이 폭로한다. 이것은 마치 의례처럼 대부분의 코리안 아메리칸들이 경험하는 것이며 그 의례의 장소는 출입국관리 직원 앞에서 미국 여권이나 영주권을 제시하는 공항이다. 법적으로 코리안 아메리칸들은 한국인이 아닌 관리 대상의 외국인이다. 2천년 전까지만 하여도 미국 국적을 가진 코리안 아메리칸들은 3개월 여행의 단기 비자를 받고서야 한국에 들어올 수 있었다. 물보다 진하다는 혈연으로 연결된 코리안 아메리칸과 한국은 출입국 법에 의해 '피'로 인정받지 못하고, 일반 '물'로 대접받게 되는 것이다.

이런 맥락에서 '이름이란 무엇인가?'란 질문으로 시작하는 셰익스피어의 글을 인용한 제작신의 기획의도는 드라마의 스토리상 혼성성을 긍정하는 것이 아니라 부정하는 것으로 이해될 수 있다. 다시 말해 「겨울연가」가 말하고자 하는 메시지는 이름이 바뀌어도 개인의 근본적인 정체성은 변하지 않기에 모든 사람은 근본적인 정체성을 유지해야 한다는 것이다. 이 메시지는 드라마 끝 부분에서 준상이 유진이가 꿈꿔왔던 집을 한국에 짓는 것으로 절정에 이른다. 유독 한국사회는 '단일민족'이란 역사적으로 상상된 개념으로 개인의 정체성을 집단적 정체성인 민족적 정체성에 종속시켜 왔다. 그리고 이 민족적 정체성은 개인, 가족, 회사, 지역, 민족-국가라는 수직적 관계에서 이데올로기화되어 있다.

가족을 보호해 주고 한 곳에 모일 수 있게 하는 집은 아주 중요한 상징적 의미를 가지고 있다. 일찍이 인류학자 말키는 문화와 민족과의 관계를 두 개의 연관성으로 설명하였다. 첫 번째 연관성은 인류학자들이 주로 개념화하는 '민족들과 문화들의' 공간적 형태와 같은 민족 지형학적 지도의 개념적 질서이다. 다른 하나는 '좀더 형이상학적이며' 민족과 같이 문화는 오랫동안 '토양(soil)'에서 존재한다고 인식되었다는 사실과 연관되어 있다. 문화와 민족은 서로 형제 같은 개념들이라는 것을 강조하며 말키(Malkki)는 제임스 클리포드(James Clifford)의 말을 인용해 "문화란 아이디어는 뿌리, 안정적인 지형적 존재에 대한 기대를 가지고 있다"(1997:58)고 덧붙인다. 「겨울연가」에서도 강준상의 민족적 정체성은 한국에 집을 짓는 것으로 한국과 떨어질 수 없는 관계에 이르게 된다.

그러나 집의 구조를 자세히 살펴보면, 아니 첫인상은 마치 외국 영화에서나 볼 수 있는 해변가에 존재하는 저택 같은 분위기를 준다. 화면에 나타난 이국적인 건축 스타일에 시청자는 잠시 이곳이 어디일까 하는 생각에 혼란을 느끼지 않을 수 없다. 그러나 스토리상으로 그 집은 한국 어디에 있는 것이다. 강준상의 민족적 정체성을 한국이라는 지역에 뿌리 내리게 한 집이 이국적인 건축 스타일에 마루가 있는 혼성적인 저택인 것은 「겨울연가」의 디아스포라적 담론의 위치를 정확하게 보여주는 것이라고 생각된다. 다시 말해 「겨울연가」의 디아스포라적 담론은 문화적, 경제적, 정치적인 세계통합이란 지구성과 차이의 발명과 강화로서의 지역성이 서로 교차하는 지구적 지역주의를 담고 있는 것이다.

집과 떨어져서 이해할 수 없는 개념이기에 가족 또한 중요한 문화적 상징성을 갖는다. 「겨울연가」에서는 강준상/이민형과 그의 어머니와의 관계는 푸코의 계보학적 담론에서 볼 때, 개인과 민족과의 관계와 동등하게 이해될 수 있다. 자신의 기억을 찾고자 하는 이민형에게 그의 어머니는 모든 것은 아니지만 근본적인 궁금증을 풀어 줄 수 있는 장본인이다. 즉 강준상/이민형을 개인으로 놓고 볼 때, 그 개인의 정체성을 확인하거나 토대로 하고 있는 어머니는 일종의 민족의 역할을 하는 셈이다. 즉 사실 여부를 떠나서 그 기억을 장악하고 있고(장악해서 변질시키기까지 하는), 그를 통해 한 개인의 정체성을 부여해 주는 어머니의 역할은 곧 민족의 역할이라고도 할 수 있는 것이다.

이처럼 강준상/이민형과 그의 어머니의 관계는 어머니의 역할로 인해 그 허구(fiction)적인 관계가 가시화된다. 예를 들어 민족이라는 정체성이 어떻게 보면 조작된 '허구'일 수도 있음을 노출시키는 것이다. 그리고 이러한 허구적 관계는 자식과 어머니라는 틀 속에서 사랑, 정, 혈연 등등의 모호한 개념들로 유지되는 개인과 민족관계의 현실을 그대로 반영해 주는 것이라고도 볼 수 있다. 이런 허구는 일상경험에서 현실, 즉 사실이 아님이 드라마상에서 폭로된다. 그러나 무엇보다 중요한 것은 관계의 허구성이 폭로되었다 하여도 관계가 부정되는 것은 아니었다는 점이다.

변증법적 주체성을 강조하는 디아스포라적 아이덴티티(정체성)는 정체성에 대한 본질주의적인 이해를 거부하고 가변적이고 유동적인 아이덴티티를 채택한다.[6] 그러나 이런 존재론적 전략에 의해 선택된 아이덴티티는 민족—국가를 규정하는 헤게모니란 좌표 위에 표류하고 있다. 왜냐하면 혼성성과 초국가주의가 지구적 지역주의라는 모순적인 틀에서 존재하는 것과 같이 가변적이고 유동적인 아이덴티티는 부모과 자식 간의 관계같이 부정할 수 없는 본질주의적이고 고정적인 민족—국가의 정체성이라는 틀 안에 존재하기 때문이다.

6) 필자(2002)는 다른 지면에서 뉴욕 소재 코리안 아메리칸 사회단체 회원들의 민족의식 변화에 대해 자서전적 모드로 기술하여 코리안 아메리칸들이 어떻게 한국과 미국이란 민족—국가란 개념적 틀에서 벗어나서 존재론적 현실에 다차원적이고 다중적으로 위치 지워진 디아스포라적 아이덴티티를 선택하게 되었는지를 보여준 바 있다. 그러나 이런 선택은 아직 보편적인 흐름이 아니라 아주 소수의 신념적 선택이다.

다시 왜 「겨울연가」는 이민형으로 하여금 자신의 정체성을 포기하고 강준상으로 돌아가게 하였는가라는 질문으로 돌아가 보자. 하나의 답은 위에서 언급한 소프 오페라의 전형적 기호 중 하나인 반진보성이다. 비록 모들스키(Modelski)는 소프 오페라의 반진보성을 서사적 차원에서 고전적 영화 서사와는 반대로 액션과 클라이맥스를 중요시하지 않는 것으로 이해하고 있지만, 필자는 기트린의 논의의 핵심인 헤게모니와 관련하여 궁극적으로 지배계급의 지배적 이데올로기를 유지하는 대중문화와 텔레비전의 한계를 지적하고 싶다. 텔레비전 드라마는 시청률 경쟁과 '건전한' 가족윤리의 틀을 고수하는 방송심의 등의 제약이 따른다는 점에서 가장 보수적이고 관습적인 대중문화 영역으로 일반적으로 이해된다(태혜숙 2000: 202).

그렇다고 해서 드라마에 진보적인 측면이 없다는 것은 아니다. 다만 진보적인 요소들은 시청자들이 어떤 즐거움을 추구하는가 하는 수용자 문제 차원에서 다뤄진다. 이런 맥락에서 텔레비전은 어느 특정한 꿈에 충실하다. 텔레비전 드라마는 전문직에 대한 동경이나 사회적 성공에 대한 소망같이 사회에 현존하고 있는 강렬한 소망에 뿌리를 내리고 있으며 그 소망을 강화하는 경향이 있다(Gitlin 1987: 258).

「겨울연가」의 히로인인 정유진은 커리어 우먼이다. 앞에서 언급하였듯이 이 글은 한국 중심의 초국가주의적 정체성에 대한 분석이기에 정유진이 보여주는 문화적 정체성 또한 중요한 의미를 가지고 있다. '폴로리스'라는 인테리어 회사를 동료들과 같이 창업하였으며 이 영역에서 실력을 인정받고 있다. 그는 자신이 원하는 대로 행동에 옮기며 자신의 감정에 충실하며 솔직히 표현한다. 이런 이미지는 현재 텔레비전 광고, 드라마 등 전반적인 영역에서 쉽게 찾을 수 있는 새로운 여성의 이미지이다. 여기서 하나를 더 추가한다면 정유진은 드라마 끝 부분에서 파리로 유학을 가는 초국가적인 인물이다. 정유진이 강준상과 헤어진 후 자신의 시간을 갖겠다며 파리 유학을 결정한다. 김상혁이 뉴욕으로 가는 비행기 티켓을 주며 실명의 위기에 빠져 있는 준상이 곁으로 가라고 권유하였지만 유진이는 거절하고 혼자 파리로 유학을 간다.

이것은 이민과 유학이 보편화된 오늘날의 한국사회를 반영하며 한국

사회에서 '출구 선택'은 이제 일상적인 선택이 되었다는 것도 보여준다. 헐쉬만(Albert Hirschman)이 주장한 '출구 선택(exit option)'이란 초국가주의적 시대에는 참을 수 없는 경제적 또는 정치적 조건을 피해 사람들이 해외에 존재하는 경제적 또는 문화적 자원을 찾아 국경을 넘어 이동/이주하는 행위를 의미할 수 있다.

4. 나오는 말

이 글에서는 최근 텔레비전에서 방영된 인기 드라마 「겨울연가」에 등장하는 인물들을 텍스트로 삼아 분석하여 아직까지 그다지 익숙하지 않은 디아스포라적 담론에 대한 논의를 시도해 보고자 하였다. 디아스포라 담론이란 코리안 아메리칸같이 다중적이고 유연성 있는 집단적 정체성을 가진, 지구적 지역화의 사례라고 할 수 있는 초국가적이고 혼성된 집단에 관한 담론이다. 필자는 드라마의 히로인 이민형이 왜 강준상이란 정체성을 선택하였는지에 대한 헤게모니적 의미— 즉, 초민족-국가적 디아스포라는 민족-국가 없이는 존재가 불가능하다는 모순적 현실—를 해독하여 오늘날 한국뿐만 아니라 세계적으로 보편화되어 있는 지구적 지역주의를 지적해내고 싶었다. 결과적으로 필자는 지구적 지역주의 시대에 있어서 한국인의 정체성에 대한 담론은 디아스포라적 정체성에 관한 논의에 주의해야 할 것임을 주장하고자 한다.

이 논의 과정에 앞서 전제되어야 할 것은 혼성성의 역사이다. 디아스포라 연구가 주장하는 것과는 달리 과거 혼성성은 '잡종'이라는 개념으로 아주 부정적으로 여겨졌다. 그리고 본문에서 살펴본 것과 같이 상당한 부분 아직도 혼성성은 이런 부정적인 현실을 배태하고 있다. 아직도 한국사회는 국제결혼을 한 부모 사이에 태어나 피가 섞인 복합적이고 혼성된 정체성을 가진 혼혈인에 대해 부정적이고 배타적인 태도를 보인다. 피가 섞이지 않았기에 혼혈인보다는 덜 혼성적인 입양인 또한 그들의 혼성적인 문화적 정체성 때문에 한국사회로부터 차별을 받는다. 혼성적인 정체성을 가진 자들의 현실은 디아스포라 연구자들이 주목하는 소수의 엘리트의 현실과는 달리 오늘날 경제·정치·사회적인 차별, 착취, 소외 등등을 경험하면서 주체적으로 부각되기에 많은 현실적 어려움을 겪는다.

그러나 그렇다고 해서 디아스포라 연구가 높이 평가하는 초국가적이고 혼성된 디아스포라인들의 가능성마저 전적으로 무시되어서는 안 된다. 왜냐하면 이는 '틈'에 끼어서 차별받고, 소외당하는 주변부 사람들이 자신의 '위치'를 부정적인 것으로 인식하는 데 갇혀 있지 않고, '혼성성' 자체를 새로운 주체성으로 만들어 가는 긍정적인 힘으로 변환시킬 수 있는 가능성이 될 수 있기 때문이다. 그 가능성은 호미 바바(Homi Bhabha)나 에드워드 사이드(Edward Said)를 포함하여 옹이나 길로이 같은 기존의 디아스포라 연구자들이 주장하는 혼성적 지식인 중심의 위로부터의 변화가 아닌 아래로부터의 주체들에게 달려 있다. 그렇기 때문에 다국적기업의 CEO로 활약하는 디아스포라적 엘리트의 개인적 성공담이 아닌, 인종주의에 저항하는 문화운동 과정 속에서 좌절을 겪으며, 그를 통해 자신들의 아이덴티티를 형성해 가려는 '뉴욕의 코리안 아메리칸 청년들'의 정체성 찾기와 민족—국가의 틀 속에서 정체성을 고민하기보다 그 틀을 깨고 개인의 초국가적인 위치에서 아이덴티티를 쟁취하는 일본 영화 「GO」(2001)의 '자이니치' 청년들이 보여주는 아래로부터의 움직임이 긍정적인 메시지로 읽힐 수 있다.

■ 참고문헌

구춘권, 『지구화, 현실인가 또 하나의 신화인가』, 서울: 책세상, 2000.
박준규, 「'미주한인'의 디아스포라적 아이덴티티」 『역사비평』 58호, 2002. 봄, pp.300~321.
태혜숙, "대중문화에 나타난 십대의 사랑—위반과 포섭 사이에서" 『여/성이론』 3호, 2000.
　　　겨울, pp.196~215.
바커 크리스, 『글로벌 텔레비전』, 하종원·주은우 옮김, 서울: 민음사, 1997.
옹 이엔, "문화와 커뮤니케이션: 초국가적 미디어 체제에서 미디어 소비에 대한 미속지학
　　　적 비판을 지향하며" 『문화연구란 무엇인가?』, 존 스토리 엮음, 백선기 옮김, 서울:
　　　커뮤니케이션북스, 2000, pp. 481~513.
스토리 존, "대중문화란 무엇인가?" 『문화연구와 문화이론』, 존 스토리, 박모 옮김, 서울:
　　　현실문화연구, 1999, pp.12~36.

Abu-Lughod, Lila, 1991 "Writing Against Culture," in Richard G. Fox, (ed.), *Recapturing Anthropology: Working in the present*, Santa Fe: School of American Research Press, pp. 137~162.

Appadurai, Arjun, 1990, 1996 "Disjuncture and Difference in the Global Cultural Economy," in *Modernity at Large: Cultural Dimensions of Globalization*, Minneapolis: the University of Minnesota Press, pp. 27~47.
1991 "Global Ethnoscapes: Notes and Queries for a Transnational Anthropology," in Richard G. Fox, (ed.), *Recapturing Anthropology: Working in the present*, Santa Fe: School of American Research Press, pp. 191~210.

Brah, Avtar, 1996 *Cartographies of Diaspora: Contesting Identities*. London and New York: Routledge.

Featherstone, Mike, 1999 "Global Culture: An Introduction," in Mile Featherstone, (ed.), *Global Culture: Nationalism, globalization and modernity*, London: SAGE Publication.

Gilroy, Paul, 1993 "The Black Atlantic as a Counterculture of Modernity," in *The Black Atlantic: Modernity and Double Consciousness*, Cambridge: Harvard University Press, pp. 1~40.

Glitin, Todd, 1987 "Television's Screens: Hegemony in Transition," in Donald Lazere, (ed.), *American Media and Mass Culture Left Perspectives*, pp.240~265. Berkely: University of California Press.

Gupta, Akhil, and James Ferguson 1997a "Discipline and Practice: The Field as Site, Method, and Location in Anthropology," in Akhil Gupta and James

Ferguson, (eds.), *Anthropological Location: Boundaries and Grounds of a Field Science*, Berkeley: University of California Press, pp.

Gupta, Akhil, and James Ferguson, (eds.), 1997b. *Culture, Power, Place: Exploration in Critical Anthropology.* Durham: Duke University Press.

Hall, Stuart, 1996 "Introduction: Who Needs Identity?" in Stuart Hall and Paul Du Gay, (eds.), *Questions of Cultural Identity*, London: Sage Publication, pp. 1~17.

Modleski, Tania, 1987 "The Search for Tomorrow in Today' s Soap Operas," in Donald Lazere, (ed.), *American Media and Mass Culture Left Perspectives*, Berkely: University of California Press, pp. 266~278.

Ong, Aihwa, 1997 "Chinese Transnationalism as an Alternative Modernity," in Aihwa Ong and Donald Nonini, (eds.), *Ungrounded Empires: The Cultural Politics of Modern Chinese Transnationalism*, New York & London: Routledge, pp. 3~36.

1999 "Introduction, Flexible Citizenship: The Cultural Logics of Transnationality," in *Flexible Citizenship: The Cultural Logics of Transnationality*, Durham & London: Duke University Press, pp. 1~26.

Pieterse, Jan Nederveen, 1995 "Globalization as Hybridization," in Mike Featherstone, Scott Lash, and Roland Robertson, (eds.), *Global Modernities, London: Sage Publication*, pp. 45~68.

Robertson, Roland, 1995 "Glocalization: Time-Space and Homogeneity-Heterogeneity," in Mike Featherstone, Scott Lash, and Roland Robertson, (eds.), *Global Modernities*, London: Sage Publication, pp. 25~44.

Smith, Michael Peter, 2001 *Transnational Urbanism: Locating Globalization.* Malden: Blackwell Publishers.

Young, Robert J. C., 1995 "Hybridity and Diaspora," in *Colonial Desire: Hybridity in Theory, Culture and Race*, London & New York: Routeldge, pp. 1~28.

「파리의 연인」을 통해 본 신데렐라 콤플렉스의 문제점

김명혜

1. 들어가면서

얼마전 인기를 끌었던 드라마 「파리의 연인」, 「풀하우스」, 「황태자의 첫사랑」은 신데렐라 이야기라는 점에서 서로 많이 닮아 있다. 동서양을 막론하고 일찍부터 신데렐라 이야기는 재미있는 이야기의 형식을 빌려 여성들을 가부장적 질서에 맞게끔 길들이는 기제로 사용되어져 왔다. 잘 알려진 17세기의 페로의 신데렐라 이야기는 페로가 궁정사회에서 요구하는 여성상에 부응하도록 민중설화를 재구성하여 만들어낸 것이다(Zipes, 1997). 페로가 그린 신데렐라는 그 시대가 요구하는 이상적인 배우자상을 보여준다. 당시 궁정사회에서는 귀족들에게 자녀들을 낳아 주며 공적인 장소에서 우아하게 보이는 아내가 필요했다. 근면하고 명령에 대해서 절대적으로 복종하며 누구에게도 반감을 갖지 않고 다정하게 대하는 신데렐라는 그 시대의 이상적인 아내상이라 할 수 있다. 한편 「춘향전」은 절대적으로 정절을 요구했던 조선시대의 사회적 요구에 부응했던 신데렐라의 전형이다. 춘향이 신데렐라의 반열에 오를 수 있었던 것은 조선시대 여성들에게 가장 강력하게 요구되던 정절을 지켜서 이몽룡과 결혼할 수 있었기 때문이다. 그 이후로도 신데렐라 이야기는 동서양에서 인기 있는 이야기 소재로 사랑받아 왔다. 「프리티 우먼」, 「메이드 인 맨하탄」과 같은 영화나 「사랑은 그대 품안에」, 「별은 내 가슴에」 등의 텔레비전 드라마들은 반복적으로 신데렐라 이야기를 차용하고 있다. 특히 한국의 텔레비전에서 신데렐라 이야기를 골격으로 한 드라마들이 꾸준히 높은 시청률을 보인 것을 보면 신데렐라 이야기는 대중의 인기를 얻는 서사장치로 여전히 유효하다는 것을 증명한다.

대중들의 인기를 얻는 데 성공하여 드라마 제작자들이 매우 유용하게 쓰고 있는 신데렐라의 서사구조는 비평가들로부터는 혹독한 비판을 받아 왔다. 그 이유는 신데렐라 이야기가 남성에게 의존적이며 무능하며 주체적 삶을 영위하지 못하는 부정적인 여성상을 제공하며 이를 통해 남성지배를 공고히 하려는 가부장제와 공모하기 때문이다. 이와 같은 비판을 뒷받침하는 것은 콜레트 다울링의 신데렐라 콤플렉스에 대한 이론이다. 다울링은 신데렐라 콤플렉스를 "억압된 태도와 불안이 뒤섞여 여성의 창의성과 의욕을 한껏 발휘하지 못하는 일종의 미개발 상태로 묶어 두는 심리 상태"(1988)라고 규정하고 있다. 신데렐라 콤플렉스가 있는 여성들은 자신들의 불안한 상태를 남성의 힘을 빌어 극복하려는 성향을 보이기 때문에 여성의 주체적 삶을 주장해 온 여성주의자들의 표적이 되어 왔다. 신데렐라 콤플렉스는 주체적인 삶을 살고자 하는 여성에게는 폐기해야 마땅할 요목이다. 하지만 주체적인 삶을 살기 위해서 가부장적 사회의 거센 남성 우월적 조류를 거슬러 올라가기보다는 가부장적 사회에 공모하고 아부하면서 주체적이지는 않지만 편안한 삶을 꿈꾸는 신데렐라 콤플렉스에 사로잡힌 여성이 현실에 아직도 많이 존재하고 있는 것도 사실이다. 영화와 텔레비전 드라마 속에서는 현실에서보다 훨씬 더 많은 신데렐라형 주인공들을 만날 수 있다. 최근 발표된 통계자료에 의하면 젊은 여성들은 결혼보다는 자신의 발전을 더 중요하게 생각하고 있다는 것을 보여준다. 그러나 텔레비전에서는 여전히 사랑과 결혼이 미혼 남녀의 최대 과제인 것처럼 과장하는 경향이 있다. 텔레비전 드라마 속의 연애와 결혼 이야기 중심에는 신데렐라 이야기가 빈번하게 등장하고 있는데 이는 가부장제가 지속되는 한 끊임없이 반복되는 이야기일 것이다. 다만 바뀌어 가는 시대적 정서에 맞추기 위해 신데렐라 이야기 속의 캐릭터와 서사구조의 변형을 보이기도 하고 화려한 볼거리를 추가하는 모습을 보이기도 한다.

많은 시청자들을 신데렐라의 성으로 인도한 「파리의 연인」, 「풀하우스」, 「황태자의 첫사랑」도 전형적인 신데렐라의 이야기 구조를 따르고 있다. 이들 드라마는 자동차 재벌 2세와 고아, 인기 배우와 작가가 희망인 보잘것 없는 여성, 리조트 사업의 후계자와 야망 없는 직원 간의 사랑이 이루어진다는 설정으로 현실성은 없지만 삼각관계, 사각관계, 그리고 상투적인 출생의 비밀 등 극중 갈등고조 장치를 통해서 시청자들을 유인하고 남녀 간의 계급 격차를 극대화함으로써 사랑이라는 환타지가 주는 효과를 적극 활용한다는 점에서 서로 닮아 있다. 이들 드라마들은 환타지를 제공함으로써 많은 시청자들을 무거운 현실로부터 탈피하여 잠시나마 즐거운 상상을 하도록 해준다. 젊고 잘생긴 재벌 2세나 인기 배우와 별로 내세울 것이 없는 평범한 여성들과의 사랑 이야기는 이 땅에 존재하는 수많은 평범한 여성들의 환상을 대리만족시켜 준다. 하지만 이와 같은 비현실적인 드라마들은 현실과 환상을 구분하지 못하는 일부 시청자들에게 자신들이 꿈꾸는 환상이 현실로 될 것이라는 허황된 생각을 부추기고 있다.

이 글에서는 텔레비전 드라마에서 반복적으로 등장하는 신데렐라 이야기가 고수하고 있는 불변의 요소들은 무엇인지 또 현대의 시청자들에게 소구하기 위해서 어떻게 변화하고 있는지 살펴보고 신데렐라 이야기가 내포하고 있는 숨은 의미와 문제점들을 짚어 보고자 한다. 위에서 언급한 세 드라마 중 가장 많은 인기를 끌었던 「파리의 연인」을 통해 21세기 한국판 신데렐라는 드라마에서 어떻게 재현되고 있는지를 살펴볼 것이다. 또한 이와 같은 신데렐라 콤플렉스를 자극하는 드라마들이 숨기고 있는 남녀관계의 문제점과 사회의 구조적 문제들을 지적하고자 한다.

2. 신데렐라의 불변하는 캐릭터

동서고금을 막론하고 수많은 신데렐라 이야기의 변형이 있지만 다양한 변형을 관통하는 불변하는 신데렐라의 조건들이 있다. 첫째, 착하고 마음씨가 예쁠 뿐만 아니라 자신의 필요보다 타인의 필요를 먼저 배려할 것, 둘째, 사회적 지위가 낮고 경제적으로 어려운 환경에 처해 있을 것, 그러나 자신의 환경을 좀더 나은 것으로 스스로 바꾸려는 의지가 없거나 능력을 갖추지 않을 것, 셋째는 남성들에게 매력적인 인물일 것 등이 신데렐라가 갖추어야 할 기본적 요건들이다.

「파리의 연인」의 주인공인 태영도 위와 같은 신데렐라의 조건을 갖추고 있다. 태영을 좋아하는 수혁은 많은 사람들에게 태영이 '착한 여자' '좋은 여자'라고 말한다. 착한 여자는 타인을 배려하는 마음씨를 지니고 있는 여자이다. 때로 타인을 배려하는 마음이 지나쳐 자신에게 불이익이 되는 일도 혼자서 감내하는 미덕(?)을 보인다. 한마디로 착한 여자는 자신의 욕망보다 남의 필요를 먼저 헤아릴 줄 아는 여자이다. 이와 같은 성향 때문에 여성주의자들은 종종 착한 여자가 되기를 포기하고 '나쁜 여자'가 될 것을 여성들에게 촉구하기도 한다. 착한 여자인 「파리의 연인」의 태영은 고급 옷을 차려 입은 상류층 모임에 허름한 옷차림을 하고 갔다가 여러 사람들이 보는 앞에서 모욕을 당한다. 이에 왜 자신을 당당하게 밝히지 못하느냐는 기주의 다그침에 "한기주 씨 친구라서 참은 거라구요. 이 꼴을 하고 어떻게 그래요. 저런 사람들 틈에서 어떻게 그래요. 내 자존심 세우자고 한기주 씨 망신시키는 일을 어떻게 해요"라고 말한다. 태영은 자신의 자존심보다 자기가 좋아하는 남자인 기주의 위신이 더 중요하다고 생각한다. 또한 기주와 수혁 두 사람 모두 자신을 좋아하는 것을 알고 자신 때문에 상처받을 것을 두

려워하며 "두 사람 다 아프면 안 되는데…… 나만 아프면 되지……"
라고 모든 상처를 자기가 입을 것을 결심한다. 한편 기주의 아버지인
한 회장에게 모욕적인 언사를 듣고 나서도 "회장님에게 삼류라고 말
듣고…… 내가 화를 내면 그 사람이 어떻게 될까 생각하니까 참아졌
어"라고 말하며 기주를 위해서라면 자신에게 행해진 언어폭력도 잘 참
아내는 모습을 보인다.

신데렐라의 조건 중에서 절대적으로 필요한 두 번째 조건은 낮은 사
회적 지위거나 경제적 지위, 그리고 그 상태를 벗어날 수 없는 무능력
이다. 태영은 천애고아이면서 조카와 작은 아버지까지 책임져야 하는
가장으로 등장한다. 태영이 마음씨가 착한 부자집 딸이었다면 신데렐
라 이야기는 존재하지 않는다(그리고 부잣집 딸은 드라마에서 대개 마음씨가
나쁘게 그려진다. 태영을 괴롭히는 인물인 문윤아는 남을 배려할 줄 모르고 자기
만 아는 마음씨 나쁜 부잣집 딸로 등장한다). 태영의 경제적 어려움은 상대
방 남성들로부터 연민을 자아내게 한다. 하지만 현대의 신데렐라인 태
영은 자신의 경제적 어려움을 당당하고 씩씩하게 감당하려는 겉모습
을 보인다. 경제적으로 도움을 주려는 기주에게 끝까지 돈을 벌어 갚
겠다고 공언하는 모습을 보이기도 한다. 태영의 모습은 씩씩하게 그려
져 마치 문제 해결 능력이 있는 것처럼 비쳐지지만 드라마 내내 남의
도움을 받지 않고서는 자립할 수 있는 능력이 없는 것이 태영의 진짜
모습이다.

태영이 경제적으로 어려움을 겪는 것은 그녀가 지닌 낭만적인 무능
력함 때문이라 할 수 있다. 우선 태영은 돈도 없으면서 죽은 아버지의
유언에 따라 무작정 파리로 간다. 태영은 영화에 관심이 있지만 영화
학교는 문턱에도 못 가보고 어학연수를 하는 학생으로 나온다. 방세는
석 달치나 밀려 있으며 아르바이트는 계속해서 해고되고 하숙집에서

쫓겨난 신세가 되어 우연히 기주의 집에 가정부로 취직을 한다. 하지만 가정부로서의 태영은 문제투성이다. 기주의 비서가 기주의 깔끔한 성격에 대해 주의를 주었지만 텔레비전 리모콘을 아무렇게나 두고 와이셔츠나 컵들도 정돈하지 않는 무신경함을 그대로 드러낸다. 금붕어 어항 자리 배치 및 커텐에 대해서 주제넘은 여러 가지 조언을 하며 전문적이지 못한 일솜씨를 보인다. 더욱이 그녀는 일해야 하는 시간에 주인의 목욕탕에서 함부로 거품목욕을 하고 영화를 보는 무모함까지 보인다. 그러나 드라마는 그녀의 경제적 무능력을 비판적으로 그리지 않고 무능력하기 때문에 남성의 도움이 개입되는 것을 당연하게 만들면서 사랑 이야기로 낭만화하고 있다. 또한 태영의 솔직함과 덤벙댐은 드라마에서 오히려 성격상의 매력으로 그려지고 있다. 귀국한 이후로도 태영은 수많은 직업을 전전하지만 하나도 성공하지 못하는데 이는 태영이 어떤 일을 하든지 성공할 수 있는 요인이 되는 프로페셔널리즘을 결여하고 있기 때문이다. 태영이 사보팀 직원, 메이크업 아티스트, 내레이터 모델, 세차장 직원 등 여러 가지 직업을 시도하지만 번번히 실패하는 것에서 그녀가 사회적인 일을 성공적으로 수행하는 것은 역부족이라는 것을 드러낸다. 그녀가 유일하게 성공적으로 일할 수 있었던 곳은 비숙련 노동을 요구하는 세차장이었을 뿐이다. 태영은 기주와 기주의 전처 승경이 직장을 주선해 주지 않으면 그나마 변변한 직업도 가질 수 없을 정도로 자본주의 사회에서 인정받지 못하는 노동력만을 지니고 있을 뿐이다.

무엇보다도 신데렐라는 자신의 힘으로 자신의 낮은 지위를 떨치고자 하는 의지와 능력이 결여되어 있다는 것이 많은 비판자들의 지적인데 태영도 여기서 크게 벗어나 있지 않다. 「파리의 연인」의 어록에 올라 있는 태영의 대사 "여자들은 가끔 그런 상상을 하거든요. 화려한 사람

들 틈에 나 혼자 시든 꽃처럼 앉아 있는데 어디선가 백마 탄 왕자가 나
타나 내 이름 불러 주고, 흐트러진 머리칼을 가만히 쓸어 넘겨 주는 상
상이요……"는 어려운 일을 당했을 때 남성의 도움을 무의식적으로
바라고 있는 여성 심리를 표현하고 있다. 이와 같은 대사는 태영과 기
주의 낭만적인 관계 속에서 자연스럽게 흘러나와 마치 여성들이 모두
이러한 환상을 가지고 있을 것이라는 오해를 불러일으킨다. 그러나 대
부분의 주체적인 사람들은 ―남성이건 여성이건― 어떤 위기에 봉착
했을 때 남이 도와줄 때까지 기다리지 않고 자신의 힘으로 위기를 헤
쳐 나가는 모습을 보이는 것을 볼 때 태영은 다울링이 지적하는 신데
렐라 콤플렉스를 지닌 여성으로 등장한다.

태영이 친구 같은 수혁보다는 아버지와 같은 권위와 경제력을 지닌
기주를 택하는 것은 그녀의 의존적인 성격을 확연히 드러내는 것이다.
기주가 아버지와 같은 존재임은 그가 태영을 '우리 애기'라고 부르는
호칭에서 확인할 수 있다. 반면 수혁은 한 번도 태영에게 '애기'라는
호칭을 쓰지 않으며 항상 수평적 호칭 "태영아"라고 부르고 있다. 또한
수혁은 태영이 가진 문제들을 해결해 주지 못하는데 기주는 모든 문제
를 해결해 줄 수 있다는 점이 태영이 기주를 선택하게 되는 무의식적
이유 중 하나이다. 물론 드라마에서는 그녀의 이와 같은 선택이 순수
한 사랑의 결과라고 강조하고 있지만 태영의 무의식에 잠재해 있는 의
존적인 심리구조는 아버지와 같은 기주를 선택하게끔 이미 설정되어
있는 것이다. 아버지같이 기댈 수 있는 왕자의 존재는 신데렐라를 탄
생시키는 데 필수 조건이다. 따라서 태영이 기주를 선택하는 것은 필
연적인 귀결이다. 부잣집 아들이지만 보헤미안적 성격이 짙은 수혁은
태영만큼 무기력하고 무책임한 존재로 등장하기 때문에 태영이 의존
할 수 있는 인물이 되지 못한다.

　　셋째 남성에게 매력이 있는 인물이 되어야 신데렐라의 조건이 갖춰진다. 신데렐라 동화에서 보듯이 왕자는 신데렐라에게 한눈에 반해 신데렐라와만 춤을 춘다. 신데렐라는 수많은 여성들 중에서 눈에 띄는 여성인 것이다. 하지만 「파리의 연인」에서 태영은 그리 예쁘지 않은 여성으로 그려진다. 태영을 사이에 놓고 라이벌이 되어 버린 삼촌과 조카 사이인 기주와 수혁은 태영에 대해서 "못생기고 목소리도 크고 덤벙대고 콧구멍도 크다"라고 말하면서도 흐뭇한 미소를 짓는다. 하지만 태영은 기주가 상류사회 파티에 같이 갈 파트너로 부탁할 정도의 외모를 지니고 있다는 것을 알 수 있다. 그리고 이들은 태영을 일컬어 각자 자기 눈에 예쁜 여자라고 말한다. 기주의 전처인 승경도 태영을 귀여운 여자라고 인정한다. 종합해 볼 때 태영은 빼어난 미모는 아니지만 적당한 귀여움과 솔직함을 매력을 지닌 여성으로 생각된다. 이와 같은 외적인 조건은 남성들을 매혹시키는 데 필수적인 조건인 것이다.

　　신데렐라의 아름다운 외모는 수많은 여성들에게 외모 콤플렉스에 빠지게 하는 요인이 되기도 한다. 여성의 아름다움은 창녀지만 부자 신사의 구애를 받아

한순간에 신분 상승을 할 수 있게 만들며(「프리티 우먼」), 천한 기생의 딸 신분에서 정경부인이 되는 것(「춘향전」)을 가능하게 만든다. 신데렐라 이야기를 다루고 있는 동화, 영화, 그리고 드라마들은 앞 다투어 아름답고 매력적인 외모의 여주인공이 멋진 남성을 만나 신분 상승을 하는 행복한 결말을 보여준다. 이와 같은 미디어의 재현은 많은 여성들에게 여성이라면 무조건 아름다워야 한다는 외모 강박증에 시달리게 만든다. 여성이 남성보다 압도적으로 많이 성형수술을 한다는 사실은 여성이 그만큼 외모에 대한 강박에 시달리고 있는 것을 입증하는 것이다.

3. 현대판 신데렐라의 글로벌한 무대

「파리의 연인」이 시청자들의 이목을 잡아끌 수 있었던 이유 중 하나는 파리라는 도시의 낭만적 이미지가 주는 매력을 들 수 있다. 이 드라마가 뉴욕이나 런던과 같은 도시가 아니라 파리를 배경으로 한 것은 낭만적 로맨스를 한층 부각시키는 효과를 자아낸다. 근대화가 시작된 이후 서구는 우리에게 동경의 대상이었다. 우리의 무의식 속에 서구(특히 유럽)는 물질적인 풍요와 문화적 발전이 어우러진 동경의 장소였다. 우리의 옛 것에 대한 모든 것을 전근대적인 것으로 치부하고 부정하던 근대적 시각에서 볼 때 서구는 닮아야 할 모델이고 동경의 대상이었다. 이와 같은 유럽에 대한 무의식적인 동경을 내재하고 있는 한국의 시청자들에게 그 어느 서구의 도시보다 파리라는 도시가 주는 낭만적 코노테이션은 이 드라마를 더욱 흥미진진한 것으로 만들었다. 에펠탑과 퐁네프 다리, 삐갈 거리, 몽마르뜨 언덕, 지중해의 물결이 출렁거리는 니스의 해안, 고풍스러운 멋진 캐슬, 그 안에서 벌어지는 무도회,

그리고 모든 소녀들이 낭만적으로 꿈꾸는 혼자 사는 다락방 등은 파리라는 도시와 프랑스라는 나라의 현실을 일상적으로 접할 수 없는 한국의 시청자들에게 이국적인 볼거리를 제공하고 글로벌한 현대의 조건에 맞게 신데렐라 이야기를 변형시킬 수 있는 무대를 제공한다.

현대판 신데렐라는 성이나 집안에만 갇혀 있는 것이 아니라 세계 어느 곳이라도 달려갈 수 있는 이동성을 갖추고 있다. 「파리의 연인」에서 등장하는 신데렐라인 태영은 파리로 달려가서 프랑스의 향취를 물씬 풍기는 드라마를 만들었고, 「황태자의 첫사랑」에 등장하는 신데렐라는 남태평양의 리조트로 달려가 마음껏 자신의 젊은 육체를 뽐내면서 리조트 후계자인 왕자님과 조우하는 드라마를 만들었다. 파리로 날아간 현대판 신데렐라는 프랑스 문화를 볼거리로 제공하며 옛날 신데렐라와 같은 모습을 재현한다. 신데렐라 동화에서처럼 태영은 다락방에 기거하며 비록 구박하는 의붓 엄마는 없었지만 경제적인 결핍을 해결하기 위해서 웨이트리스, 가정부 등을 전전한다. 하지만 신데렐라 동화에서 기적과 같이 재투성이 아가씨가 무도회에서 왕자님과 춤을 추었듯이 「파리의 연인」에 등장하는 신데렐라인 태영도 기주의 가정부로 일하다가 사업상 파트너가 필요했던 기주의 요청에 따라 무도회에 참석하게 된다. 유럽 고성에서의 무도회는 이국적인 볼거리를 극대화시킨다. 정략적으로 무도회에 참석하게 된 가난한 유학생 태영은 난생처음 입어 보는 드레스와 값비싼 목걸이를 하고 엄청난 재벌 2세인 기주와 황홀한 춤을 추게 된다. 니스의 무도회에서 예상치 못한 갈등을 겪고 기주가 길에 태영을 버려 두고 온 후에도 태영은 기주에게 후회하지 않는다는 이야기를 한다. 기주가 자신에게 한 무례한 행동을 애써 무시하며 태영은 자신의 능력으로는 도저히 해볼 수 없는 경험을 하게 해준 데 대해서 기주에게 고맙다고 말한다.

태영이 호기심을 가지고 프랑스를 둘러보듯이 한국의 시청자들은 파리의 상류사회에 익숙한 기주의 무관심한 시선이 아니라 가난한 유학생 태영의 호기심어린 눈을 통해서 파리와 니스를 관광한다. 한국의 시청자들은 난생 처음 구경하는 물랭루즈 쇼를 신기하게 바라다보는 태영의 눈을 빌어 물랭루즈 쇼를 관람한다. 또한 태영이 처음 타본 리무진 안에서 냉장고를 열어 보면서 신기해하는 모습에서 시청자들 또한 리무진의 내부를 호기심어린 시선으로 관찰한다. 이와 같은 텔레비전 속의 신데렐라의 글로벌한 무대는 인물 위주의 드라마에서 탈피하여 이국적인 촬영 장소를 하나의 미디어 스펙터클로 시청자들에게 제공한다. 최근 들어 해외에서 상당 분량의 촬영을 시도하는 텔레비전 드라마(예를 들면 「발리에서 생긴 일」, 「황태자의 첫사랑」, 「러브 스토리 인 하버드」, 「슬픈 연가」 등)가 증가하고 있는 추세이다. 이는 구태의연한 서사에 볼거리를 제공함으로써 시청자의 관심을 끌려는 전략으로 이와 같은 경향은 앞으로 한동안 지속될 전망이다. 더욱이 이와 같은 해외 로케이션은 막대한 제작비를 투자하는 만큼 신데렐라 이야기를 더욱 환상적으로 만드는 요소가 되기도 한다.

4. 신데렐라의 현대적 변형

과거의 신데렐라들이 유순하고 순종적인 모습을 하고 있다면 현대의 신데렐라들은 능력은 없지만 적어도 외형적으로는 당찬 모습을 보인다. 「파리의 연인」에서 태영이 "외로워도 슬퍼도 나는 안 울어"라고 캔디의 노래를 부르듯이 태영에게는 캔디의 모습이 많이 투영되어 있다. 고아이고 많은 역경을 겪지만 항상 씩씩한 태영은 수혁의 말처럼 겉으로는 웃고 있지만 속으로는 울고 있는 여자이다. 태영은 목소리도 크고 또한 덤벙대고 까먹기를 잘하는 모습을 보인다. 그리고 항상 바지와 티셔츠 차림이며 어쩌다 친구의 짧은 치마를 빌려 입고서는 매우 어색해하는 모습을 보인다. 이러한 모습은 여성적이라기보다는 중성적으로 보이기도 한다. 또한 어려운 일을 당했을 때 고개만 떨구는 모습이 아니라 자동차 회사의 소비자 상담센터에 당당하게 따지는 모습도 보이지만 문제 해결까지는 가지 못한다.

현대판 신데렐라는 자존심을 앞세우기보다는 실리를 따지는 모습도 보인다. 기주의 전처 승경이 자신의 극장에서 일하라는 제안이 다소 석연치 않은 구석이 있지만 태영은 감정보다는 현실적 선택을 하는 것이 바로 그런 면이다. 자본주의 사회를 살아가는 현대판 신데렐라인 태영은 물질적 유혹에 약한 모습을 보이고 있다. 기주가 사업상 파티에 같이 가줄 것을 요청하자 처음에는 이를 거부하던 태영은 파티복이 들어 있는 상자를 애써 무시하다가 화려한 의상의 유혹을 못 이기고 드레스를 입어 본다. 가정부인 태영은 거울 속의 자신의 아름다운 모습에 도취되어 있다가 기주와 승경이 나타나자 당황하게 된다. 태영이 부자를 노골적으로 동경하는 모습은 드라마 초반부에 분수에 동전을 던지면서 소원을 비는 것에서 적나라하게 드러난다. 그녀는 처음에는 돈벼락이나 맞게 해달라고 빌다가 그게 가능하지 않으면 돈 많은 남자 하나 보내달라고 소원을 빌게 된다. 이와 같은 소원은 기주가 뒤에 등장하게 되는 드라마의 복선을 제시한다. 그녀의 소원대로 돈벼락을 맞지 못했지만 부자 남자를 만나게 되니 말이다.

그러나 태영의 노골적인 부에 대한 선망에도 불구하고 태영이 남자의 돈을 좇는 여성이 아니라는 것이 드라마의 곳곳에서 보여진다. 약혼식장에서 많은 기자들이 태영에게 자신이 신데렐라가 아니냐고 묻자 태영은 자신의 약혼자가 돈이 많다는 것은 단지 그 사람이 키가 크거나 얼굴이 잘생겼다거나 하는 특징 중 하나일 뿐이라고 말한다. 또한 니스의 무도회를 통해 기주의 사업에 결정적으로 도움을 준 뒤 기주가 물질적으로 보답을 하려고 하자 이를 거부하는 모습을 보이기도 한다. 그리고 경제적인 곤경에 무수히 빠지면서도 부자인 기주의 도움을 받지 않겠다는 일관된 모습을 보인다. 이와 같은 모습은 태영의 심리적 모순을 반영하고 있는 것이다. 돈을 좋아하면서도 이를 노골적으로 드러내서는 안 된다는 심리적 모순이 태영에게는 내재해 있다. 이러한 심리적 모순은 태영이 기주를 선택하는 것이 돈이 목적이 아니라 순수한 사랑 때문이라는 것을 강조하기 위한 것이다. 그러나 살스비(1985)는 사랑이 어쩔 수 없는 불가항력적 감정이 아니라 매우 합리적인 사고과정의 결과라고 주장한다. 태영이 기주를 선택한 것도 이미 무의식적이지만 합리적인 선택의 결과가 아닌지 의심해 볼 일이다.

한편 태영은 무작정 기주의 선택을 기다리기보다는 기주의 감정을 시험해 보는 영리함도 지니고 있다. 기주가 아버지의 강요에 못 이겨 태영과 헤어지려고 하는 순간 태영은 일부러 수영장에 빠짐으로써 기주의 감정을 확인한다. 이와 같은 모습은 낭만적인 관계에서 수동적인 모습만으로 비춰졌던 과거의 신데렐라와 달리 적극적으로 관계의 정의를 내리려고 하는 현대판 신데렐라의 면모를 엿볼 수 있다.

5. 계급적 불평등을 은폐하는 사랑 이데올로기

수많은 신데렐라 이야기들을 어김없이 관통하는 것은 낭만적 사랑 이데올로기이다. 남녀의 환상적인 로맨스 속에서 사랑은 모든 것을 극복하는 힘을 지니는 것으로 나온다. 신데렐라 이야기에서 사랑은 왕자와 재투성이 아가씨를 맺어 주었고 백설공주 이야기에서는 운명적인 사랑을 암시하는 왕자의 입맞춤으로 죽은 백설공주가 살아났다. 「프리티 우먼」에서는 재벌 사업가와 창녀가 사랑으로 모든 것을 극복하는 모습을 보였다. 춘향전에서 춘향의 일편단심 정절과 사랑은 이 도령과의 백년가약은 물론이고 미천한 기생의 신분을 뛰어넘게 하는 원동력으로 작용하였다. 하지만 이들 신데렐라 이야기들은 남녀의 로맨틱한 결합으로 이야기를 맺고 있는데 과연 그 이후 결합한 두 남녀가 어떤 관계를 맺으며 사는가에 대한 이야기는 전혀 없다. 그저 "행복하게 잘 살았대……"라는 동화의 주술적인 마지막 구절이 많은 독자들에게 해피 엔딩이 영원히 계속될 것이라는 마술을 걸고 있는 것이다.

그러나 과연 그럴까라고 의심을 해본다면 신데렐라는 비록 귀족이긴 하였지만 하녀와 같은 생활을 해온 것이 왕자와의 결혼생활에서 지장을 주지는 않았는지 궁금해지는 부분이다. 영화 「프리티 우먼」에서 멋진 신사인 에드워드(리차드 기어)가 창녀인 비비안에게 청혼하는 것으로 끝나지만 과연 이들이 결혼에 이르렀을까 하는 부분도 미심쩍은 부분이고 결혼했다 하더라도 창녀였던 비비안의 과거와 그녀의 하층계급의 생활이 과연 상류층 결혼생활에 걸림돌이 되지는 않았을까 의심가게 한다. 분명한 것은 이들 여성들이 결혼을 했더라도 결코 남성과 대등한 관계를 맺을 수 없었을 것이라는 것이다.

신데렐라 이야기를 골간으로 한 「파리의 연인」에서도 사랑은 모든 것을 가능케 하는 것인 동시에 가슴 아프게 하는 것으로 그려지고 있다. 태영이 지닌 직업과 경제 상태로 보아서 태영은 노동자 계급과 다를 바 없는데 부르조아의 전형인 기주와 단지 사랑한다는 이유로 결합하게 된다. 태영과 기주가 계급간의 격차를 넘어서는 과정은 매우 험

난하다. 이들에게는 모든 것을 뛰어넘게 해주는 사랑이라는 매개체가 있지만 주변 사람들에게는 이것이 없기 때문이다. 따라서 기주의 아버지나 주변 사람들은 태영을 자식이 사랑하는 한 여자로 보기보다는 하층 계급의 미천한 집안에서 길러진 볼품 없는 한 천박한 여자로 볼 수밖에 없다. 현실적으로는 이와 같이 신분의 격차와 계급을 뛰어넘는 결혼이 얼마나 많은지는 매우 의심스러운 부분이며, 이는 드라마가 현실이 아닌 환상을 제공한다는 비난을 면치 못하는 이유이다.

어쨌든 사랑은 국경도 나이도 계급도 뛰어넘을 수 있다는 설정은 현대 사회에서 계급간의 결혼이 쉽지 않은 것임을 감안할 때 무리한 설정이다. 한편 이런 무리한 설정은 드라마이기 때문에 가능한 것이기도 하며 현실과 드라마가 닮은 듯하면서 다른 부분이 바로 이 부분인 것이다.「파리의 연인」에서 기주와 수혁은 무조건적 사랑으로 태영의 보잘것 없는 존재를 감싸안는다. 기주와 수혁은 어깨에 많은 짐을 짊어진 태영에게 연민과 사랑을 느낀다. 하지만 어려운 상황에서도 태영은 남을 돌보는 따뜻한 심성을 가진 것으로 그려진다. 가정부로 들어간 기주의 집의 곳곳에 포스트잇을 붙여 놓고 기주에게 자질구레한 정을 느끼게 한다. 사소한 정을 받아 보지 못한 기주는 이와 같은 행동을 의아해하면서도 이를 다 모아놓음으로써 이를 소중히 여기는 것으로 그려진다. 물질적으로 가진 것은 없지만 마음만은 따뜻한 태영과 물질적으로는 많은 것을 가졌지만 한 번도 남에게 따뜻한 정을 느껴 보지 못한 기주의 사랑은 서로의 결핍을 메꿔 주는 필연적인 것이다. 하지만 이들의 물질적 결핍과 정서적 결핍이 대등한 상호교환을 하는가는 매우 의심스러운 부분이다.

과연 사랑에 빠진 남녀관계가 사랑으로 인해 평등해지는가라는 질문을 해보았을 때 경제적 불평등의 요소가 관계적 불평등을 야기한다는 것을 「파리의 연인」에서도 알 수 있다. 약혼식을 한 기주와 태영은 기주의 제안으로 태영이 가정부가 되는 계약서를 다시 쓰게 된다. 물론 이와 같은 제안은 같이 있고 싶다는 기주의 완곡한 표현이겠지만 태영은 행복한(?) 가정부로서 청소, 빨래, 요리를 하게 된다. 태영이 부잣집 딸이었다면 이와 같은 관계가 성립되었을까가 의심스럽다. 만약 기주가 문윤아를 선택했다면 과연 그녀에게도 자신의 가정부가 되어 달라고 할 수 있었을까 의심스럽다. 이와 같은 남녀 간의 경제적 불균형 때문에 일찍이 엥겔스는 부르조아의 결혼이 매춘이라고까지 극단적으로 표현하였다(통, 1999). 태영이 가정부로 들어가면서 계약서를 쓰는 설정에서 여성이 자신보다 경제력이 나은 남성과 결혼하면서 얻게 되는 경제력과 신분 상승을 자신의 노동과 주체성과 교환하는 것으로 읽을 수 있다. 「파리의 연인」에서 영화에 대한 애틋한 감정을 지닌 태영이 영화배우가 될 것도 생각해 보고 있다고 하자 기주는 농담처럼 '거울도 안 보나'라고 말하면서 일언지하에 그녀의 희망을 꺾어 버린다. 기주와 태영의 관계에서 태영은 기주가 결정해 주는 대로 자신의 행로의 방향을 정하는 모습을 보인다. 기주는 태영에게 영화배우 대신 자신의 가정부가 될 것을 제안한다. 태영도 이와 같은 기주의 행동에 대해 이견을 달지 않는다. 기주의 가정부가 되는 것을 행복해하며 빨래와 요리를 하는 태영의 모습에는 많은 여성들이 가사일과 자기 발전을 위한 삶과 교환하면서 느끼는 젠더적 불평등은 은폐되어 있으며 단지 사랑하는 남자를 위해서 보살핌을 줄 수 있어 행복해하는 여성의 모습만 투사되어 있을 뿐이다. 이와 같은 설정은 과거 여성들이 현모양처를 꿈꾸면서 남편과 자식에게 희생과 봉사로 헌신하던 것과 별반 다르지 않다. 특히 극중 태영처럼 무엇을 할 것인가 혹은 무엇이 될 것인가에 대한 뚜렷한 목표의식이 없는 여성에게는 타인에 의해서 제시된 삶의 목표는 복잡한 자기성찰의 수고를 덜어 주는 고마운 것일 수도 있는 것이다. 드라마에서는 태영의 이러한 모습이 매우 행복하게 그려지지만 결혼보다 자기 발전을 선호하는 수많은 현대의 젊은 여성의 모습과는 매우 동떨어진 것이다.

한편 가부장적 사회에서 여성은 종종 남성의 소유물로 표현된다. 이와 같은 경향은 「파리의 연인」에서도 나타난다. 특히 기주와 수혁의 사랑의 대상이 된 태영은 두 남자가 독점하고 싶은 소유물로 표현된다. 수혁은 태영에게 "남자가 스무 살이 되면 갖고 싶은 게 있어, 내 일, 내 차, 내 여자"라고 말하면서 넌지시 태영이 자기의 여자임을 암시한다. 특히 수혁에게 삼촌인 기주는 아버지와 같은 존재로 자신의 사랑의 대상인 엄마를 독점해 왔던 인물로서 선망과 원망의 대상이다. 기주에게 모든 것을 항상 양보하며 살아온 수혁은 태영만은 자신이 먼저 차지하겠다는 욕망에 불타게 된다.

　　그러나 기주와 수혁이 어떤 방식으로 태영을 사랑하건 간에 이들의
대사는 태영을 하나의 독립적인 주체로 보기보다는 가지고 싶은 소유
물, 모든 것을 올인하고 싶게 만드는 금기의 소유물로 태영을 바라다
보고 있다는 것을 드러낸다. 수혁은 기주에게 "나 태영이 좋아해. 나
살면서 삼촌한데 참 많은 것 뺏기고 살았어. 엄마도 회사도 다 삼촌이
가졌잖아. 하지만 태영이만큼은 안 빼앗기고 싶어. 가진 것도 지킬 것
도 태영이 하나야……"라고 말하지만 기주는 수혁에게 "니 말대로 나
가진 거 많다. 겉으로 보기에. 그러나 다른 거 다 포기하고 하나만 가
지라면 강태영 하나 가질 거다"라고 대답하여 수혁을 절망으로 빠지게
한다. 더욱이 아버지와 같은 존재였던 기주가 자신을 잃더라도 태영을
택할 것이냐는 수혁의 물음에 그렇다고 답하자 수혁의 절망은 극에 달
하게 된다.

　　「파리의 연인」에서 여성만이 항상 남성의 소유물로 그려지는 것은
아니다. 극중 국회의원의 딸로 나오는 문윤아는 자신의 동창생 태영에
게 사랑을 느끼는 한기주를 열망하면서 "나 한기주 가지고 싶어서 아
무것도 안 보여요"라고 말한다. 물질적 소유가 많은 사람들은 남자건
여자건 간에 사랑하는 사람을 소유하는 대상으로 인식하는 경향이 있
다는 것을 알 수 있다. 그러나 태영은 한번도 기주를 가지고 싶다는 표
현을 사용하지 않으며 기주가 수혁의 형임을 알고 떠나겠다는 결심을
하면서 사랑한다고 말할 뿐이다. 태영과 기주의 관계에서 보듯이 남성
중심적 자본주의 사회에서 경제적 위치가 높은 남성은 여성을 소유 대
상으로 자연스럽게 표현한다. 그러나 경제적 위치가 낮은 여성은 자신
이 상대방을 소유한다는 생각보다는 자기보다 경제적 위치가 높은 상
대방에 의해서 소유되고자 하는 욕망을 드러낸다.

6. 환타지로서 「파리의 연인」

　「파리의 연인」이 문제가 많은 신데렐라 콤플렉스를 서사의 줄거리로 제공하며 남녀간의 불평등을 사랑이라는 이름으로 은폐하고 있음에도 불구하고 이 드라마는 수많은 시청자들에게 사랑을 받았다. 그 이유로 이 이야기가 주는 환타지로서의 기능을 무시할 수 없을 것이다. 현실이 고단하면 할수록 환타지의 진가는 빛을 발하게 된다. 이에 대해 미국의 인기 텔레비전 드라마 「달라스」의 수용자들을 연구했던 이엔 앙은(많은 여성 시청자들이 수 엘렌과 동일시하는 것을 언급하며) "여기서 핵심은 환타지이다. 정신분석학 이론에 따르면 환타지는 단순한 환영이나 비현실로 이해되어서는 안 되며 그 자체를 인간 존재의 근본적인 측면 즉 심리적 실재와 관련된 필수불가결한 차원으로서 이해해야 한다. 환타지는 환상적으로 이루어지는 사물을 옹호하는 상상적 장면으로 구성되고 거기에서는 주인공의 실생활을 대체할 수 있는 대안적 시나리오가 제시된다. (…) 환타지에서 오는 즐거움은 실생활에서는 얻을 수 없는 지위를 등장인물이 차지할 수 있는 기회를 제공하는 데서 나온다"(이엔 앙, 2002, 120쪽)고 주장한다. 더 나아가 레슬리 스턴은 "만족감은 환타지를 실현시키는 것에서 나오는 것이 아니라 그 자체를 환상화하는 것에서 나온다"라고 주장하였다(이엔 앙, 2002, 120쪽에서 재인용). 이엔 앙과 레슬리 스턴은 환타지로서의 드라마가 수용자에게 주는 순기능적 기능을 지적하고 있다.

　이들의 논의를 따르자면 「파리의 연인」의 시청자들도 드라마 속의 환타지와 현실을 구별하며 환타지로서 「파리의 연인」을 즐겼다고 생각된다. 가난한 유학생 태영이 고급 드레스를 입고 현대판 왕자인 재벌 2세와 멋진 유럽의 고성에서 춤을 춘다는 설정은 평범한 시청자들은 도

저히 상상할 수 없는 환상이다. 시청자들은 재벌 2세의 입장에서가 아니라 가난한 유학생 태영의 입장에서 유럽의 고성에 감탄하고 파리의 물랭루즈 쇼를 신기하게 바라다보는 대리만족을 느끼는 것이다. 시청자들은 자신의 직접 경험에서 온 현실적 만족과 드라마를 통한 대리만족의 차이를 충분히 인식하고 있을 것이다. 이엔 앙은 드라마가 대리만족의 안전한 공간을 제공해 주는 역할에 대해 "일상생활에서 멜로드라마적 정체성을 탐닉하는 것은 병리적인 나약함을 강화시키고 마비효과를 불러올 수도 있지만 환상과 픽션은 개인이 그 결과에 고통을 담당하지 않고 마음껏 멜로 드라마적으로 될 수 있는 안전한 공간을 구성해 준다(2002, 124쪽)"고 지적하고 있다.

대부분의 시청자들은 드라마를 통한 대리만족과 현실과의 괴리를 충분히 인식하고 있지만 일부 시청자들은 드라마적 허구와 현실을 혼동하는 우를 범하기도 한다. 2004년 9월 4일 신데렐라 콤플렉스에 관한 내용을 방영한 SBS의 「그것이 알고 싶다」에서는 현실 속의 여성이 드라마 속의 신데렐라처럼 되기 위해 자행하는 각종 행태들을 고발하고 있다. 이들은 자신들이 원하는 남성들을 만나기 위해 고급 사교 모임에 나간다거나 명품을 무리해서 산다거나 성형수술도 마다하지 않는 모습을 보인다. 이들이 이런 일들을 자행하는 이유는 행여나 운이 좋아 돈 많고 멋진 남성을 만나서 결혼하게 되면 평생 여유롭게 살 수 있으리라는 환상에 가까운 희망 때문이다. 「파리의 연인」과 같은 드라마는 이들에게는 환상이 아니라 부러운 현실인 것이다.

7. 나가면서

「파리의 연인」과 같은 신데렐라 이야기는 가부장적 사회가 존재하는
한 지속적으로 등장할 것이다.「파리의 연인」을 통해 본 텔레비전 드라
마는 사람은 바뀌지 않는데 의상만 바꿔 입는 양상을 보이고 있다. 영
화나 텔레비전 드라마에 대한 선행 연구들은 이미 수 차례 신데렐라 콤
플렉스에 대해 비판적으로 지적한 바가 있다(김명혜 · 김훈순 1996, 김훈순,
김명혜 1996, 김명혜 2000, 래드너 1995 등). 신데렐라 콤플렉스에 대한 지
속적인 비판에도 불구하고 여전히 신데렐라 이야기는 드라마의 반복되
는 서사의 줄기를 제공하고 있다는 사실이 놀라울 뿐이다. 물론 같은
서사를 어떻게 다르게 포장하느냐에 따라서 수용자들의 호응이 달라지
게 된다. 그렇기 때문에 과거의 신데렐라 이야기에 시청자들이 요구하
는 현대적인 요소를 가미하는 것은 필수적이다. 그런 면에서 「파리의
연인」은 전형적인 신데렐라 이야기 구조에 글로벌한 감각의 공간 설정
을 통해 시청자들에게 스펙터클을 제공하며, 주인공 캐릭터를 표면적
인 씩씩함으로 변형하는 방식으로 식상한 소재의 한계를 극복하고 시
청자를 흡인하는 전략을 사용한다.

신데렐라 스토리가 인기가 있는 것은 여성에게는 젠더적 불평등한
현실을 잊게 해주는 환타지로서의 역할을 수행하고 남성들에게는 경
제적인 공급자로서 여성의 복종을 얻을 수 있다는 약속을 제공하기 때
문이다. 따라서 신데렐라 스토리에는 남성과 여성의 이중적인 욕망이
뒤얽혀 있다. 이와 같은 남성 욕망과 여성 욕망의 이중주는 가부장적
이데올로기를 유지하고 극대화하는 결과를 가져온다. 가부장적 사회
에서 여성성은 일종의 교환기호이다. 여성들은 자신의 외모, 순종적
마음씨를 신분 상승, 경제력, 남성의 보호와 교환한다. 얼핏 보기에 이

와 같은 교환에서 더 이익을 얻는 사람들은 신데렐라인 여성들처럼 보인다. 그러나 신데렐라의 사회적 재생산은 남성에게 여성을 종속시키고 가부장적 질서를 공고히 하는 결과를 가져온다는 점에서 남성의 욕망에 봉사하고 있다. 신데렐라의 행진이 지속되어서는 안 되는 이유는 신데렐라 콤플렉스가 여성이 지닌 잠재적인 발전 가능성을 사장시키고 남성에 의한 여성의 종속을 영구화하기 때문이다.

한편 신데렐라가 되기를 꿈꾸는 여성은 자신이 무엇을 잃는지 분명히 따져 보아야 할 것이다. 자신의 주체성과 물질적 풍요를 교환하는 것이 나쁘지 않다고 여기는 수많은 신데렐라들은 주체성이 결여된 경제적 신분 상승이 주는 공허함을 곧 깨닫게 된다. 현실에서 재벌가의 자제들과 결혼하는 소위 신데렐라로 칭해지는 인기 여성 연예인들은 행복하게 결혼생활을 지속하기보다는 결혼생활을 이혼으로 끝내는 경우가 많았다. 그럼에도 불구하고 여성이 자신의 주체성을 담보로 하여 경제적 안온함을 추구하는 것은 그동안의 경제적, 사회적 상황이 여성에게 전혀 유리하지 않게 작용했기 때문일 것이다. 현재 침체된 경제 상황으로 여성 취업의 문이 좁아진 것도 많은 여성들이 신데렐라가 되고 싶어하는 이유 중 하나일 것이다. 그렇다면 신데렐라 콤플렉스는 일종의 생존 전략이다. 하지만 이러한 생존 전략은 현실적으로 그다지 실효성이 없다고 여겨지는데 여성들이 꿈꾸는 왕자가 존재하기에는 청년 실업이 우려할 정도로 늘어나고 있는 현재의 경제 상황이 매우 부정적이기 때문이다.

우리 사회는 신데렐라 콤플렉스에 대해 여성을 우선적으로 탓하는 경향이 있다. 하지만 과연 이것이 여성만의 문제인가? 신데렐라 콤플렉스는 여성 스스로의 내면적인 문제라기보다는 그동안 만연해 왔던 사회의 구조적 불평등이 여성을 무기력한 존재로 만들었음을 보여주는 예이다. 여성들이 신데렐라 이야기에 열광하는 이유는 사회적으로 홀로 서기가 만만치 않은 현실적 벽에 봉착하기 때문이다. 손쉽게 신분 상승과 경제적 문제를 해결할 수 있는 방법으로서의 신데렐라 콤플렉스는 부정적인 자기실현의 한 방법이다. 이에 여성주의자들은 주체성을 담보로 한 신데렐라 콤플렉스를 신랄하게 비난한다.

　많은 여성들은 신데렐라 콤플렉스를 가지고 있더라도 사회적으로 비난받는 분위기로 인해 자신이 이와 같은 환상을 지니고 있다는 것을 인정하기를 두려워한다. 여성들은 자신과의 전쟁을 치르고 있다. 여성들은 신데렐라 콤플렉스를 극복하기 위해서 주체성을 지녀야 하고 이를 자신의 삶에서 구현해야만 한다. 그러나 우리 사회에서 강한 주체

성을 지닌 여성들은 종종 '나쁜 여자'로 낙인찍히기 일쑤이며 남성들로부터 배척당하곤 한다. 여성들은 자주 딜레마에 빠진다. 착한 여자가 된다면 주체적인 여성이 되기를 촉구하는 여성주의자들로부터 비난을 받을 것이며 자기주장이 강한 여성이 된다면 가부장적 사회의 부정적인 시선을 받게 되는 것이다. 이와 같은 이분법적인 여성상을 극복할 수 있는 긍정적인 여성상을 제시하는 것도 여성계와 미디어가 고심해야 할 부분이다.

앞으로도 「파리의 연인」처럼 미

디어 스펙터클로 포장한 구태의연한 남녀관계, 특히 신데렐라 콤플렉스를 다루는 드라마는 지속적으로 등장할 것이다. 드라마는 전통적으로 여성적 장르이며, 더구나 「파리의 연인」과 같은 드라마는 중년 여성보다는 결혼에 대한 현실적 경험이 없는 저연령층 미혼 여성의 흥미를 더 끈다는 점에서 비판적 경계의 날을 더 세워야 할 필요가 있다. 이런 드라마에 누적적으로 노출되는 젊은 여성들이 드라마를 통해서 결혼과 사랑에 대해 바람직하지 못한 환상을 가지게 되는 것은 위험한 일이기 때문이다. 지금까지는 텔레비전이 환상을 제공하는 매체였지만 사회적 학습까지 제공할 수 있는 매체가 되기 위해서라면 비록 현실이 남루하고 비참하다 할지라도 이를 좀더 사실적으로 반영할 필요가 있지 않을까?

김명혜 (2000). 텔레비전 드라마의 속의 로맨스 : 관성과 변화 사이에서. 『여/성이론』. 2호 pp.208~227.

김명혜, 김훈순 (1996). 여성이미지의 정치적 함의. 『한국언론학보』. 제38호, pp.203~245.

김훈순, 김명혜 (1996). 텔레비전 드라마의 가부장적 서사전략. 『언론과 사회』. 제12호. pp.6~50.

다울링, 콜레트 (1988). 『신데렐라 콤플렉스』. 홍수원 역. 우아당. 래드너, 힐러리 (1995). 『프리티 우먼』: 자유기업과 결혼 플롯. 『시네-페미니즘, 대중영화 꼼꼼히 읽기』. 김소영 편, 과학과 사상.

살스비, J. (1995). 『낭만적 사랑과 사회』. 민음사.

앙, 이엔 (2002). 멜로드라마에 나타나는 정체성. 『텔레비전과 여성문화』. 메리 엘렌 브라운 편, 김선남과 안홍엽 역. 한울아카데미, pp.107~126.

통, 로즈마리 (1999). 『페미니즘 사상: 종합적 접근』. 이소영 역. 한신문화사.

Zipes, Jack. (1997). *Happily Ever After: Fairy Tales, Children and the Culture Industry*. New York: Routledge.

「대장금」이 보여준 여성 드라마의 새 가능성[1]

오정연(『씨네21』 기자)

MBC 드라마 「대장금」이 인기리에 종영했다. 시청률과 평판 측면에서 몇 손가락 안에 꼽힐 이 드라마는 몇 가지 익숙한 코드와 함께 적잖은 새로움과 중요한 생각거리들을 제시해 주었다. 그 모든 유의미한 지점들을 열거하는 대신 가장 주목할 만한 한 가지 측면에 간결하게 집중해 보기로 한다. 그것은 여성성의 본질과 여성적 관계의 문제다. 「대장금」은 그동안 여성주의와는 대척점에 있는 것으로 재현되었던 사극이라는 장르 안에서, 그리고 조선시대의 궁궐이라는 시공간 안에서 달성된 유려하고 대중적인 버전의 여성주의 드라마로 기록될 것이다.

「대장금」의 인기 비결은 한두 가지가 아니다. 탄탄한 구성, 만화적 상상력, 빛나는 조연, 매력적인 악인, 색다른 형식 등 당장 생각나는 것만도 줄을 선다. 그러나 「대장금」이 「대망」이나 「다모」 등 여타의 새로운 형태의 사극으로 불렸던 작품들에 비해 「대장금」만의 미덕으로

1) 이 글은 『씨네 21』, 2004년 3월 19일자에 수록된 기사이다.

내세울 수 있는 부분을 짚어내는 것은 의외로 쉬워진다. 사극으로서는 보기 드물게 여성 작가가 집필하고, 한 여성의 성공을 색다른 방식으로 조망하고 있는, 악역부터 현인까지 다채로운 여성 캐릭터의 경합장으로 불릴 만한 이 드라마가 부각시키고 있는 것은, 바로 새로운 여성 드라마의 어떤 가능성이다.

"전 지금 이 일이라도 하지 않으면 정신을 놓게 됩니다. 나으리께서는 희망이 없어야 편하실지 몰라도 저는 안 되겠습니다. 풀 한 포기, 약초 한 포기, 자라는 것에라도 희망을 걸어야겠습니다."

— 장금의 대사 중

비단 풀 한 포기뿐이겠는가. 제대로 된 물 한 잔을 준비하는 것, 임금

의 점심을 제 시간에 준비하는 것, 최고의 디저트를 내놓는 것, 용기를 내어 시침을 하는 것, 의녀 시험에서 합격하는 것 등 온갖 크고 작은 미션들이 도처에 널려 있고, 장금은 마치 시야를 한정시켜 버린 경주마처럼 매 순간 집중할 수 있는 단 하나의 목표를 삶의 의미로 삼는다. 이 모든 단기 목표들은 하나의 궁극적 목표로 귀결된다. 궁에 들어가서 최고 상궁이 되는 것, 그리하여 어머니의 억울함을 알리는 것. 장금의 단 하나의 목표는 드라마의 종영을 한 달도 채 안 남겨둔 시점에서야 이루어졌다.

그런데 그 목표의 일환인, 어머니를 해한 세력에 대한 복수가 예사롭지 않다. 장금은 단기 목표를 통해 성장하면서 자신도 모르는 새 장기적인 일생의 목표에 가까워진다. 가깝게는 최 상궁 일가로부터 멀리는 조정의 보수세력까지 어지럽게 얽혀 있어 실마리를 찾기 힘든 복수가 '그냥 열심히' 실력을 쌓다 보니 점점 가능한 일이 되어간다. 그리고 이 과정에서 장금의 복수극은 성공기로 변모한다. 계속해서 닥쳐 오는 각종 위기에 맞서다 보니 어느새 많은 덕목을 갖추게 되고, 성공의 와중에 복수는 자연스럽게 완성되는 식이다. 그 안에서 악인들은 스스로의 한계로 인해 자멸해 간다. 악인들에게 계속해서 기회를 주고 진심으로 비는 용서만을 요구하는 장금의 방식은, 보통의 드라마에서 보이는 집요하고 유치한 여성들의 복수나 폭력적이고 일방적인 남성들의 복수와는 분명히 다르다. 이것은 모두, 장금이 진짜 실력을 가졌기에 가능한 일이다. '진짜 실력'이라는 것은 일반적인 현대극 속의 캔디 캐릭터 여자 주인공도 갖지 못한 보기 드문 설정이다.

"옥사에서 내내 괜히 그랬다, 후회했습니다. 서 나인께서 잘못되실까, 후회했습니다. (…) 하나 서 나인은 해내십니다. 매번 해내십니다. 그게 저를 힘들게 합니다."

— 민정호의 대사 중

「대장금」 속에서 장금과 민정호의 대사들은 일반적인 영화나 드라마에서 주고받는 남녀 대사의 역할바꾸기 버전이다. 초반 민정호의 어정쩡한 위치와 캐릭터의 주변성은 적잖은 당혹감을 불러일으켰지만, 거칠 것 없는 장금의 복수극을 완벽하게 외조하는 민정호의 역할이 이제는 제법 눈에 익었고 그 역할바꾸기는 한편으로 또 다른 재미가 되었다. 나름대로 대하사극의 남자 주인공이었던 민정호가 이렇게까지 된 것은 목표로서의 복수는 주변으로 밀려나고 어느새 장인의 경지에 오른 장금에게 있어 이성에 대한 사랑은 우선 순위가 될 수 없기 때문이다. 몇 년 동안 애틋한 마음을 품었던 민정호와 장금의 사이에는 몇 번의 포옹만이 있었을 뿐이고 닭살스런 사랑의 대화 역시 드라마가 종영을 향해 달려가고 있을 무렵까지는 꿈도 못 꿀 일이었다. 제주도에서 의녀 수련을 통해 다시 궁으로 돌아가겠다는 장금에게, 복수의 성공을 기원하면서도 차마 함께 남아 오붓한 여생을 보내자는 말은 꺼내지 못하는 민정호의 멀뚱한 미소가 답답해 보이지만 어쩌겠는가. 그의 일생을 건 애틋한 사랑이 아무쪼록 드라마의 마지막에는 결실을 이룰 수 있기를 간절히 기원해 볼 뿐이다. 이몽룡이 장원급제하여 돌아와 주기만을 기다리는 춘향의 바람이 이루어지기를 바라는 딱 그만큼.

"나는 너처럼 완벽한 재능을 갖지도 못했고, 완벽한 열심을 갖지도 못했고, 완벽한 연정을 받지도 못했고……."

— 금영의 대사 중

숙명적으로 악역이 될 수밖에 없었던, 자신의 재능과 노력으로 그 숙명을 극복하려 했으나, 결국은 평범한 악인으로 남을 수밖에 없었던 장금의 영원한 라이벌, 금영의 대사들은 마치 살리에르의 절규처럼 일반인들의 공감을 불러일으킨다. 대대로 이어진 최고 상궁 집안의 전통을 이어받기 위해 악인을 자처하는 금영과 최 상궁은 「대장금」을 더욱 풍부한 텍스트로 만들어 준다. 금영은 처음이자 마지막으로 민정호에게 음식을 올리면서 이렇게 속내를 드러낸다. "사람의 마음이란 것이 참으로 요밍스런 깃이라 안 된다 할수록 더욱 불덩이가 되더이다 (…) 그렇게 저는 오랜 번민을 끝내려 합니다. 마음 한번 주시지 않으니 미움이 커서 끝내려 합니다." 이처럼 절절한 금영의 사후적 고백은, 어떤 면에서 장금보다도 사랑에 목을 매는 이 악역을 가장 현실적으로 다가오게 만들었고, 장금에 대한 그의 지울 수 없는 증오에 더욱 설득력을 부여했다. 그러나 금영 역시 사랑을 위해 자신의 모든 것을 버리지는 않는다. 그녀에게도 가장 중요한 것은, 어쨌든 자신의 커리어를 완성하고, 순수함을 버려 가면서까지 얻었던 자신의 자리를 지키는 것이었기 때문이다.

이렇듯 풍부한 배경과 이유를 지닌 금영에 비해 최판술이나 오겸호 대감, 내의정 등은 일면 평범해 보인다. 최판술이나 오겸호는 그저 자신의 이익을 챙기기에 급급한 관료에 불과하고, 내의정은 모자라는 능력으로 자신의 자리와 권위를 지키는 것에만 관심이 있는 별볼일 없는 사내다. 그러니까 우리가 흔히 보아 온 사극에서 중요시했던, 조정의 권력관계를 둘러싼 암투에 집중하는 이들 남성 악역들은 정말 지루하기 짝이 없는 재미없는 사람들이 되어 버린 것이다. 자신의 집안을 지키기 위해 사랑을 버리는 금영과 몰락한 집안을 구하고 살아남기 위해 몸부림치는 열이 의녀는 그에 비해 얼마나 절실하고 현실적인가. 끝내

몰락해 가는 그들의 최후가 못내 안타까운 것은, 그들이 평범한 우리 모두의 상황을 대변하고 있기 때문이다. 천재 소녀 장금의 성공기를 든든하게 받쳐 주는 것은 결국 비범하지 못하여 슬픈 그들 여성 악역들의 인간적인 고뇌의 모습들이다.

"장금아. 사람들이 너를 오해하는 게 있다. 니 능력은 뛰어난 것에 있는 것이 아니다. 쉬지 않고 가는 데 있어. 모두가 그만두는 때에 눈을 동그랗게 뜨고 다시 시작하는 것. 그러니 얼마나 힘이 들겠어."

— 한 상궁의 대사 중

유일무이한 목표에 정진하는 노력형 천재의 이야기를 다룬 사극에서 유난히 스승과 제자의 관계가 부각되는 것은 당연한 이야기. 한 상궁이나 수의녀 장덕, 신 주부와 정 주부 등 장금 역시 만만찮은 스승 복을 자랑한다. 그러나 한 상궁, 장덕과 장금의 경우는 평범한 스승과 제자의 관계로는 설명하기 힘들다. 특정 분야의 전문지식뿐 아니라 삶의 태도와 방식까지 관여하면서 조언을 한다는 점에서 그들은 일종의 멘토링 관계를 맺고 있다고 보아도 좋을 것이다. 비록 장금의 수라간 나인 시절이 예정보다 길어지면서 제주도에서 수의녀와 장금이 맺는 관계와 유대감이 상대적으로 낮은 비중으로 처리되었지만 한 상궁과 장덕은 엄연히 각기 다른 형태의 매력적인 멘토를 대변한다. 한 상궁은 장금에게 어머니와 같은 존재로서 삶의 의미를 되새기게 해주는 사람이다. 반면 장덕은 다소 무뚝뚝하지만 속정 깊은 담임처럼, 내색하고 있지 않다가 중요한 순간이면 언제나 힘이 되어 준다. 양쪽 모두 장금이 목표하는 복수를 이해하고 진심으로 응원하는 몇 안 되는 사람들이다. 모두가 복수는 그만두고 편한 길을 가라할 때, 혹은 의술을 행하는 자가 사사로이 복수심을 키워서는 안 된다는 모범 답안 같은 조언을 하고 있을 때, 한 상궁은 장금에게 다시 궁으로 돌아가서 자신의 한을 풀어 달라는 부탁을 하면서 죽어 갔고, 장덕은 장금과 비슷한 고민에 빠지게 된 자신의 상황을 말하면서 선택은 각자의 몫이라고 담담히 말한다. 이로 인해 각각의 현명한 여성 멘토들은 「허준」에서 유의태가 보여준 휴머니즘이나 살신성인을 넘어 진정성을 획득한다.

물론 신 주부와 정 주부 역시 장금의 성장에 중요한 모멘텀을 제공해 주는, 명실상부한 스승의 위치를 고수하고 있다. 정 주부는 미각을 잃어버린 장금을 치료해 주었고, 최초로 약초의 세계에 눈을 뜨게 해준다. 신 주부는 장금의 의녀 수련을 담당하면서, 의술을 행하는 자가 잊지 말아야 할 가장 중요한 덕목이 '단정하지 않고 교만하지 않는 것'임을 일깨워 준다. 그러나 그들은 남성들이다. 자신의 인생을 걸고 끝내 장금을 이해하는 경지에는 이르지 못한다. 따라서 내의원에서 장금이 위기에 처해 있을 때도 그들은 장금을 믿지 못한다. 사실 이것은 일정 부분 남성과 여성의 의사소통 방식의 차이를 드러내는 지점이다. 남성들은 대화를 통해 해결책을 제시해 주고 대안을 얻어야 한다고 믿지만 여성들이 대화를 통해 기대하는 것은 대안이 아닌 공감이다. 일단 공감이 이루어지면 이후 해결책은 자연스럽게 도출되게 마련이다.

"모든 것을 너에게 걸어야 한다. 중전이라는 이 자리를 걸어야 해. 니 마음을 믿는다. 또한 니 말도 믿는다. 하나 마음이나 말이 니 재주나 실력은 아니다. 그래도 내가 너를 믿어야 하느냐?"

— 중전의 대사 중

이렇게 해서 '한낱' 의녀가 쟁쟁한 내의원들을 뒤에 한줄로 앉혀놓고

임금을 손수 진맥하는 장면에서 여성적 파트너십의 힘은 극대화된다. 의식을 잃은 임금은 누워 있고, 의녀의 후원자인 중전이 이 모든 과정을 관전한다. 그리고 그뒤로 체통 있는 조정의 대신들이 즐비하게 앉아 있다. 이 모든 상황이 풀숏으로 제시되는데 그 전복의 쾌감이 상당하다.

"우린 친구 아이가"로 대변되는 남자들의 우정이, 좋게 말해서 이심 전심으로 통하는 말이 필요없는 관계라면 여자들의 우정은 말로 표현하고 현실적인 도움이 필수적이다. "장금아 나도 데려가줘. 나도 같이 갈래, 장금아." 언제나 눈물을 글썽이며 말하는 연생의 애틋한 대사들은 헤어지는 연인을 향한 것이 아니다. 그 애틋함은 장금을 향하고 있다. 그리고 연생은 임금을 지아비로 모시고, 임신을 한 이후에도 변하지 않음으로써 그 진심을 증명했다. 언제나 자신에게 매달리는 연생을 보살피는 장금과, 후궁이 된 뒤에도 변함없이 장금을 후원하는 연생의 관계는 임금이나 민정호가 그들과 맺는 관계와는 비교할 수 없을 만큼 간절하다. 또한 장금이 의녀 수련 기간 만난 신비의 경우, 연생처럼 애틋하진 않지만 장금의 순발력과 판단력을 자신의 통찰력과 지구력으로 보완하면서 서로를 후원하는 든든한 조력자 역할을 한다. 그간 드라마에서 이처럼 본격적으로 사심없이 여성들의 연대를 다룬 경우는 흔치 않았다. 따라서 그녀들의 연대에 진심으로 박수를 보내고 싶은 것은, 레즈비언 코드를 읽지 못한다 하더라도 누구나 느끼는 심정일 것이다.

그렇다면 후반부에 돋보이는 중전과 장금의 관계는 어떤가. 중전이 병상의 임금을 내신하여 장금에게 비밀 프로젝트를 맡길 때, 장금이 숱한 남자 의원들을 두고 임금을 직접 시료하겠다고 말할 때, 우리는 서로의 운명을 걸고 신뢰하는 자의 모습을 본다. 여태껏 드라마에서 웬만한 남성들끼리도 가지지 못했던 믿음이 드러나는 순간이다. 때문에 마찬가지로 자신의 모든 것을 걸고 장금을 도왔던 민정호는 오히려 빛을 발하지 못한 채 그렇고 그런 사랑의 감정에 기반한 것처럼 여겨지는 것도 무리가 아니다. 그간 사극 속에서 중전은 각종 권모술수를 '뒤에서' 종용하는 요부이거나, 모든 것을 희생하고 포용하려는 국모로 그려져 왔기에, 스스로 정치적 선택을 하고 책임을 지려했던 한 인간으로 제시되는 「대장금」의 중전 캐릭터는 더욱 흥미롭다.

일종의 복수스릴러로 돌변한 후반부에 비하여, 장금의 수라간 생활을 그렸던 전반부는 온갖 사사로운 일들의 중요성을 우리에게 일깨워 주었다. 먹고 마시는 일의 중함은 거의 종교의 수준으로 승화되었고, 종종걸음으로 궁궐 안을 돌아다니는 궁녀들은 그 어떤 사대부들보다도 중요한 일을 하고 있는 인물들로 그려진다. 장금을 따라 속도감 있게 보여지는 수평 트래킹의 빈번한 사용은 현대극 속의 전문직 여성을 그리는 방식과 다르지 않았고, 그동안 사극에서 선보이지 않았던 궁궐 안 모습이 새로운 시점에서 등장했다. 익숙하게 변주되던 조정이나 각각의 전각내의 모습들이 다르게 제시됨은 물론이고 상궁의 처소처럼 아무도 궁금하게 여기지 않았던 장소들이 드러나기 시작했다. 완전히 감추어져 있었던 그러나 사실 궁궐 안의 모든 일을 가능케 했던 또 다른 이면이 비로소 조명되기에 이른 것이다. 이것을, 조정의 정치라는 상부구조를 뒷받침하던 각종 하부구조들이 드러나는 것이라고 본다면 지나친 오버일까. 어쨌든 사사로움을 다루는 특별한 형식으로, 눈에 핏대를 세우는 여인들의 얼굴을 부담스럽게 클로즈업하면서 카리스마를 드러내던 기존의 방식이 오히려 오버처럼 느껴지게 되었다. 이로써 새로운 내용은 새로운 형식을 통해 전달된다는 불변의 진리가 확인되었다. 풍부한 맥락을 반영하는 느슨한 마스터숏이 인위적으로 조장된 빽빽한 클로즈업보다도 더욱 호소력 있게 다가가게 되는 것은, 그 맥락이, 이제는 새로운 것을 보고 싶다는 사람들의 어떤 욕망을 대변하고 있기 때문일 것이다. 재밌는 것은 그러한 욕망의 대변이, 우리가 가장 보수적일 것이라고 생각했던 사극에서 이루어졌다는 점이다. 그러나 다시 한번 생각해 보면, 픽션과 논픽션이 미묘하게 겹쳐 있는 사극이기에 이러한 지점들이 가능해졌는지도 모른다. 작가의 창조적인 개입이 보장되면서도 '지금의 현실'과는 어느 정도 거리두기가 가능한 장르이기에. 그러나 이 새로운 드라마에 사람들이 열광하면서 동의하게 만들었다는 점은 또 다른 가능성이다. 그 정도의 가능성이라도 너무나 절실한 현실이기에 「대장금」은 더욱 사랑스럽게 다가온다.

현실을 주관하는 두 개의 원리, 경계선의 미학

―박찬욱과 김기덕 영화의 원리와 지평

강유정

박찬욱과 김기덕의 영화에 공통점이 있다면 그들의 영화에는 늘 '경계선'이 존재한다는 것일 테다. 이를테면, 박찬욱의 출세작이었던 「공동경비구역 J.S.A」는 남한과 북한의 군사 경계선에 관한 이야기였고, 「올드 보이」는 어떤 점에서 아버지와 딸, 누나와 남동생이라는 보이지 않는 경계선에 대한 질문이었기 때문이다. 즉 누나와 남동생 사이의 경계를 월경(越境)했기에 「올드 보이」의 내러티브는 잉태되었고, 「공동경비구역 J.S.A」 역시 이수혁이 남한과 북한의 경계선을 넘었기에 시작된 이야기였다. 이는 「복수는 나의 것」의 서사적 질문이 한편으로는 빈부(貧富)의 경계선, 고용주와 피고용인 그리고 착한 사람과 나쁜 사람의 경계선에 대한 질문이었다는 점에서도 입증된다.

그렇다면 김기덕의 영화에서는 어떠한가? 「해안선」은 제목 그대로 해안의 군사 경계선에서 발생하는 사건들에 대한 이야기였고, 「나쁜 남자」는 한 여자를 소유하는 것의 경계, 나쁜 남자와 좋은 남자의 경계선에 대한 질문이었다고 할 수 있다. 이를 증명하듯 「해안선」은 경계선 이탈이라는 소재로 출발했지만 결국 강 상병의 광기로 귀결되고, 「나쁜 남자」는 나쁜 남자를 사랑하게 된 여자라는 의아한 결론으로 수렴되었다. 이는 곧 김기덕이 다루고 있는 경계선이 단순히 물질세계의 경계선이 아니라 광증과 정상, 도덕과 패륜과 같은 좀더 근본적인 문제라는 사실을 암시한다. 질문은 딸아이와 원조교제를 한 자들에 대한 처벌을 자임하고자 하는 아버지의 이야기인 「사마리아」와 가시와 미시의 지평이 구획하는 경계를 문제삼은 근작 「빈 집」에 와서도 일관적으로 지속된다.

　박찬욱 감독과 김기덕 감독이 문제삼는 경계선이란 지젝의 말을 빌자면 상징계와 실재계 사이의 경계선이며, 좀더 상식적인 수준에서 말하자면 일상과 일탈의 경계선, 도덕과 범죄, 개념과 실재의 경계선이라고 할 수 있다. 그들의 경계선에 차이가 있다면 박찬욱이 상징계적 일상의 질서를 존중하는 척 긍정하면서 실재계의 공포와 음모를 노출하는데 반해 김기덕 감독은 위악적으로 상징계 즉 언어와 교설의 차원에서 경계선의 존재를 외설적으로 문제시하고 있다는 사실이다. 이는 곧 두 감독이 다루는 경계선의 문제가 매우 유사해 보이지만 완전히 다른 교조적 언어로써 관객에게 피드백된다는 사실을 보여준다. 그렇다면 왜 이 두 감독은 모두 경계선을 문제삼고 있는 것일까? 이처럼 역방향으로 진행되는 경계선의 문제는 두 감독의 어떠한 철학적 지평을 반영하는 것일까? 그리고 이렇듯 경계선을 문제삼음으로써 드러나는 동시대 문화의 실제와 본질은 무엇이며 그것은 어떤 미학적 실재로 전경화되는가? 이 글은 이 문제들에 대한 해답을 찾아가게 될 것이다.

1. 두려운 진실과의 조우를 매개하는 '사제'로서의 영화
   : 박찬욱

김기덕 감독의 영화가 도덕과 패륜의 경계선을 잔혹하게 노출한다는 점에서 신랄한 거부 혹은 맹목적 찬탄의 대상이 되는 데 비해 박찬욱 감독의 영화는 소재의 외설성이라는 비판에서 비교적 자유로운 편이었다. 그런데 어떤 점에서 이상하지 않은가? 누이의 가슴을 빨고 딸아이와 잠자리를 같이하는 것은 사랑하는 여자를 사창가에 팔아 넘기는 것보다 훨씬 외설적임에도 불구하고 우리는 박찬욱 영화의 지나친 외설성과 폭력성에 대해 쉽게 언급하지 못한다. 왜일까? 그것은 바로 박찬욱 감독이 건드리는 혹은 교란하는 경계

박찬욱 감독

선이 바로 우리의 무의식 내부에 은닉되어 있는 욕망, 바로 실재계에서부터 새어나온 욕망이라는 사실과 관련된다. 즉, 누구나에게 은폐되어 있지만 은밀한 규약으로 모르는 척 눈감기로 한 그 음모를 전제로 박찬욱은 우리에게 말을 건네 오는 것이다. 이에 박찬욱 영화의 공포스럽고 잔혹한 폭력성은 우리가 숨겨 두었던 은밀한 것들과의 조우를 매개하는 일종의 제의가 된다. 아무도 몰랐던 일인 듯 혹은 철저하게 허구적인 듯 제시하는 그의 영화적 문제들은 실은 너무도 오랫동안 인류의 역사를 거쳐 반복되어 왔던 그러나 누구도 함부로 말하고 싶어 하지 않았던 바로 그 문제들인 것이다.

1) 내러티브의 운명, 외디푸스적 조우를 향한 여정

마치 박찬욱 감독은 세헤라자데처럼 이야기 아니면 죽음이라는 게임의 세계로 관객을 안내한다. 재미있는 이야기를 하지 못하면 곧 죽음을 맞게 될 세헤라자데처럼「올드 보이」의 시작 장면은 팽팽하게 당겨진 넥타이 끈에 매달린 한 남자에 대한 클로즈업으로 시작된다. 그는 자신이 명줄을 쥐고 있는 사나이에게 "좀 있다 죽어라"라고 말한다. 이 말은 곧 "아직 나의 이야기가 끝나지 않았거든? 그러니 이야기가 끝날 때까지 살아 있어줘야 하겠어."라는 의미로 받아들여진다. 즉 자살 직전의 그 남자는, 오대수의 이야기가 끝나지 않는 한, 엄밀히 말해 오대수의 이야기를 듣기 위해 살아야 한다. 그런 의미에서 오대수에게 자신의 이야기를 하는 데 실패한 남자가 결국 추락사하는 것은 이야기를 할 수 없는 자들, 술탄의 호기심을 유발할 수 없었던 여자들이 하룻밤을 넘기지 못하고 죽음을 맞아야 하는 원리와 같다고 할 수 있다. 이러한 맥락에서, 오대수에게 매달려 있는 사내라는「올드 보이」의 오프닝 시퀀스는 호기심을 통해 생사 여부가 결정되는 모든 영화적 서사의 운명을 암시한다.「올드 보이」의 주요 내러티브와 하등 상관이 없이 끼어든 자살하는 남자라는 오브제는 바로 관객에게 호기심을 불러일으키지 못할 영화에는 죽음밖에 없다는 박찬욱 감독의 영화관에 대한 아날로지임에 분명하다. 그런 의미에서 오대수가 팽팽하게 조여진 넥타이 끈으로 쥐고 있는 자는 한편으로는 관객이기도 하다. 우리가 만약 그 첫 시퀀스에서 호기심을 느꼈다면, 우리는 오대수의 이야기를 듣기 위해 그(영화)를 끝까지 살려 둬야 하기 때문이다.

그렇다면 오대수가 들려주는 이야기는 무엇인가? 어떤 점에서「올드 보이」의 오대수는 자기 자신이 범인이라는 사실을 까마득히 모른 채 자신을 수배하는 외디푸스 왕의 적자라고 할 수 있다. 어머니와 동침하고 동생이자 아들을 낳은 범인이 자신인 줄도 모르고 그 도덕적 패륜아를 찾으라고 수배를 내린 외디푸스처럼 오대수는 결국 자기 자신이 행한 도덕적 오류를 스스로 알기 위해 그 길고도 집요한 추적을 지속했기 때문이다. 이는 감독이 건드리는 경계선이 바로 우리 안에 내재되어 있는 은밀한 욕망이라는 사실과 동궤를 이룬다. 우리는 오대수의 내러티브를 따라가면서 결국 오대수의 욕망이나 과오가 아닌 우리가 외면해 왔던 실재세적인 공포 그리고 거부하고 싶지만 언젠가 저질렀을 법한 그 간음의 순간과 마주하게 된다. 그런 의미에서 오대수가 자신의 혀를 잘라내는 장면은 결국 자기 자신이 범인임을 알게 된 외디푸스가 자신의 눈을 송곳으로 찌르는 장면과 정확히 일치한다고 할 수 있다. "나 김우진의 자지가 아닌 너의 혓바닥이 우리 누나를 임신시켰단 말이야"라는 우진의 절규에서 알 수 있듯 여기서 오대수의 혓바닥은 이미 생성과 잉태를 가능하게 하는 남근의 상징이다. 그러나 이미 그 남근, 아버지는 창조적인 생산이나 아름다운 질서의 근간이 아니라 한 여자의 생명을 앗아가는 거짓과 위선, 폭력의 근간일 뿐이다. 이쯤되면 왜곡되고 부패한 남근으로 잉태되어 유지되고 있는 현실의 세계, 상징계란 부패한 위선으로 운영되는 허영적 이미지의 공간으로 규정될 형편이다.

중요한 것은 오대수의 혀가 잉태시킨 아이가 단지 언어적 기호체계 속의 아이 즉 소문이자 헛것, 이미지에 불과했다는 사실이다. 그것은 한 여고생을 자살의 늪으로 이끌고 들어간 상상 임신, 상징계적 족쇄에 불과했다. 이는 한편, 우리의 일상과 질서를 고작 부풀린 소문밖에 잉태하지 못하는 왜곡된 혓바닥의 세계 즉 허위로 비관하는 박찬욱의 시선이기도 하다. 흔히 상징계란 아버지의 질서 즉 규칙과 법, 금지가 규율하는 이성적이고 선조적인 현실세계의 질서를 상징한다. 그에 비해 실재계란 우리가 전혀 알 수 없다는 점에서 미지계, 즉 현실적 존재의 중요한 결함이 간직되어 있는 블랙박스라고 할 수 있다. 존재의 비밀이 간직된, 영원히 알 수 없는 세계라는 점에서 실재계는 위선으로 운영되는 상징계에 뚫린 검은 심연이자 블랙홀이며 혼란의 유인자이다. 박찬욱 감독이 혼란의 유인자로 끌어들인 세계는 바로 존재의 심연으로서의 근친상간의 욕망 즉 오래도록 금기라는 이름으로 은닉되어 왔던 인류의 오래된 욕망이다. 이 오래된 욕망이 다만 은닉되어 있었을 뿐 누구나에게 내재되어 있는 치명적인 실재계라는 사실은 오대수가 최면술 치료를 통해 기억을 망각하는 마지막 장면에서 좀더 분명하게 제시된다.

2) 경계란 단지 형이상학적 이념(idea)일 뿐

오대수는 죽은 줄 알았던 딸아이와 섹스를 나누었다는 죄책감으로 상징계적 현존감을 위협받고 혼란스러워한다. 그가 죄책감을 이기기 위해 선택한 방법은 바로 '망각'이다. 오대수는 최면술사에게 그가 동침한 여자가 '딸'이라는 사실 그 한 가지만을 지워 달라고 요구한다. 오대수는 최면술사의 도움으로 눈 위를 걸어 그가 잊고자 했던 기억을 지워내고 미소를 짓는다. 이 장면은 곧 우리가 도덕이니 윤리라고 부르는 것들 혹은 죄책감이나 죄의식으로 부정하는 것들이 단지 기억의 차원에 불과하다는 역설을 보여준다. 가령, 이렇다. 딸과 아버지가 섹스를 나누고 어머니가 아들의 아이를 낳아도 기억만 하지 않으면 문제될 것이 없다. 마치 외디푸스가 자신의 아내가 어머니라는 것, 자신의 아이들이 누이동생이었다는 사실을 알기 전까지는 전혀 갈등을 겪지 않았던 것처럼 말이다. 이는 한편 우리가 금지하고 지키고 있는 금기라는 것, 즉 상징계적 질서 혹은 법이라는 것이 단지 '기억'과 '망각'의 차이라는 것을 상기시켜 준다. 이러한 전복적 상상력은 기억을 지워버린 오대수와 달리 금단의 사랑을 '기억'하고 있는 수아와 우진이 자멸하고 만다는 사실에서도 입증된다. 수아는 죽음의 순간에조차 우진의 카메라 셔터를 눌러 자신들의 도덕적 위반을 기록하고 이우진은 자신의 팬트 하우스 곳곳에 누이 수아의 사진을 걸어둠으로써 위반의 기억을 보존한다. 즉 이우진은 자신이 사랑한 대상이 누이였다는 사실을 단지 '기억'하고 있기 때문에 자멸한 셈이다. 사진이 상징계의 법이자 위반의 증거라는 사실은 오대수가 자신의 근친상간 사실을 미도의 앨범을 통해 확인하게 되는 데서도 반복된다. 그렇다면, "우리는 알고도 사랑했어, 과연 너희도 그럴 수 있을까"라는 이우진의 독설은 "우리는 남매라는 것을 알고 사랑했기에 죽을 수밖에 없어. 그러니 너희는 기억을 지워"라는 역설적인 회유로 해석되어야만 하지 않을까?

박찬욱 감독의 행로는 점차 보이는 경계에서 보이지 않는 경계선의 존재와 그 정당성이라는 문제로 옮아 왔다. 그가 「공동경비구역 J.S.A」에서 문제삼았던 경계선은 전적으로 외부에 존재하는 경계선이었다. 그것은 외부에 존재하는 경계선인 한편 매우 이념적인 형태 즉 현존하지만 결코 실체가 없는 '국가'라는 형이상학을 구분하는 경계선이었다. 박찬욱 감독은 쉽게 넘나들 수 있고, 우정을 쌓을 수 있는 남과 북의 경계선, 인간의 존재 그 근원과 하등 상관이 없지만 강건하게 실재하는 경계로 인해 죽어야만 했던 영혼들을 통해 '국가'라는 개념의 폭력성과 허위성을 고발했다. 어쩌면 남한과 북한 초소에서 그들이 굳건하게 지키고 있었던 외부의 경계선은 결코 보이지 않는 이념의 것, 삼각형이나 원과 같은 도형처럼 머릿속에서만 존재할 뿐 결코 현실에서는 존재할 수 없는 경계선이라고 할 수 있다. 비가시의 경계선을 가시적인 절대적 지표로 상정하는 것은 바로 광인의 분열증적 징후이다. 즉 박찬욱에게 보이지 않는 경계를 절대시하며 소중한 인명까지 훼손하는 현 국가적 대치 상황은 분열증적 사태에 가깝다. 그는 보이지 않는 경계선을 절대적인 것으로 고수하고자 하는 두 국가의 허위성을 고발함으로써 그 하위에 종속된 모든 것 남한과 북한의 지배이데올로기 및 정치적 경계선의 무위를 폭로한다.

한편, 그의 두 번째 작품인 「복수는 나의 것」에서 경계선은 고용자와 피고용자, 부와 빈이라는 좀더 구체적인 생활세계의 경계선으로 형상화된다. 국가와 국가 간의 경계는 수많은 군인들을 통해 철저하고 구체적으로 지켜짐에도 불구하고 그것의 실체가 모호한 것과 달리, 빈과 부, 고용자와 피고용자라는 경계선은 그 간극을 없애려고 하면 할수록 구체적인 차이로 현현한다. 마치 부자가 곳간을 채우듯 빈자들의 생활에는 구체적이면서도 감각적인 고통들이 채워진다. 부자와 빈자의 경계선은 우리가 모르는 척 외면하고 보지 않지만 그 어떤 경계선들보다 뚜렷하게 존재하고 있다.

그리고 마침내, 「올드 보이」에서 다루고 있는 경계선은 바로 부모와 자식, 누이와 동생이라는 누구나 인정해야만 하는 최소한의 경계, 가족이라는 사회의 최소 규모가 유지되는 그 질서와 경계이다. 박찬욱 감독은 과연 경계라는 것이 그토록 절대적인 것인가, 기억되지 않는 한 용인될 패륜이란 무엇인가라고 도덕적 상식의 잣대를 넌지시 건드린다. 중요한 것은 「올드 보이」의 경계선 허물기가 경계의 패륜과 부패를 보여주지만 그 무위를 주장하는 것은 아니라는 사실이다. 마치 망각을 위해 걸어갔던 눈 길 위에 남겨진 발자국처럼 망각조차도 흔적을 남긴다. "눈 위를 걷지 마세요, 눈 위엔 발자국이 남으니까요."라는 영화 「율리시즈의 시선」의 한 대사처럼 눈 위에 남겨진 발자국은 박찬욱이 제안하는 망각이라는 방법이 교조적인 선동이나 절대적인 해답이 아니라 질문이라는 사실을 보여준다. 그런 셈이다. 망각은 잠시 우리가 지켜나가야 하는 상징계적 억압을 잊게 할 수는 있지만 그것을 완전히 없애지는 못하는 것이다.

2. 새로운 공간을 창조해내고자 하는 '신'으로서의 영화 : 김기덕

박찬욱 감독의 영화가 과잉된 스타일과 잔혹함에 대한 하드보일드한 감각으로 눈길을 끌었다면 김기덕 감독의 영화들은 그 스타일의 잔혹함보다 소재의 일탈성으로 인해 늘 화제가 되어 왔다고 볼 수 있다. 그러나 엄밀하게 말해 김기덕의 영화가 관객과 평단에 충격을 주었던 까

김기덕 감독

닮은 감독이 집요하게 물고 늘어지는 소재에 대한 도착적 이미지의 나열 때문이라고 할 수 있다. 쉽게 말해, 낚시터에서 몸을 파는 창녀라는 이미지는 낯익지만 여자의 질에 낚시 바늘을 넣는다는 행위는 괴이하다. 이러한 김기덕 감독의 도착적 상상력은 일종의 징후로 읽힐 만한데, 그것은 점막강박증과 자상증후군으로 범주화할 수 있을 것이다. 「수취인불명」에서 아들은 어머니의 가슴에 칼을 들이대고, '지흠'은 날카로운 연필심에 눈을 찔린다. 한편, 「나쁜 남자」의 '한기'는 삼각형으로 날카롭게 잘린 유리로 가격하고 「섬」의 여자는 질에 낚시 바늘을 집어넣는다. 이제 자상의 이미지와 점막에 대한 강박증은 김기덕 감독의 영화임을 증명하는 일종의 작가적 날인이 되었다고 볼 수 있다.

그런데 이렇듯 과감한 이미지와 폭력을 통해 김기덕 감독은 관객에게 일탈의 세계 일상적 현실 너머의 초월적 세계로 우리가 초월할 것을 종용하고 있는가? 대답부터 말하자면 그렇지 않다. 김기덕 감독만큼 우리가 살고 있는 상징계가 허술한 봉합에 불과하다는 것을 잘 아는 자도 없지만 김기덕 감독만큼이나 그 상징계적 허술함을 있는 그대로 인정하는 자도 없다. 오히려 김기덕은 상징계적 현실이 허술한 봉합에 불과하다는 것을 알기에 김기덕만의 새로운 법의 세계를 창조해내고자 한다. 이에 그의 영화는 '신'이 되고자 하는 영화라고 부를 수 있다.

1) 여자라는 기호, 질서를 창조하는 남성적 판타지의 무대

어떤 점에서 김기덕의 영화는 상징계적 질서와 법의 영역 안에서 해소할 수 없는 남성적 판타지의 무대라고 할 수 있다. 자신이 맘에 둔 여자를 유인해 창녀로 만들고 그 창녀로 하여금 스스로 자신에게 투항하도록 하는 것(「나쁜 남자」), 타인의 아내인 여자와 동거하며 남편으로서의 의무는 휘발시킨 채 사랑만 나누는 것(「빈 집」), 여인의 점액을 손상하는 것 혹은 유린하는 것(「섬」). 이 모든 것은 상징계의 질서내에서 법의 이름으로 금지된 영역이지만 김기덕은 그의 영화적 내러티브의 문법 안에서 이러한 환상을 가시적인 현실로 재현해 준다. 즉 남자들의 은밀한 욕망은 김기덕의 영화를 통해 구체적으로 상징화된다. 따라서 김기덕의 영화에서 여자들은 인물이라기보다 그가 새롭게 직조해 나가야 할 세계의 모습을 담고 있는 일종의 기호라고 할 수 있다. 김기덕의 페르소나들은 여자라는 기호를 통해 세상을 읽고 여자라는 기호를 통해 환상을 실현한다.

　그런 의미에서 「사마리아」의 '재영'이나 '여진' 역시 세상의 사악한 풍경을 전경화하는 일종의 기호라고 할 수 있다. 이는 「사마리아」가 십대 소녀의 원조교제라는 소재로 시작되었지만 결국 한 남자의 복수를 다룬 로드 무비로 끝나는 까닭이기도 하다. 비록 「사마리아」의 소재는 10대 소녀들의 원조교제이지만 엄밀히 말하자면 「사마리아」는 한 남자의 복수에 대한 영화라고 할 수 있다. 「사마리아」는 〈바수밀다〉, 〈사마리아〉, 〈소나타〉라는 세 개의 장으로 구성되어 있는데 〈바수밀다〉 장은 몸을 팔아서 세상을 정화시킨 불교의 인물, '바수밀다'를 자칭하는 소녀, 재영의 매춘 이야기이다. 그리고 두 번째 장, 〈사마리아〉는 재영의 죽음에 복수를 다짐하던 여진이 오히려 그들에게 화대를 고스란히 돌려줌으로써 재영을 미워했던 스스로와 화해하고 재영을 이용했던 남자들을 용서하는 내용이다. 재영의 아버지, '영기'는 〈사마리아〉 편에서부터 등장한다. 영기는 딸아이가 매춘을 하는 것을 발견하고 남몰래 그녀의 뒤를 밟으며 그녀의 몸을 샀던 남자들에게 복수를 한다. 그렇다면 왜 영기는 딸아이 몰래 복수를 하는가? 이는 영기가 주인공으로 초점화되는 세 번째 에피소드의 제목이 〈소나타〉인 것과 연관된다. 여기서 '소나타'는 일차적으로 영기의 자동차를 의미하지만 한편으로는 '기악을 위한 독주방식'을 뜻한다. 여기서 영기는 마치 '소나타'를 연주하는 연주자처럼 독단적으로, 딸아이와 정사를 나눈 남자를 단죄한다. 여느 아버지처럼 딸아이를 혼내거나 그들을 상징적 체계인 법에 의존해 처벌하는 것이 아니라 영기는 스스로 죄의 질을 가늠하고 그것에 부합하는 형량을 손수 실행한다. 그 형벌의 방식은 양심의 가책을 느낄 만한 자에겐 위협을, 그리고 힘에 대해 공포를 느끼는 자에게는 폭력을, 한편 그 아무것도 느끼지 못하는 자에게는 살인을 하는 방식으로 진행된다.

영기는 기존의 세계에 존재하는 상징계적 규율, 법과 규칙의 체계에 의존하지 않고 스스로 형벌의 체계를 위계화하고 실행함으로써 법의 창조자이자 집행자가 되고자 한다. 여기에 막상 피해자로서의 딸 여진은 배제되어 있다. 영기는 딸 때문에 법이라는 경계를 위반하며 복수한다기보다 오히려 딸을 빌미로 자신의 법을 제정하고 실행해 나갈 뿐이다. 어린 여자아이의 구멍을 비집고 들어가는 짓을 단죄하는 그의 행위는 딸아이를 유린한 자에 대한 복수라기보다 사랑하는 연인을 빼앗긴 자의 복수와 닮아 있다.

어머니가 없는 집안에서 여진과 영기의 관계는 부녀지간이라기보다 연인 사이처럼 묘사된다. 영기는 아침마다 여진을 태워다 주고 해외토픽을 전해 주며 자고 있는 딸아이에게 이어폰을 꽂아준다. 여진을 미행하는 영기의 모습은 외도하는 아내를 쫓는 남편의 시선과 중첩된다. 어떤 의미에서 영기와 여진의 모습은 왜곡된 부부의 모습과도 같다.

「사마리아」의 마지막 장면은 이렇다. 영기는 딸을 데리고 여행을 떠난다. 여행의 마지막 날 아버지는 개울가에 노란색 안전선을 그려 주고 딸에게 그 안에서 운전 연습을 해보라고 떠민다. 아버지는 노란 안전선을 따라 위태롭게 운전을 하는 딸을 두고 잡혀간다. 여기서, 아버지가 그려준 노란 안전선이란 부정하고 부패한 사회로부터 딸을 지켜줄 영기만의 윤리, 도덕, 법이라고 할 수 있다. 영화 내내 반복되는 노란색의 이미지, 노란 은행 단풍잎, 노란색 경고선과 같은 이미지는 김기덕이 지켜내고자 하는 일상적 상징계를 의미한다. 김기덕이 제시하는 법이란 부패한 대상 그 근원을 완전히 도려내는 방식으로 구체화된다. 실상 영기가 진심으로 딸에게 하고 싶었던 단죄는 어떤 점에서 여진의 꿈이 보여주는 근친살해라고 할 수 있다. 여진의 꿈속에서 아버지, 영기는 딸아이를 강가에서 교살하고 죽은 딸아이의 귀에 이어폰을 꽂아준 채 묻는다. 꿈의 형식을 빌어 김기덕은 부패한 현실의 상을 모두 제거하는 판타지를 실현한다. 즉, 김기덕 감독은 자신만의 고유한 경계선을 영화라는 판타지를 통해 실현하고 창조하고자 하는 것이다. 우리는 〈사마리아〉를 보면서 김기덕이 관객의 심기를 불편하게 했던 소재에서 벗어나 상식적이고 사회적인 문제로 회귀했다고 판단하지만, 그것은 오해에 불과하다. 김기덕의 페르조나라고 볼 수 있을 영기는 일단 자신이 의존하고 있는 상징계적 규율이 왜곡되고 허술한 것임을 발견하자 그 경계를 과감히 넘고 자신만의 체계를 세워 버린다. 이미 영기에게 경계선의 개념 즉 사회적 규범이나 상징계적 규율은 중요하지 않다. 이에 부패한 아버지와 순수한 자식이라는 도식은 법을 지키려는 아버지와 그 법을 훌쩍 위배하는 딸이라는 전도된 공식으로 교체된다.

따라서 「나쁜 남자」나 「악어」, 「빈 집」과 같은 영화에서 등장하는 일탈과 위반은 기존 규율과 상징계에 대한 저항이 아니라 새로운 차원의 경계선을 설정하고자 하는 일종의 도그마라고 할 수 있다. 요컨대, 김기덕은 '나쁜 남자'와 '좋은 남자'의 경계에 대해서 질문하지만 그의 대답은 '나쁜 남자'에 대한 기존의 체계와는 전혀 다른 김기덕만의 정의이다. 이렇듯 김기덕 감독의 일탈이 도그마적 차원이라는 사실은 그가 주로 일정한 '공간'을 통해 영화적 전언을 형상화한다는 데서도 드러난다. 가령, 「악어」는 한강 다리 밑이라는 공간, 그리고 「파란 대문」은 새장 여인숙, 「나쁜 남자」는 사창가, 「봄, 여름, 가을 그리고 겨울」은 저수지 위에 떠 있는 사찰이라는 제한된 공간에서만 진행된다. 즉 김기덕의 영화는 김기덕만의 새로운 '공간'을 창출해 가는 과정이라고 볼 수 있다. 김기덕이 자신민의 '법'을 정립하고자 한다는 점은 그의 영화에는 유독 개연성이 휘발된 환상적인 장면이 자주 등장한다는 점에서도 입증된다. 새장 여인숙의 사진이 완성되는 「나쁜 남자」의 장면이나 감쪽같이 남편을 속이고 남의 아내와 동거하는 「빈 집」의 태석과 같은 캐릭터는 현실성의 잣대로는 이해될 수 없고 공감될 수 없는 영역이다. 이는 다른 말로 하자면, 김기덕 감독의 영화적 법, 그의 법칙을 인정하지 않고는 그의 영화적 공간에 초대될 수도 없다는 사실을 뜻한다. 이에 '공간'은 비단 현실의 지평 위에 존재하는 물리적인 장소가 아니라 감독 김기덕이 조형하고자 하는 일종의 미적 세계가 된다. 이러한 맥락에서 김기덕 감독이 마초적이며 남성중심적이라는 의미는 그만의 새로운 상징계적 법칙을 새로이 창조하고자 한다는 의미로 이해되어야 한다. 그가 남성중심적인 것은 그가 여성을 홀대하거나 학대하기 때문이 아니라 기존의 사회적 규칙을 경쟁적 남성으로 이해하고 스스로 그것에 대척되는 남성으로서 새로운 율법을 창조하고자 하기 때문이다.

2) '영-제도'로서의 경계

김기덕이 문제삼고 있는 경계는 축약하자면 가시적 세계와 비가시적 세계의 경계가 갖는 당위성 문제라고 할 수 있다. 김기덕이 「빈 집」을 통해 새롭게 정립한 개념은 바로 존재하기에 지각되는 것이 아니라 지각되기에 존재하는 자로 인정되는 존재들의 역설이다. 「빈 집」 이전에 김기덕 영화에 등장하는 자들은 거의 모두가 일정한 공간에 폐칩된 자들이었다고 할 수 있다. 사창가(「나쁜 남자」), 낚시터(「섬」), 한강(「악어」), 물 위에 뜬 사찰(「봄, 여름, 가을, 겨울 그리고 봄」)처럼 그들이 살아가는 특수한 공간은 어떤 점에서 그들에게 허용된 유일한 공간이다. 이방인으로 취급을 받는 이들은 한편 이방인으로 묘사됨으로써 사회적 대타자로서 배제되고 일상의 경계선 너머의 유령으로 전락한다. 이는 한편 김기덕이 지금껏 창조해 왔던 공간이 김기덕만의 고유한 법의 공간이었음에도 불구하고 상징계적 현실에 구체적으로 작용하지 못하는 소외된 환상의 차원이었음을 보여준다.

「빈 집」의 새로움은 바로 일상의 경계선 너머에 있던 이방인과 타자를 일상 그것도 가정이라는 사회의 근본적인 토대 안으로 깊숙이 받아들였다는 사실에 있다. 김기덕은 어느 곳에도 붙박히지 않은 진정한 유령을 통해 우리의 일상에 침투한다. 태석은 '빈 집'이라는 개방된 '공간'을 자유롭게 유영(遊泳)하며 합리적 세계관이 지닌 폭력성을 자연스럽게 노출한다. 이제 태석이라는 감독의 페르소나는 일상 너머 소외된 자가 아니라 일상과 상징계적 규율의 봉합을 균열케 할 혼란의 유인자로 전회한다. 마치 첫 시퀀스, 태석이 고쳐놓은 장난감 총의 탄환처럼 태석은 일상적 안정에 파멸의 징후를 불러 온다. 보는 각도마다 동일한 상을 제공하는 것이 곧 보편이고 객관성이라면 선화에게만 보이는 존재로 자신의 몸을 바꾼 태석은 객관적 존재에서 주관적인 존재 즉 특정한 자의 시선에 의해서만 포착되는 존재로 뒤바뀐다. 이는 무소불위하면서 가시적으로는 존재하지 않는 '신'의 모습이기도 하다.

김기덕이 새롭게 창조해낸 공간은 비어 있는 없음의 공간이다. 이는 곧 눈에 보여야만 그리고 공간 속에 일정한 물리적 자리를 차지해야만 존재하는 것으로 인정받는 상징계적 현실에 대한 전복이라고 할 수 있다. '사창가', '낚시터', '사찰'처럼 현실과 동떨어진 비일상 혹은 환상의 영역에서 현실을 주조하던 김기덕의 영화문법은 여기서 철저하게 현실적인 장으로 전도된다. 이러한 전도는 현실적이며 구체적인 장소야 말로 실존적 인간의 존재감을 허약하게 만든다는 사실을 보여준다. 객관적 존재였던 태석은 일상의 규율과 법칙체계 아래서 단지 빈집털이범이나 파렴치범 정도로 규정될 뿐이다. 상징계적 현실에서 태석에게 허용될 수 있는 공간은 '감옥'밖에 없다. 태석에게 현실이 곧 감옥인 셈이다. 따라서 스스로를 비가시적 존재로 대치함으로써 그는 자신에게 허용된 공간을 새롭게 재구성한다. 태석은 타자의 눈에 보이지 않게 되자 기존의 법과 질서를 교란하는 혼란의 유인자, 카오스의 핵이 된다. 태석은 눈에 보이지 않음으로써 진정 '존재'하게 되는 것이다. 이러한 의미에서 둘이 함께 올라선 체중계의 눈금이 '0'을 가리키는 것은 그들의 존재가 우리의 일상적 상징계의 법칙과 다른 법칙 아래 속해 있음을 보여준다. 레비―스트로스가 말하는 영―제도(zero―institution)처럼 그들의 존재는 상징화를 넘어선 존재 자체의 사건이 된다. 어떤 점에서 체중계의 눈금이란 결코 상징화할 수 없는 두 사람의 존재를 공간에 붙박아 놓는 일종의 허위에 불과하다. 즉 90이란 숫자를 가리킨다 해도 그것은 그들 존재의 진정성과 하등 관계없는 눈금 위의 숫자에 불과하다. 그들의 몸무게가 '0'이라는 것은 그들의 존재가

비가시적인 것이기에 유령이라는 의미이기도 하지만 한편으로는 그들의 존재가 숫자로 환산되지 않는, 고유한 것임을 암시한다. 그들은 상징계적 현실 즉 원근법적 투사가 적용되는 현실에 있어서는 소실점이 제거된 유령이지만 반원근법 즉 환상과 초월의 시선에서 보았을 때 분명 실존한다. 이제 김기덕은 현실과 동떨어진 이방의 공간에서 상징계의 폐허를 고발하는 것이 아니라 눈에 보이지 않는 실재계적 존재로 화하여 아무 일 없어 보이는 일상에 금을 내고자 한다. 김기덕이 보기에 일상이란 이렇듯 눈에 보이지 않는다는 이유로 진실을 숨긴 채 지탱되는 허약한 지반이다. 따라서 김기덕은 관객에게 새로운 시선으로 배우를, 영화를 그리고 관객 스스로를 응시할 것을 요구하는 셈이다. 관객은 '0'을 가리키는 김기덕의 고유한 상징계적 질서와 법을 허용할 때 그의 판타지를 체험할 수 있는 것이다.

3. 현실을 주관하는 두 개의 원리

그렇다면 김기덕이 새로이 정립한 경계선은 인정할 만한 것인가? 어쩌면 아직 김기덕의 경계선은 시공간성이 모호한 계곡에 영기가 그려놓은 노란 경계석들처럼 현실과 멀리 떨어져 있는 것인지도 모른다. 이러한 의구심은 박찬욱에게도 가해질 수 있다. 박찬욱은 인간의 근원적인 죄의식을 상징계의 봉합을 터뜨리는 매개로 활용하지만 그로 인해서 상징계적 세계의 구속은 달라지지 않는다. 이는 한편 점점 근원적인 존재론의 문제로 삼투해 들어가는 감독의 주제의식이 구체적인 생활세계와의 접점을 잃어간다는 비판과도 무관하지 않다.

그러나 그럼에도 불구하고 두 감독이 보여주는 경계선과 경계선에서서 그것을 위반하거나 일탈하는 자들의 이야기는 분명 현실의 황막함을 가시적으로 일깨워 준다는 점에서 의의를 인정받아야만 한다. 중요한 것은 이들이 황폐한 상징계 너머에 '진정한 현실'이 존재한다는 편집증적 환상에서 자유롭다는 것이다. 김기덕과 박찬욱에게는 유한한 세계 너머에 진정한 세계가 있다는 믿음 자체가 이데올로기적 환상으로 묘사된다. 박찬욱 감독은 영화적 내러티브에 있어서의 현실성과 사실감을 존중하며 즉 상징계적 일상의 질서를 존중하는 척 긍정하면서 철저한 미장센을 통해 실재계적 공포와 음모를 상징세적 일상에 유입한다. 그에 비해 김기덕 감독은 위악적으로 상징계 즉 언어와 교설의 차원에 놓인 경계선의 존재를 교조적으로 활용함으로써 그 문제를 외설적으로 노출한다. 박찬욱 감독은 실재계의 영역에서 상징계의 허위를 고발함으로써 우리의 현실을 지탱하는 현실이 오래된 폐허의 축적임을 가시화한다. 한편 김기덕 감독은 상징계와 현실의 문제를 동일한 상징계의 차원에서 이데올로기화된 상징계의 규율을 낯설게 하고 새로운 이데올로기를 창조, 대치함으로써 현실의 황폐함에 도전한다. 이렇듯 실재계와 상징계의 차원에서 이루어지는 두 감독의 인식적 사고는 미장센과 판타지라는 고유한 영화 미학으로 구체화된다. 완전한 허구인 영화를 통해 필연적인 현실의 한계를 깨닫는 영화 고유의 내러티브가 가진 미학이 두 감독을 통해 일종의 지평으로 확대되고 있는 것이다.

탈지역적으로 수용되는 대중문화의 부상과 '한류현상'을 둘러싼 문화정치

이기형

<under neoliberalism> culture is good for export.

— Meaghan Morris

The image, the imagined, the imaginary - these are all terms that direct us to something critical and new in global cultural processes: the imagination as a social practice.

— Arjun Appadurai

저쪽에 [일본에] 있는 동호회 회원들이 최근 드라마의 에피소드를 온라인으로 바로 보내주면, 여기선 그걸 번역을 하고, 동호회 게시판에 금방 올려요. (…) 뭐 돈이 생기는 건 아니지만 사람들이 고맙다고 하면 기분이 좋죠.

— 일본 드라마 동호회 회원과의 인터뷰에서

한류는 '일본문화도, 한국문화도 아니고 한·일 공동문화도 아닌 성립과 기원부터 잡종적 문화'이다.

— 신현준

보아 같은 '일식한류'는 무엇을 의미하는가. 일본의 문화적 패권주의는 아닐까?

— 백원담

'한류 열풍'이야말로 노무현 정부의 정책을 비롯하여 최근 한국 사회에서 유행하고 있는 '아시아 담론'(아시아적 가치, 아시아 공동체, 아시아 문화도시…)의 허구성을 가장 잘 보여주는 사례라는 사실이다. 아시아적 가치를 말하되 정작 아시아의 정체성을 알려하지 않고, 아시아의 문제에 주목하되 아시아내 민주주의를 배제하고, 아시아 공동체를 주장하되 배타적인 경쟁과 자국의 이권 외에는 무관심하며, 아시아 문화교류를 말하되 자국 내에서는 철저한 국가주의와 민족주의를 결코 포기하지 않는, 아시아에 대한 모든 접근이 서구 근대화와 자본주의의 원칙에 기원한 기형적이고 왜곡된 '아시아 유령'만이 한국 사회, 아니 아시아를 비롯한 전세계를 떠돌고 있는 셈이다.

— 이원재

1. 들어가기

월드컵을 기점으로 분출한 붉은 악마 현상, 인터넷과 촛불시위를 매개로 부상한 광장문화, 그리고 초국적인 문화의 흐름을 부각시킨 한류 현상은 수많은 이들에게 정서적으로 강력한 효과를 불러일으키는 대

표적인 사건이자, 정보화·문화의 시대의 급
격한 사회변화를 추동하는 문화의 위력을 압
축적으로 상징하는 대표적인 기호라고 할 수
있다.

　주위를 둘러보면 한류현상을 둘러싼 그간
의 과잉으로 제기되던 논의들이 조금은 수그
러진 듯하지만, 아직 한류현상과 연관된 뉴
스들을 미디어와 일상의 공간을 통해서 심심
찮게 접할 수 있다. 언론은 이른바 '욘사마
열풍'을 중심으로 한국을 찾는 일본 여성 관
광객과 아시아를 누비는 한국의 한류스타들
의 동정 그리고 일본과 중국 그리고 동남아를 중심으로 일어나고 있는
한국 대중문화의 팬 현상과 열기를 활발히 보도하는 한편, 미래지향의
고부가가치 문화콘텐츠 산업으로서 한류의 열기를 지속시킬 수 있는
전망을 담은 보도들 그리고 최근의 한류현상을 둘러싼 동향과 관련된
단신들도 지속적으로 내보내고 있다.[1] 정부와 문화산업은 한류의 상업
성과 한류로 인한 국가 이미지와 위상의 제고, 그리고 문화역량의 신
장이라는 '문화외교'의 측면에서 한류관련 정책담론들을 활성화시키
고 있다. 동시에 이들은 '소프트파워'로서 한류의 경제적 효과를 더욱
고양하기 위한 발전 전략을 기획·선도하고 있으며, 최근에 들어서 '한
류특수'를 틈타 외국 관광객들을 유치하려는 '한류체험관'과 할리우드
를 벤치마킹한 종합 엔터테인먼트 단지인 '한류우드'를 세우겠다는 장
밋빛 발상도 추진 단계에 접어들고 있다.[2] 신문방송학을 포함한 학문
분야 역시 비교적 활발하게 한류현상을 조명하는 학회와 워크숍들이
열리고 있으며, 최근에 한 대학에서는 이제 한류 전문가를 양성하고자

하는 석사 수준의 프로그램이 만들어지기도 했다. 한편 한류현상을 일종의 '신기루' 내지는 의도되지 않은 우발적인 사건으로, 동시에 과잉으로 재현되고 거품이 낀 담론으로 간주하며 개입을 꺼리거나 조심스레 관망하던 일군의 미디어 문화 연구자들 역시 한류현상을 분석하는 작업에 뛰어들고 있다.

이 테마 논문은 한류현상을 기술하는 대표적인 문화담론들을 장르별혹은 계통별로 세밀하게 분석하고자 하는 의도를 담고 있지는 않다. 이미 몇 명의 문화 연구자들이 그러한 작업을 구체적으로 시도한 바있다. 그보다 필자는 한류현상을 파악하는 데 있어서 주류적인 접근방식에서 크게 조명받지 못했던 탈국가적으로 유통되는 아시아 내의 대중문화들, 특히 일본과 한국의 대중문화의 정체성과 이들이 보여주는문화적 '혼성성', 그리고 탈지역적으로 이루어지는 문화텍스트들의 월경과 수용과정에 분석의 초점을 맞춘다. 이러한 목적을 수행하기 위해서 아시아 대중문화 연구의 주요 분석서로 인정받는 고이치 이와부치의 작업을 중심으로 이야기의 실타래를 풀어 나가고자 한다.

2. 탈지역적 문화의 흐름과 한류의 '원조'인 일본 대중문화의 월경 돌아보기 : 고이치 이와부치의 작업을 중심으로

아시아 전역을 통해서 열광적으로 수용되고 있는 일본의 대중문화, 그리고 최근 수 년간 이 지역을 강타하고 있는 한국산 대중문화의—소위 '한류(the Korean Wave) 열풍'—부상은 현재 진행 중인 문화들 사이의 지역간 교류와 불균등하게 탈지역적으로 혹은 탈국가적으로 이루어지는 문화생산과 수용, 그리고 문화를 매개로 한 경제(cultural

economy)가 작동하는 방식을 분석하고 정리할 수 있는 흥미로운 기회
를 제공한다. 문화 연구자이며 한류현상에
대해서 비교적 초기에 개입을 시도했던 조
한혜정(2003, 5쪽)이 『한류와 아시아의 대중
문화』라는 연구서의 서문에서 지적했듯이[3]

3) 조교수의 글(2002)은 국내에서 한류현상을
보는 주도적인 입장들을 신자유주의, 문화
민족주의, 그리고 탈식민주의의 입장으로
차별화시켜 접근하고, 이러한 입장들을 이
끄는 다양한 행위주체들에 대한 정치한 담
론분석을 수행한 바 있다.

한류에 대한 연구는 아시아 지역 안에서 이루어지는 대중문화의 흐름을
분석할 수 있는 역사적인 계기로 인식되었고, 이를 통해 문화산업의 거대 자
본화와 서구 중심성에 대한 대안적 해석의 가능성을 보여주었다. (…) 아시
아의 젊은층에서 소비되는 대중문화는 자국문화와 서구문화, 또는 다른 아
시아 지역의 문화가 혼성의 형태로 각 지역의 근대화 과정 속에서 뒤섞이고
엇갈리면서 새로운 현대성을 창출해 가는 과정에서 생산된 것이다.

경제학적인 측면이나 국가정체성 혹은 국가 이미지의 고양이나 과도
한 민족주의적인 시각에 의존하지 않고 좀더 맥락화된 시각을 적용시
키고자 할 때, 한류현상을 보는 문화연구적인 입장은 신자유주의 주도
의 세계화의 자장 속에서, 아시아내의 문화적 근대성의 추구, 지역내
의 수용자들의 문화적인 상상과 수용과정 그리고 문화산업간의 상호
작용을 다양한 층위에 접합시켜 탐색을 시도한다는 특징을 지닌다.[4]
물론 개개의 문화연구적인 작업은 수용자들의 대중문화 텍스트에 대
한 담론분석이나 인터뷰, 특정 지역을 중심으로 이루어지는 현지조사
나 비교연구의 방식을 주로 채택하지만, 이들이 앞에서 거론한 다양한
층위에서—텍스트, 문화현상과 담론의 수준 그리고 경계를 횡단하는
대중문화 상품의 제작과 수용에 대한 지역적 특수성과 불균등성의 고
려라는 측면에서—발현되고 접합되고 있는 복수의 요인들을 적극적으

로 고려한다는 점에서 나름의 균형성을 보여주고 있다. 이 단락에서는 한류현상이 부상하기 이전에 혹은 현재까지도 강한 영향력을 발휘하고 있는 일본 대중문화의 탈지역적인 수용과 유통을 자리매김하는 일군의 문화연구 작업이 보다 맥락적으로 접근하고자 하는 한류분석에 어떻게 유용하게 활용될 수 있는지 그 함의를 먼저 찾아보고자 한다.

이런 의도에서 영미의 문화연구가 그동안 축적한 다양한 해석의 틀과 경험적인 연구방법을 선택적으로 활용해서 동아시아 지역을 중심으로 복합적으로 벌어지고 있는 다양한 문화상품과 이미지들의 생산과 수용, 이동과 지역화의 과정에 대한 일종의 지도 그리기의 작업을 지속적으로 수행해 온 일본의 문화 연구자 고이치 이와부치의 작업을 소개하고자 한다. 고이치 이와부치 교수의 책 『아시아를 잇는 대중문화: 일본, 그 초국가적 욕망』은 동북아시아와 서구에서 현재 유통되고 수용되고 있는 일본의 대중문화 상품들과 이들 상품들이 견인하는 다양한 문화·사회현상들이 지니는 문화정치학적인 함의를 다양한 각도에서 진단하고 있다는 점에서 한류 연구자들에게 중요한 참고점을 제공하는 대표적인 텍스트라고 할 수 있다. 그의 작업은 탈국가적 그리고 탈지역적으로 전개되고 있는 대중문화 현상에 관해서 경제나 정치적 혹은 문화적인 요인을 일방적으로 떼어내어 강조하기보다는, 이들 사이의 접합과 상호작용을 분석의 프레임 안에 위치시켜 접근한다.[5] 동시에 그의 분석은 지구화 시대 탈지역적인 문화생산과 수용의 동학에 관심을 가진 동아시아 지역의 학자들에게 함께 생각하고 논의할 수 있는 많은 논점들을 제기하고 있다고 평가한다. 필자는 한국의 문화 연구자이면서 동시에 다국적 대중문화의 한 수용자로서 많은 공감을 할 수 있는 이와부치의 작업을 먼저 정리한 후에, 그가 던진 논점과 화두들에 대한 코멘트를 제기하고자 한다.

지면상 여기서 이와부치의 작업을 심도 있게 소개하기는 어렵지만, 연구자가 판단했을 때 그는 위에서 언급한 자신의 책에서 이른바 '일류현상'을 보는 다음의 세 가지 주요한 논점을 제기하고 있다: 첫째, 그는 일본이 그간에 주도한 동아시아 영역에서의 탈국가적인 대중문화의 생산과 소비의 과정을 분석하는 데 있어서, 구조적이고 역사적인 시각을 도입한다. 그는 서구를 제치고 새로운 '강자'로 지난 이십여 년간 동아시아를 중심으로 영향력을 행사해 온 일본 대중문화의 부상과 일본 대중문화가 형성하고 있는 이 지역 내의 문화적 헤게모니와 수용 과정을 지구화, 탈국가주의와 상업화된 문화적 혼성성 간의 접합이라는 넓은 맥락 속에 위치시켜 분석한다.

분석의 사례로서 이와부치는 망가와 애니메이션, 대중음악과 게임이라는 대표적인 문화텍스트들로 대변되는 일본식 대중문화가 자국의 문화산업의 주도 아래 때로는 다국적 자본과 협력하면서 어떻게 타 국가 내지는 문화권으로 확산되었으며, 그 확산에 기여해 온 요인과 전술은 무엇이었는지에 관해서 상세한 분석을 제공한다. 그에 따르면 일본식 대중문화의 확산과 세계적인 붐은, 문화산업적인 차원에서 아니메나 포켓몬, 혹은 파워 레인저즈의 경우에서 예시되듯이, 일본의 문화상품들이 문화적 타자로서 '일본적인' 혹은 비서구적인 성격을 의도적으로 탈각시키면서—to make the product 'ordorless'—동시에 이미 전세계적인 수준의 지명도와 관습적인 친밀성을 지닌 미국식 대중문화의 문법과 장르를 능동적으로 전유하는 방식으로 이루어졌다는 특징을 지닌다. 이 점은 국경과 문화·지리적인 경계를 초월해서 상품성과 대중적인 어필을 고양하기 위해서 일본의 대중문화 산업이 이미 세계적인 규준으로 작용하고 있는 할리우드나 미국식 대중문화의 포맷과 배급망을 적극적으로 활용하고, 소비와 수용의 확실한 니치를 확

보하기 위한 전술로 유소년층을 주요 수용자로 특화했음을 의미한다.[6]

다시 말해서 이와부치 교수가 천착하고 있는 일본식 대중문화의 탈국가적인 부상과 영향력의 증대는, 과거의 예에서 보여지듯이 2차대전 이후의 미국식 대중문화가 글로벌한 전형 내지는 거의 단일한 우세종으로 작용했던 시기와는 비교되는, 디즈니나 할리우드로 대표되는 미국식 대중문화가 아직은 범지구적으로 우세하지만 다른 종류의 탈지역화된 대중문화들과 경합해야 하는, 즉 지구화 시대 문화권력이 탈중심화되고 있는 복잡한 현실을 반영하는 중요한 하나의 전범으로 파악될 수 있는 것이다. 탈지역화된 대중문화의 주요한 생산자로서 일본을 비롯한 홍콩과 한국의 부상은 문화생산의 주체로서 생산자인 서구 대 수동적 수혜자로서의 아시아를 포함한 비서구를 가르는 기존의 인식에 일정한 균열과 변화를 일으키게 된 것이다. 일본과 홍콩으로 대표되는 아시아가 애니메이션과 영상면에서 서구와 충분히 겨룰 수 있는 문화적인 세력이자 새로운 재현의 또 하나의 지역적인 중심으로 부상하게 된 것이며, 이는 탈지역적인 문화생산 과정에 대한 기존의 서구중심적인 인식과 서열화를 해체하는 면모를 보여준다.

필자가 보기에 문화생산의 측면에서 아시아를 기점으로 한 대중문화물의 부상은 과거에는 주변화되거나 관심을 끌지 못했던 비서구권이 생산해내는 지역적이고 문화적인 스타일과 차이들이 '표준화'와 '혼성화' 혹은 '혼성적 모방'의 과정을 거치면서, 탈지역적으로 이동되고 수용되는 문화상품 속에서 선택적으로 채택되는 양상을 부각시켜 준다. 예를 들어서, 이러한 상업주의적인 의미의 혼성화와 혼성적인 모방을 보여주는 이 시대의 대표적인 문화텍스트들로 서구의 수용자들을 주요 소비대상으로 삼고 오리엔탈리즘적인 요소와 쿵푸영화의 관습적인 이미지들을 재가공한 장이모의 「영웅」이나 이안 감독의 「와호장룡」을 들 수 있다. 전자가 중국 5세대 감독이 만든 진시황 시대의 역사적인 에피소드를 가상화하는 색채감이 넘치는 이미지로 치장되고 기존의 홍콩 무협영화의 대표적인 액션과 운동의 이미지와 스타일들을 기호화하면서 헐리웃을 벤치마킹한, 지역적으로 만들어진 블록버스터의 형식을 취했다면, 후자는 아시아내의 다국적인 배경을 지닌 스텝과 배우들을 고용하고 서구 관객에게 '동양적인' 이미지의 미학을 선보이는 크로스오버적인 텍스트적인 특징을 제작과 파이낸싱의 영역에서 유연적인 생산방식을 통해서 결합시킨 혼성적 문화생산물로 평가될 수 있다.[7] 한편 대중음악 영역의 '시부야 사운드'의 경우, 라틴음악에서 디스코나 재즈, 포크, 1960년대의 복고풍 사운드와 프렌치 팝 거기에 테크노나 라운지뮤직과 같은 다양한 장르의 음악과 스타일을 샘플링하거나 혼합적으로 채용하는 혼성음악을 만들어냄으로써 독특한 분위기를 지닌 음악적 성과를 이루어내고, 국제적으로도 상당한 지명도를 구가하고 있다. 여기서 떠올릴 수 있는 일본과 홍콩 그리고 한국으로 대표되는 아시아적 대중문화생산의 문법은 서구에서 유입된 스타일과 장르 그리고 생산의 관행을 적극적으로 모방하거나 사용하되, 다국적인 수용자들에게 어필할 수 있는 지역적인 문화의 스타일과 이미지를 특정 장르의—이를테면 블록버스터

7) 전통적인 할리웃 블록버스터의 관습 내에서 와쇼스키 형제가 만든 「매트릭스」의 경우, 홍콩영화의 문법과 일본 망가가 보여주는 상상력을 CG 테크놀로지를 통해서 적극적으로 구현하면서, 주제의식면에서는 '동양적 사고'를 서구의 철학개념들과 접합시킨 할리웃이 내놓은 일종의 잡종적인 텍스트물의 대표적인 예로 볼 수 있다. 즉 메인스트림으로서 할리웃은 최근 20여 년간 이루어진 아시아에서 발원한 대중문화의 잠재력과 스타일적 요소들을 능동적으로 전유하기 시작했다고 볼 수 있다. 한편 한류의 경우에도 아시아권에서 인지도가 높은 전지현을 기용한 영화 「내 여자친구를 소개합니다」의 경우 제작비의 거의 전액을 홍콩 자본이 지원했다는 측면에서 상업화된 혼성성을 지닌 문화텍스트의 현 단계 제작방식과 아시아라는 시장에 대한 전술적인 고려를 엿볼 수 있다.

나 예술영화―생산양식과 탄력 있게 접합시킨다는 점이다.

이제 시선을 아시아 권역내의 일류현상의 수용과정으로 돌려 보자. 이와부치의 논점을 부연하면, 앞서 기술한 일본 문화상품의 미국시장을 중심으로 한 서구로의 유입과 비교할 때, 에니메이션이나 트렌디 드라마와 같은 주력상품들의 아시아 권역내의 수용과 대중문화 공간의 잠식은 아시아 지역내에 형성된 문화적인 근대성과 발아된 도회적인 소비문화의 형성과 밀접한 관계를 설정하면서 성립된 것이다. 세련된 디자인과 깔끔하고 감각적인 영상이미지, 섬세한 표현과 편집, 흥미로운 캐릭터군과 텍스트에 녹아든 개인과 사회를 보는 탈전통적인 규범, 그리고 스타일의 측면에서 '퓨전의 미학'을 개발해낸 일본의 문화상품은, 비디오게임에서 망가코믹, 에니메이션에 이르기까지, 20세기 말에 들어서면서 급속도로 산업화된 환경 속에서, 소비와 이미지에 대한 강력한 갈망을 갖고 있는 동아시아의 소비자들, 특히 청년세대들로부터 단순한 호기심이나 관심을 넘어서는 열렬한 지지와 인지도를 부여받게 된 것이다(Jenkins, 2004). 이 결과 일본 문화상품의 열광적인 팬들, 소위 '일본족'(the Japan tribe)이라고 불리는 일본식 대중문화의 수용을 둘러싼 팬덤현상과 이들을 중심으로 이루어진 광범위한 소비자 베이스가 탈지역적으로 형성되게 되었으며, 이러한 환경 속에서, 그 뒤를 홍콩식 대중문화나 한류의 성장과 더불어 이들 대중문화를 능동적으로 추구하는 다양한 수용자군―한국식 대중문화의 팬들인 '합한족'을 포함하여―역시 뒤따르게 되었던 것이다.

둘째, 이와부치는 방법론 혹은 담론분석의 측면에서 대중문화를 둘러싼 탈지역화된 문화텍스트들의 연계와 생산을 보는 자신의 접근방식을 기존의 문화상품의 생산과 탈지역적인 수용현상을 설명하는 '주류적인' 입장들로부터 차별화시키고 있다. 여기서 주류적인 입장들은

① 민족주의나 애국주의의 입장에서 자국산 문화상품의 타 지역으로의 진입과 수용을 민족적인 프라이드와 결부시켜 강조하거나 ② 경제주의담론이나 시장논리를 중심으로 소프트파워로서 문화산업의 효용성과 가치를 강화한다는 특징을 보인다. 이와부치는 이러한 문화적인 요인을 경제학적인 시각으로 치환시켜 바라보는 신자유주위적인 시각이나, 특정 문화상품의 국경을 넘어선 확산과 유입을 그 문화상품을 생산해낸 문화공동체의 특수성과 우수성을 선전하거나 고양하려는 민족주의적인 혹은 본질주의적인 입장을 비판적으로 해체한다.

동시에 그는 문화상품을 의미와 상징의 매개물로 한정시켜 특정 문화상품이 부상하게 된 맥락성을 홀대하면서 장르 분석이나 텍스트 혹은 코드 분석에만 열중하는 대중적인 문화연구의 일부 경향도 넘어서고자 한다. 이는 그가 의미나 기호의 생산과정에 분석의 렌즈를 한정하는 좁게 정의된 문화주의나 텍스트주의의 한계를 넘어서서, 문화를 의미와 취향구조, 욕망과 상상력, 테크놀로지, 그리고 제도와 물질성의 접합으로 보는 '문화유물론적인' 분석의 방식을 채용하고, 동시에 탈지역적인 문화의 배치와 횡단(transculturation) 그리고 교류를 거시적으로도 접근하기 때문이다. 이와부치는 문화를 상업화의 기제나 경제학적인 변수로 좁혀서 다루려는 입장을 비판하고, 대중문화의 생산과 지역 간의 흐름을 보다 다면화되고 포괄적인 시각으로 접근한다. 이러한 간학제적인 접근방식을 통해서 그는 국가 간 그리고 지역 간의 문화의 흐름과 횡단을 보는 보다 입체적이고 다층적인 문화모형을 제시한다.[8]

그는 "동아시아의 현재, As Asian 'Here and Now'"라는 지난 2월 광주에서 열렸던

8) 지면상 여기서 일류나 한류의 타 지역으로의 유입과 관련된 제도적인 요인들을 자세히 기술할 수는 없지만, 1990년대 이후 대만이나 중국을 중심으로 이루어진 상당한 수준의 미디어 시장의 개방과 탈규제 역시 가격면의 경쟁력과 대중적인 소구력을 지닌 일본과 한국의 대중생산물들이 아시아권에서 약진할 수 있는 환경을 조성했다(이경숙, 2004).

아시아문화심포지움에서 발표한 논문의 한 섹션에서 트렌디 드라마를 중심으로 한 일본식 대중문화의 텍스트들이 서구의 경쟁 텍스트들과 비교할 때 동아시아의 수용자들에게 크게 어필할 수 있었던 요인들을 일상성과 경험, 취향구조와 라이프스타일의 공유, 그리고 공감의 구조라는 측면에서 접근하고 있다. 즉 지리적인 근접성이나, 그간의 한류연구에서 흔히 채택되었던 '문화적 근접성'이나 '문화할인'이라는 개념 대신에 '동시대성'(contemporaneity)과 문화적인 근대성의 체험이라는 측면에서 일본식 대중문화가 동아시아에서 폭넓게 대중성을 획득하고 능동적으로 수용되거나 '전유'될 수 있는 근본적인 이유를 찾고 있는 것이다.[9]

9) '문화적 근접성' 혹은 유사성은 특히 한류현상이 막 시작되었다고 진단되던 시점에 국내 학자들에 의해 주도적으로 채택되던 개념이었으며, 한국 대중문화의 동아시아에서의 성공적인 수용과정은 한국문화 텍스트 내에 존재하는 유교주의와 끈끈한 가족관계라는 요인들이 아시아권의 수용자들에게 크게 어필했던데 그 이유가 있다는 식의 몇 개의 요인만을 과도하게 강조하는 분석이 주종을 이루었다.

달리 풀자면 일본식 대중문화와 일본식 대중문화상품을 소비하고 그러한 일본식 대중문화상품의 생산전략을 벤치마킹하는 대만이나 홍콩, 한국의 문화상품들은 제도적인 측면에서 근대화의 프로젝트를 어느 정도 안착시켰고, 탈전통화(de-traditionalization)의 과정을 사회적으로 격렬하게 체험하고 있으며, 소비와 '쿨'한 이미지와 문화물에 눈을 돌린 중산층과 청년세대를 갖고 있는 동아시아에서 어필할 수 있는 여러 가지 요건들을 갖추고 있다는 것이다. 나아가서, 잘 다듬어진 상품으로서 동아시아 지역에서 소비되는 일본의 대중적인 문화물들은 아시아 지역 내에 부상하고 있는 일련의 동질성을—소비주의, 코스모폴리타니즘, 다문화주의, 도회성—접합하거나 선택적으로 차용하는 전술을 보여준다(유끼에, 2005; 이동후, 2004).[10]

세 번째로 이와부치 교수가 제기하는 논점은 일본식 대중문화 그리고 그 뒤를 뒤따르는 한국식 대중문화의 부상과 동아시아내에서의 일상 속으로의 유입이 과연 문화 간의 대화와 교류를 촉진하는 '진정한' 소통과 상호이해 그리고 성찰의 계기가 될 수 있느냐는 질문이다. 이 논점이 함의하는 바는 다음과 같이 정리될 수 있다고 본다: 현재 한류나 일본 대중문화물의 수용자들이 만들어내거나 이들의 활동을 통해서 연계되는 탈지역적인 공간은 전적으로 소비화된 공간이나 다국적기업이나 국가와 같은 초주체들만이 독점적인 지배력을 행사하는 영역만은 아니라는 사실이다.[11] 즉 한국 내에서 이미 부상한 일본이나 다국적인 문화의 팬덤이나 마니아문화 혹은 힙합이나 '홍대 앞 인디문화'로 지칭되는 클럽문화의 예에서 보여지듯이, 탈지역적으로 이루어지는 문화의 수용과 모방 그리고 전유과정에는 소비자본주의의 역학을 우회하는 탈자본주의적인 욕망이나, 탈지역적으로 공유되는 하위문화의 스타일과

10) 수용의 측면에서 보았을 때, 아시아내의 일본식 그리고 한국식 대중문화물의 수용은 상당히 차별화 된 지역적 특성을 드러내고 있다. 최근의 '욘사마' 현상에서 드러나듯이, 노스탈지아는 한류가 성공적으로 중년의 일본 여성 수용자들에게 어필하는 중요한 요인으로 설정되기도 한다. 백원담 성공회대 교수는 지난 2월 24일 광주 아시아 문화심포지엄에서 행한 발제에서 '한류는 문화의 지역화추세, 새로운 아시아적 문화의 구성 과정을 가늠하는 좋은 기제가 된다'면서 한류를 '동아시아의 새로운 지역성을 형성해 가는 열린 과정으로 바라볼 필요가 있다'고 밝혔다. 백 교수는 '일본에서의 한류가 '세련된 향수(노스탤지어)의 소비', 중국에서의 한류는 '자국 문화산업의 적정한 참조체계', 베트남 등 제3세계에서는 '아시아문화의 중층적 구조를 표상한다'면서 한류 현상에서' 지역의 문화가 하나의 문화적 동질성으로 이루어진 것도, 이루어지는 것도 아니라 서로 상이한 문화의 공존으로서 현상해야 한다는 사실을 확인할 수 있다'라고 주장했다. 백원담, "동아시아에서 문화적 지역주의 형성의 가능성과 조건," 광주 아시아 문화 심포지움: 글로컬 시대 아시아 문화연구의 쟁점, 발표집 p.55, 2005. 2. 24.

11) 물론 '경계없는(borderless) 시대'로 자주 표상되는 세계화 속의 현실 속에, 다소 거칠게 표현해서, 전지구적으로 유동하는 자본과 탈국가적인 계급을 제외하고는, 사실상 경계와 국경은 여전히 존재하며 굳건하게 수호되고 있다는 주장에도 귀를 기울일 필요가 있다. 이주노동자에 대한 국가의 감시와 통제가 그 대표적인 예일 수 있다.

감수성을 매개로 한 새로운 (반)자율적인 문화적인 실천과 상호이해, 그리고 연대의 가능성들을 담지하는 탈지역적으로 형성되는 공공영역들이나 '경계지역'(border zones)들의 존재, 그리고 본질주의적인 문화를 추수하지 않는 대신 '코스모폴리탄적인' 문화를 추구하는 수용자층 역시 분명히 존재하고 있다는 측면이다. 그는 국가 대 국가 간의 대중

문화의 흐름은 상업화된 통로 이외에도 지역과 지역 그리고 다양한 층
위의 하위문화나 소수문화의 수용자들을 연결시켜 주는 문화의 전유
와 횡단을 둘러싼 복수의 흐름과 움직임들이 내재하고 있으며, 이들은
상징정치의 측면에서 상업화된 주류문화와 탈국가적 대중문화의 논리
에 포섭되지 않는 나름의 감성과 정체성 그리고 문화적인 실천양상을
보여주기도 한다는 점을 강조한다.[12]

12) 대중음악 연구자인 신현준 역시 2005년 2월 22일 성공회대학교에서 열린 아시아 대중문화연구 국제 세미나에서 본 연구자와 비슷한 견해를 밝힌 바 있다.

일례로 문화연구는 한류나 일본 대중문화를 선호하는 동아시아의 다양한 수용자집단이 탈지역적으로 형성하는 공간을 매개로 이루어질 수 있는 혼성적인 문화 간의 이해와 교류 그리고 대화를 '아래로부터의 지역화'나 문화의 횡단과 외래문화의 수용이 견인하는 긍정적일 수 있는 복잡한 생산물로 정의하고, 간지역적 사고와 대화 그리고 문화를 통한 이해와 소통의 가능성을 적극적으로 탐문해 왔다. 다시 말해서 문화연구는 국가주의나 자문화 우선주의의 한계를 벗어나서 상대방이나 타자의 문화를 이해하고, 그들과 소통하려는 노력이 이루어질 수 있거나 '소수문화'나 팬문화의 상대적인 자율성과 문화적인 창조성이 보장되고 실천되는 새로운 공간의 성립가능성에 대해서 다양한 측면에서 모색을 시도해 온 것이다. 이것은 문화연구가 주류의 소비담론이나 신자유주의적인 담론에 탈지역적으로 이루어지는 문화의 수용과 교류가 전면적으로 포획되지 않도록 일종의 '안티테제'로서 탈지역적인 공공영역과 접촉공간들의 존재들을 전술적으로 설정할 필요를 느꼈음을 의미한다.

하지만 이 경우에도 이와부치는 일본 내 소수자 그룹을 형성하고 있는 재일 코리언들의 예를 들어서 최근 부상하고 있는 한류라는 '붐'이 기존의 민족주의나 탈식민주의적인 요인들과 조우하면서 이들에게 자

기권능화의 기회뿐만이 아니라, 이들을 속박하는 기제로도 사용될 수 있음을 날카롭게 지적한 바 있다(2004, 111~112).[13] 한류는 그간 일본 내에서 부정적으로 예단되어 온 한국의 이미지에 대한 재고와 새로운 깨달음을 부분적으로 이루어내는 기회일 수 있다. 하지만 보다 신장된 한국의 이미지는 재일 코리언들에게 또 하나의 본질주의적인 그리고 긍정적으로 갑자기 포장된 문화의 이미지를— '성난 쏘오센싱이 부드럽고 온화한 쪼오센징으로 변하' 는—떠넘기거나, 북한 때리기와 새롭게 발견한 남한에 대한 승인 그리고 쿨한 한국이라는 이미지의 고양을 상호비교하게 함으로써 일본 내에서 잠재적으로 새로운 '차별의 정치'(exclusionary politics)의 기제로도 작용할 수 있다는 점이다.[14] 달리 풀면 최근에 한일관계에 일정한 변수로 등장한 한류현상과 한국붐은 두 나라 간의 경계의식에 강한 영향력을 행사해 온 배타적인 민족주의와 역사적인 앙금을 일정 부분 해빙시킬 수 있는 가능성을 보여주기도 했지만, 그것이 재일 코리언들이라는 일본 내의 '귀찮은 타자'와 그들의 존재를 형성시킨 식민주의라는 특정한 역사적인 관계와 요인들에 대한 일본의 깊이 있는 자기성찰적인 재인식으로 승화되고 있다는 증거는 아직 찾아보기 어렵

13) 인터넷 공간에서 흔히 목격할 수 있는 현상은 타자의 문화에 대한 열린 관심과 동경이 타자를 배타시하거나 본질주의적으로 규정하는 민족주의적인 담론과 종종 충돌을 일으키기도 한다는 점이다. 월드컵으로 신장된 한일 간의 상호이해가 그간의 국가주의적 그리고 민족주의적인 상상력의 발호에 일정한 균열을 내게 했다면, 최근의 독도사태는 그러한 움직임을 한시적이라 해도 역류시키거나 공격적인 민족주의의 자장 안으로 재영역화시키는 국면을 만들어내고 있다. 여기서 고려해야 할 또 다른 중요한 요인은 국가나 지역적인 경계를 넘어서는 문화의 교류나 수용에 제한을 가하는 현실의 조건들인데, 여기에는 이 지역에 드리운 일본 식민주의라는 역사적인 경험과 일본 문화의 패권적 성장을 경계하는 시선과, 일본이나 한국의 대중문화가 공유하거나 매개하고 있는 근대적이고 도회적이며 다문화적인 상상과 이미지들이 상호충돌하고 있다는 사실이다.

14) 황성빈(2005), 「일본의 한류열풍」, 『창작과 비평』, p.373 참조. 또한 한일관계를 바라볼 때, '겨울연가 현상'이나 보아로 대표될 수 있는 일본내의 한류현상이—기실 다언어적인 배경과 스타일을 채용하는 세련된 기획물로서의 초국적인 아시안 팝의 부상이—과연 한국과 일본과의 오랜 역사적 갈등과 앙금관계를 해소할 만큼의 치유제로 작용하거나, 양국 간의 관계와 상호이해를 성찰할 수 있는 중요한 기회로 작용할 것인가에 대해서는 여전히 의문을 제기할 수 있다. 동시에 최근의 한류를 통한 한일 간의 이해의 증진이라는 담론은 재일 코리언이라는 일본인도 한국인도 아닌 특수한 정체성을 지닌 집단의 문제를 국가 대 국가의 상호이해와 교류라는 문제틀 속에 귀착시킴으로써 오히려 재일 코리언의 문제를 탈역사화하거나 주변화시키는 효과를 낳기도 한다.

다는 한계를 보인다는 점에서 이와부치의 지적은 귀담아 들을 만하다.

3. 탈지역적 문화의 생산과 수용을 어떻게 경험적으로 분석할 것인가? 다지역적으로 벌어지는 현장연구와 민속지학의 가능성과 필요성

　　문화연구의 영역에서 아파두라이(Arjun Appadurai)에서 홀(Stuart Hall), 덜릭(Arif Dirlik)에서 바바(Homi Bhabha) 그리고 몰리(David Morely)에 이르기까지 이와부치가 전술적으로 활용하는 당대의 잘 알려진 문화 이론가들은 다양한 이론적 앵글과 문제의식을 통해서 복잡다단하게 얽혀 있는 지구화 시대의 문화와 문화권력을 둘러싼 정경과 탈지역적으로 소비되는 문화의 출현과 흐름 그리고 문화간에 이루어지는 잡종화(creolization)내지는 혼성화 현상을 심도 있게 분석하고자 하는 새롭고 탄력 있는 해석의 틀을 지속적으로 만들어 왔다(Hall & du Gay, 1996; King, 1991; 심두보, 2004).

　　이들의 작업은 디아스포라, 다문화주의, 경계의 횡단(boundary crossing), 문화의 탈영역화와 재영역화, 문화와 정체성을 재편하고 있는 세계화, 탈식민주의와 같은 메타이론틀을 선택적으로 차용하는 작업에서, 다지역적으로 수행되는 현장조사를 토대로 한 민속지학이나 문화수용의 장소로서의 지역을 닫힌 공간이 아닌 일종의 교차로로 보는 다양한 장르와 접근방식을 포함하고 있다.[15] 이러한 이론의 병목현상을 만들 만큼 한편으로는 복잡하면서, 동시에 다양한 접근방식과 경험

---

15) 후자의 경우 탈지역적인 문화수용과정을 일상 속에서 디테일하게 접근하고 두껍게 기술하는데 분석의 주안점을 둔다면, 전자의 경우 자본, 문화산업, 국가 그리고 수용자가 어우러져 만들어내는 탈국가적인 문화생산과 흐름의 지형을 거시적으로 조망하고 비판적으로 분석하는 데 강조점을 두고 있다.

조사를 통해서 활성화된 탈지역적인 수준에서 수행되는 문화연구는 과거의 지배적인 문화의 타문화권으로의 확산과 문화 간의 교섭과 왕래를 바라보는 데 흔히 채택되었던 문화제국주의나 문화적 본질주의의 틀과 한계를 벗어나고자 부단한 노력을 기울여 왔다.

다시 한 번 강조하지만 이와부치의 분석에서 (대중)문화는 특정 문화권에 내재하는 특징적인 가치나 성향이 녹아 들어간 균질적이거나 자체적으로 완결된 텍스트나 구성물로만 한정되지 않으며, 그 자체가 다양한 문화적인 스타일과 징르, 담론적인 개입, 산업적인 이해관계와 대중적인 상상력이 복잡하게 접합된, 동시에 열려진(porous) 구조를 지닌 복합적 그리고 혼성적인 생산물이다. 그는 과거에 주도적인 프레임웍을 제공하던 문화제국주의가 강조하는 문화생산과 흐름의 일방향성을 비판하고, 보다 역동적이면서 역사화된 시각을 도입하고자 한다. 예를 들어, 그는 일본의 대중문화가 전후의 소비자본주의의 발흥과 연계되어 성장하면서 채택한 다양한 전술과 아시아에서의 일본 문화의 붐을 둘러싼 경쟁하는 담론들을—예컨대 민족주의, 오리엔탈리즘, 상업화된 '아시아주의'(Asianism)와 일본의 '초국가적인 욕망'에 이르기까지[16]—세밀하게 국면에 따라 차별화시켜 분석한다. 이는 지역 간의 문화교류와 흐름, 그리고 문화를 둘러싼 협상과 투쟁을 하나의 강력하지만 지나치게 편향된 시각으로 고착시키거나, 특정 지역에서 완성된 우월한 문화생산물이 타지역의 문화시장을 압도하거나 침투한다는 식의 문화를 대하는 닫힌 프리즘을 비판하고 극복하려는 문화연구의 맥락주의적인 기본 입장을 이와부치가 취하고 있기 때문이다.

16) 즉 아시아에 속하지만 아시아를 뛰어넘는다는 발상이나, 다시 아시아로 귀환하자는 이른바 '탈아입구'를 강조하는 입장들이 일본내에서 역사적으로 채택되고 투사되었던 아시아주의의 변화된 버전들이라고 말할 수 있다. 이러한 일본의 지배적인 담론으로서의 아시아주의 속에는 이제는 성장과 근대적인 동력을 상실한 일본이 그러한 동력을 보여주고 있는 아시아의 이웃들에게서 자신의 옛 모습을 발견한다는 식의 퇴행적인 노스탈지아 효과가 작용한다.

필자 역시 강력한 문화현상이자 담론으로 최근 몇 년 간 급부상한 한류현상을 바라보는 현재의 한국의 맥락에서도 이와부치 교수가 취하고 있는 균형적이면서도 조심스러운 접근방식이 필요하다고 본다. 한국사회 내에서 한류현상을 분석하는 대다수의 담론들은 이른바 '문화전쟁'의 시대에 한류를 경제중심적인 시각에서 새로운 방식으로 상업적인 이익과 고양된 국가 이미지를 담보해 주는 절호의 기회로 등치시키거나, 한국 대중문화와 스타시스템의 우수성과 능력을 과대평가하는 자기만족적인 미디어 담론이나 성급한 저널리즘에 의해 과대포장되거나 '포섭'되기도 한다. 다시 말해서 한류를 둘러싼 주류담론 속에는 한국 대중문화물의 약진을 바라보는 소아적 문화우월주의의 냄새가 진하게 풍기며, 동남아와 중국을 포함한 문화적 타자들은 우리와의 대화상대라기보다는 소비대상이자 시장으로서만 고려되고 있다. 이들 지배적으로 사회내에 유포되는 한류를 둘러싼 문화담론 그리고 저널리즘의 담론들 속에는 앞서 제기한 간문화적인 소통과 결연을 전면에 두거나, 불균등한 문화의 재현과 횡단을 둘러싼 타자화(othering)의 전술이나 문화적 본질주의의 오류나 위험성을 성찰적으로 인식하고자 하는 노력들이 심각하게 결여되어 있다는 한계를 보이고 있다.[17]

이제 세 가지 정도 이와부치의 작업에 대한 제언을 해보고자 한다. 잠시 언급되긴 했지만, 이와부치의 작업에서 자세하게 기술되고 있지 않은 부분은 그가 몇 개의 동아시아 지역에서 수행한 경험조사 그리고 사례연구와 관련된 부분이다. 아시아 지역의 문화왕래와 혼성화되고 탈지역화된 대중문화의 성장을 분석하는 이와부치 교수의 작업은 명징하고 제도적, 역사적 그리고 담론적인 요소들을 적절하게 고려하고 있기 때문에 후발 연구자들이 벤치마킹할 수 있는 훌륭한 지적인 노력으로 평가될 수 있다고 본다. 다만 하나 아쉬운 점은 그의 작업에서 자신이 수행한 현장 인터뷰나 경험연구가 세밀하게 포착되거나 두껍게 기술되고 있지 않다는 점이다. 필자는 특히 한류현상과 일본의 대중문화의 동아시아내의 흐름과 다양한 사회지리적인 공간에 존재하는 수용자 그룹과의 상호작용을 분석하는 데 있어서 하나 이상의 장소에서 이루어지는 현장조사와 심층 인터뷰 그리고 참여관찰을 통해서 행해지는 민속지학(multisited ethnography)이나, 과도한 국가주의를 전술적으로 우회하는 로컬과 로컬을 연결하는 탈지역적인 연구(translocal analysis)의 장점과 가능성이 향후 동아시아내의 대중문화의 문화정치와 동학을 논할 때에 마땅히 심도 있게 고려되어야 한다고 본다(Murphy and Kraidy, 2003).[18]

많은 문화 연구자들이 동의하듯이, 문화 연구의 운용은 탄력적이고 세련된 이론을 통한 맥락에 대한 정치한 분석과 더불어, '민속지학적인 상상력'을 통해서 아래로부터의 경험적인 현실을 조명하는 노력을 포함한다. 일례로 민족주의와 문화적인 본질주의가 비교적 공고한 동아시아에서 어떻게 타국에서 생산된 문화물들이 청년세대나 청년문화의 정경(youthscape)를 중심으로 능동적으로 그리고 때로는 '저항적'으로 수용되거나 전유되는지의 과정을 알기 위해서는 단기간이 아닌, 중장기적인 측면의 현장조사와 해당 연구지역의 연구자들과의 협업을 수행하는 방식의 지역간 비교연구나 새로운 하위문화연구와 같은 민속지학적인 접근이 더욱 필요히다고 볼 수 있다.[19] 일본이나 한국의 대중문화물이 불러오는 붐과 관심은 아시아의 다양한 공간 속에 위치한 크고 작은 행위자들의 실

18) 이러한 최근에 수행되고 있는 문화연구들은 탈지역적 그리고 초국가적으로 이루어지는 문화의 생산과 수용을 민속지학을 이용해서 탄력적으로 수행한다.

19) 주어진 공간의 여건상 여기서 새로운 유형의 하위문화 연구를 소개할 수는 없지만, 최근의 하위문화 연구는 문화연구의 초창기에 주도적으로 활용되던 버밍엄스쿨의 '저항'이론에서 탈피해서 대중음악과 문화의 지역간의 교류와 수용을 대안적인 포스트모던한 감성의 표출이나 새로운 하위문화족(neo-tribalism)의 형성을 통해서 구체적으로 접근한다는 특징을 보여준다. Muggleton, D. & Weinzier, R.(Ed.) (2003), *The Post-subcultures Reader*. Oxford: Berg 참조.

행과 이들이 공유하는 사회적인 실행으로서의 상상력 간의 끊임없는 상호작용과 영향의 결과이며, 민속지학과 지역연구는 이러한 행위자들 중에서 특히 문화산업과 기획사가 탈지역적인 문화생산에 개입할 때 작용하는 조직문화와 기획 그리고 전술을 재현하고, 다양한 공간과 지역에 존재하는 탈지역적으로 소비되는 대중문화의 수용자와 팬들이 빚어내고 일상적으로 수행하는 의미와 욕망, 상상력과 공감의 결을 찾아내는 데 중요한 단서들을 제공할 수 있기 때문이다.

두 번째로 이와부치의 연구를 포함해서 이제까지 이루어진 대다수의 지역간의 문화의 흐름과 횡단을 분석하는 연구들이, 담론분석이나 현지조사와 같은 경험연구를 통해서 지역적으로 차별화되는 아시아권의 대중문화의 수용을 그려내고 있지만, 젠더와 성정치학이라는 문제틀을 적용한 구체적인 연구성과를 내고 있지 못하다는 한계를 지닌다. 이는 소위 일류현상이나 한류현상의 대표적인 유형인 트렌디 드라마나 대중음악 팬덤의 팬과 주요 수용자가 여성이라는 측면에서 아쉬움을 느끼게 하는 대목이다. 이와부치의 연구 역시 탈지역적으로 수용되는 대중적인 텍스트에 대한 성정치학적인 시각이 충분할 정도로 강조되고 있지 않다는 점에서 일정한 한계를 내포한다. 이 점에서 일본 내의 '겨울연가' 현상을 일본의 중년 여성층이 이 특정 텍스트에 대해 능동적인 주체가 되어 수행하고 있는 정서적인 몰입과 이들의 한국 방문을 미디어 순례기(media pilgrimage)와 미디어 리츄얼의 개념을 활용해서 미디어와 관광 그리고 대중적 이미지의 소비라는 연계된 맥락 속에서 형성되고 있는 일련의 텍스트들의 결합을 균형 있게 분석한 히라타 유끼에(2005)의 수용자 연구가 하나의 보완적인 모델로서 고려될 수 있다.[20]

세 번째로 탈지역적으로 이루어지는 문화의 생산과 수용 그리고 횡단과 관련된 문화연구의 작업에서 담론분석의 차원이나 팬덤의 분석만이 아닌 좀 더 제도적 요인들에 대한 분석이나 정치경제학적인 차원의 연구가 보완적으로 이루어져야 한다는 점을 강조하고 싶다. 일반적으로 문화연구는 다국적 문화기업의 소유구조와 합병, 시장 지배력 그리고 이들이 행사하는 문화적 헤게모니작용을 중심으로 한 거시적인 차원의 문제를 다루는 비판적인 정치경제학적인 접근이 채택하는 문화에 대한 전반적인 접근방식이 도구적이거나—문화를 구조의 존재에 의해 주도적으로 영향받는—문화의 상대적인 자율성을 지나치게 단순화시켜 정의한다는 측면에서 강한 비판을 받아 왔다. 주지하다시피, 이 비판이 상당한 호소력을 지니지만, 그럼에도 문화연구가 대중문화의 탈국가적인 소비와 수용을 다루는 데 있어서 산업적이고 정책적인 측면에서 상당한 한계와 취약성을 드러내고 있는 점도 인정해야 한다.

이런 점에서 탈지역화된 문화현상을 분석하는 데 있어서 때로는 문화연구와 일정한 긴장과 대립각을 유지하고 있는 비판적 정치경제학적인 접근과 상상력이 지니는 유용성을 문화연구의 작업과 접목시키는 문제를 심도 있게 고려할 필요가 있다. 일례로, 미국의 정치경제학자인 로버트 맥체스니(2002)에 따르면 1990년대는 초유의 기업인수와 합병을 통해서 소수의 미디어기업들의 출현을 목도하게 된다. AOL—Time Warner, Disney, Sony, Bertelsmann, News Corporation, Viacom, Vivendi International과 같은 거대기업들은 국가간의 경계를 초월해서 전지구적으로 활동하는 거대 미디어기업들이며, 이들의 연간 매출액은 35억 불에서 10억 불을 상회한다. 이들 기업은 탈국가적인 미디어생산과 소비의 주체들이며 전지구적인 인지도를 지닌 미디어 콘텐츠와 브랜드들을—영화, TV 프로그램, 책, 음악, 게임 등의—제작하고 배급하는 다국적 기업군으로서의 거대한 영향력을 행사한다. 이들 뒤에 약 50~70개의 미디어기업들이 글로벌화된 미디어 시스템의 하부구조를 이루고 있다. 맥체스니에 따르면 이들 거대 미디어기업들은, 기존의 미디어 혹은 문화제국주의에서 이론화하듯이 중심부에 본부를 두고 비서구 지역에 미디어상품을 일방향적으로 유입시키는 방식으로 경영을 하기보다는, 목표로 하는 지역에서 최대한의 이윤을 내기 위해서 과감한 조인트벤처와 지역화라는 유연전략을 구사하고, 그 지역에서 연합할 파트너를 적극적으로 모색한다는 점에서 차별화된다. 동시에 이들 기업들은 이윤을 극대화하기 위해서 그들이 파는 미디어 콘텐츠를 다양한―이른바 원 소스 멀티 유즈라는―방식으로 상업화할 뿐만 아니라, 이러한 시장에 대한 독점적인 권력작용은 기존의 공영 미디어 체계의 운영과 존립기반을 흔들기도 한다. 맥체스니에 따르면 그 결과 존립기반이 허약한 공공적 혹은 독립미디어는 사유화된 미디어와의 경쟁과정 속에서 상업적 스탠더드에 맞추어 경쟁할 것을 강요받게 된다.

노움 촘스키나 로버트 맥체스니의 작업으로 대표되는 비판적 정치경제학의 방법론적인 특징은 이들이 집요한 자료 모으기와 풍부한 사례분석과 경험분석을 통해서 시장적 자유주의의 발호 아래서 전세계적으로 유통되는 미디어와 문화의 소비과정에 독과점적인 영향력을 행사하는 거대기업들의 역할과 그들의 과도한 상업주의(hyperconsumerism)를 비판적으로 자리매김하는 작업을 수행해 왔다는 점이다. 이들은 이러한 작업을 통해서 주류의 커뮤니케이션 학자들이 간과하거나 정치적으로 민감하기 때문에 기피하는 주제들에 대해서 정치한 분석과 거대 미디어산업이 유포하는 지배적인 신화들을 해체하는 작업을 제공해 왔다. 이들 학자들의 작업은 전지구적으로 이루어지고 있는 거대매체기업들의 집중화된 소유구조와 탈규제라는 맥락 속에서의 그들의 영향력의 확장, 그리고 거대 미디어그룹들이 권력과의 밀월관계를 통해서 실현하는 상업적인 이해관계와 정부정책의 입안과정을 비판적이고 역사적인 해석의 틀을 빌려 분석하고, 그러한 비판과 분석을 넘어서서, 보다 민주적이고 공공성이 담보된 미디어 환경과 수용의 과정을 수립하기 위한 구체적인 정책적인 대안들을 제공하고 이를 공개적으로 설파하고 행동에 옮긴다는 공통점을 지니고 있다.

한류현상을 대하는 문화연구는 이러한 비판적인 정치경제학적 접근으로부터 산업적 요인들 및 문화의 초상업화과정에 대한 심화된 문제의식과 더불어 개입적인 의미의 미디어 액티비즘의 교훈을 적극적으로 배워 올 필요가 있다. 주지하다시피 한류현상의 중심에는 소수의 연예기획사가 주도적인 견인체로서 한류의 스타들을 길러내고, 마케팅하며, 한류현상이 지속될 수 있는 저변과 환경의 수립을 위한 기획의 주체로서 절대적인 영향력을 구사하고 있다. 일례로 이수만이 주도하는 SM엔터테인먼트의 경우 한류스타들의 인지도와 한류를 둘러싼

SM엔터테인먼트
소속 가수들

분위기를 띄우기 위해서 2002~2003년 사이에 중국에서 70억 원을 들여서 무료 공연을 기획하기도 했다.[21] 물론 아직까지 한국의 연예기획사들이 서구에 근거지를 둔 다국적 문화자본과 결합되거나 사업상의 결연관계를 맺고 아시아시장을 본격적으로 공략하고 있는 것으로 보이지는 않는다. 그럼에도 한류현상의 상업화과정에 깊숙이 개입하고 있으며, 한류의 흐름으로 매개되는 문화의 '교류'와 소비와 광고를 둘러싼 프로모셔널 문화의 형성의 중심에 있는 이들 연예기획사들의 제도적인 관행에 관한 연구가 어떤 형태로건 이루어져야 한다는 점에서 비판적 정치경제학적인 분석의 당위성과 필요성이 개진될 수 있다. 특히 현 단계에서 한류현상의 중심에 있는 스타시스템을 운영하고 타지역으로의 진출을 적극적으로 시도하고 있는 한국의 연예기획사의 조직문화와 마케팅 그리고 이들이 최근에 모색하고 있는 현지화의 전술에 대한 분석이 거의 이루어지지 않고 있는 상황에서 문화연구는 제도적인 요인들을 추적하는 정치경제학적인 접근방식을 과감히 수용할 필요가 있다.

21) 대중문화물의 현지화전술과 관련해서 한류현상을 이끄는 한국 대중음악의 실세인 SM엔터테인먼트는 최근에 한국 출신 가수만이 아닌 한중 혼합팀과 중국 가수를 발굴해서 중국의 음반시장을 공략하는 현지화전략에 대한 입장을 밝힌 바 있다. 일례로 최근에 이루어지고 있는 HOT나 핑클에서 '동방신기'나 '천상지희'와 같은 중국식 명칭을 지닌 댄스그룹으로의 명칭변화는 연예기획사들이 특정한 지역시장을 고려하고 있는 다양한 전술의 한 단면을 보여준다. 유상철 등(2005) 참조.

4. 결론을 대신해서 : 탈지역적 문화의 흐름과 수용 속에서 대안적인 의미의 아시아는 누구에 의해 상상되는가?

하위문화와 대중문화의 팬덤을 경유하는 민속지학적 문화연구와 담론분석을 활발하게 수행해 온 이동연은 아시아 문화연구를 주제로 한 최근의 발제에서 "한국의 문화콘텐츠가 아시아 각국마다 어떻게 수용되고 있는지 탐색해 보는 것은 아시아 내 공통의 문화경험의 사례들이 발견되길 희망하는 문화 연구자들에게 흥미로운 주제"이지만 "대체로 한류에 대한 아시아 문화 연구자들의 방법론은 (단순한) 비교연구의 수준에 머무른 감이 있다"라고 지적하면서, 문제는 '담론과 실천, 텍스트냐 현실이냐 사이의 이분법적인 선택이 아니라 담론을 조직하고 발언하는 방식'이라고 지적한 바 있다. 이동연은 아시아의 현실과 미래에 대한 대안적인 지식생산을 위해서는 아시아 문화 연구자들 간의 소통과 문제의식의 공유 그리고 새로운 네트워킹이 필요한 시점이라는 점을 강조한다. 그는 아시아 문화연구의 비판적 재구성이 네트워크의 방식과 공동성찰 그리고 협업을 통해서 지금보다 '급진적인 실천'과 대안적인 상상의 토대 위에서 이루어질 수 있는 가능성을 제기한다. 그는 아시아 문화연구의 주체구성 방식을 학술영역에서 벗어나 사회운동과 신자유주의 비판의 영역으로 확대하고, 아시아 각국의 지배적 문화정책에 대한 개입과 비판의 지점을 공유하고, 아시아 지역의 수용자들의 문화적 권리와 다양성의 확보를 위한 투쟁, 초국적 미디어 자본의 생산체제에 대한 비판, 그리고 이들 수용자들이 보여주고 있는 다국적인 소비와 대중문화에 대한 욕망과 즐거움의 추구를 비판적으로 해석하고, 견인하고자 하는 다자간의 교류의 망을 추구하는 노력이 필요하다는 의견을 강조하기도 했다.[22]

필자는 이동연의 논점 제시와 제언에 많은 점에서 동의한다. 개인적으로 한류현상에 대한 분석과 조망은 대중문화의 수용과 정치성을 두고 오래도록 천착해 온 문화 연구자들에 있어서도 그들이 지닌 문제의식과 방법론을 생산적으로 활용할 수 있는 좋은 기회이자, 마땅히 필요한 개입의 한 형태라고 말할 수 있다. 이러한 작업의 전제로 한류현상은 일본식 대중문화의 탈지역적인 흐름과 헤게모니 작용을 뒤따르는 혼종교배에 의한 잡종문화의 한 특수한 형태이고, 한류현상이 탈지역적으로 공유되는 욕망과 상상을 팝아시아주의(pop Asianism)와 강력한 대중적인 소구력을 지닌 '아시아적 감수성'의 한 형태로 실현시키기도 하지만, 동시에 그러한 움직임과 가능성들이 뿌리 깊은 국가주의의 그림자와 애국 마케팅의 자장 안에 놓여 있다는 자기인식을 바탕으로 할 때에 보다 유의미한 접근방식과 연구성과를 제공할 수 있다고 본다. 한류와 연관된 다양한 담론과 현상을 대하는 연구자들은 아시아권에서의 한류현상을 연구해 온 백원담의 다음과 같은 관찰과 제언이 시사하는 바를 곱씹어 볼 필요가 있다.

> 한류를 통해서 확인한 것은 지역의 문화가 하나의 문화적인 동질성으로 이루어진 것도 이루어지지 않은 것도 아니라 서로 상이한 문화의 공존으로서 현상을 이해해야 한다는 것이었다… 동아시아 전역에 흐르는 문화적인 지류들의 반짝이는 흐름들(과) 전경들의 역사적이고 현실적인 응결지점들, 그것이 서로 마주치는 지점들을 세세하게 살펴보고 더듬는 가운데, 새로운 지역관계의 상을 문화적으로 그리는 문제뿐만 아니라 그것을 동력화해 갈 수 있는 연대운동을 문화적으로 전개해가는 것, 그 속에서 획득되는 새로운 지역성, 문화적 지역주의의 진정한 가능성이란 그 역동성들의 절합 여부에 달린 것이다.[23]

어쩌면 한류현상이라는 한국 대중문화물의 약진에 고무된 '현실론자'나 '정책론자'는 위에서 인용한 이동연이나 백원담의 비판적인 입장이 지나치게 이상적으로 들린다거나, 상업적 이익을 내지 못하는 — 돈이 안되거나 국가 이미지의 제고와는 거리가 있는— 한류라는 문화

현상이 문화의 자본화 그리고 헌팅톤 류의 문화패권주의나 이어령 류의 '한류DNA론'과 같은 기회주의적인 문화담론들이 대세인 지금의 형국에서 얼마나 의미 있는 메아리를 만들어낼 수 있겠느냐고 반문할 수 있을지도 모른다.

그럼에도 오랜 동안 서구문화의 일방적인 수혜자로 머물다가 생산자 그리고 매개자로 한국이 지역적 한계를 넘어서서 부상하고 있는 현 단계에서, 한류리는 문화현상을 보는 시각 속에서 '문화전쟁의 시대에 문화는 경쟁력이다' 혹은 '문화도 돈이 된다'는 식의 지배적인 구호와 통념에 자주 매몰되는, 아직은 작은 목소리들과—예컨대 한류의 생산과 수용을 둘러싼 맥락성에 대한 균형적인 현실인식을 강조하는 목소리들—문화를 통한 보다 대안적인 소통과 공유의 가능성들을 진지하게 탐문하고 적극적으로 모색하는 계기로 삼자는 의견을 시민사회의 내부에서 보다 전면화시킬 필요가 있다.

분명히 어느 날 갑자기 찾아오다시피 한 한류의 약진과 계속되는 행진 속에는 한국인으로서 느끼는 문화적 자부심과, 한류의 텍스트들이 제공하는 즐거움의 정서와 유대감, 그리고 한류현상을 특정한 방식으로 제도화하고자 하는 지배적인, 동시에 그것에 반대하는 욕망과 움직임들이 동시다발적으로 존재한다. 한류현상을 대안적으로 그리고 생산적으로 전화시킬 수 있는 비판적 성찰과 대안적인 상상 역시 지금, 여기에서 시작되어야 할 것이다.

■미주

1) 「한류, 벌거벗은 임금님이 되려나」, 『디지털 말』, 2005.1.31. 기사 참조.
2) 한류 현상을 보는 주류의 시각으로는 「소프트 파워 소프트 코리아! 문화의 힘에서 미래를 찾
   는다」, 『중앙일보』 2005. 1. 3. 특집 기획기사와 「한류 열풍의 명암을 조명한다」, 『조선일보』,
   2005. 1. 10. 기사, 그리고 유상철 등(2005). 『한류 DNA의 비밀: 소프트 파워, 소프트 코리
   아의 현장을 찾아서』, 생각의 나무 참조. 현재 경기도가 기획중인 한류우드에 관해서는
   http://www.hallyu-wood.co.kr 참조할 것.
4) 손병우·양은경(2003) 그리고 하종원·양은경(2002)의 작업이 이러한 경향의 주요한 연구로
   꼽힐 수 있다.
5) 이 테마논문을 준비하면서 이와부치 교수가 2005년 2월 24일 광주에서 열린 아시아문화 심포
   지움에서 발표한 발제문과 「동아시아 대중문화의 교류와 모순된 다국적 관계」와 더불어 국내
   에서 출간된 그의 저서와 그의 최근 논문 「한류가 재일 한국인을 만날 때-초국가적 미디어교
   류와 로컬 다문화 정치의 교착」을 참고했다.
17) 백원담, 「한·중·일, 민족주의의 욕망 속으로」 『한겨레21』, 554호. 2005. 4. 1. 기사 참조.
20) 히라타 유끼에(2005). 『한국을 소비하는 일본—한류, 여성, 드라마』 책세상문고, 1장과 3장
    참고.
22) 이동연, 「아시아 문화연구는 있는가?」 글로컬시대 아시아 문화연구의 쟁점, 발제집, p.170,
    2005. 2. 24.; "한류, 아시아의 짬뽕요리로" 『한계레21』, 551호, 2005. 3. 15 기사 참조.
23) 백원담, 「동아시아에서 문화적 지역주의 형성의 가능성과 조건」, 광주 아시아 문화 심포지
    움: 글로컬 시대 아시아 문화연구의 쟁점, 발표집 p.57, 2005. 2. 24.

■ 참고문헌

김현미(2003). 일본 대중문화의 소비와 '팬덤'의 형성. 『한국문화인류학』 36-1,
    pp.149~186.
심두보(2004). 국제커뮤니케이션 현상으로서의 한류와 하이브리디티 『프로그램/텍스트』
    11호, pp.65~86.
5·18 기념재단(2005). 『세계화시대 아시아를 다시 생각한다: 근대성과 삶의 방식』 심미안.
엔젤 린 등(2004). (탈)유교적 아시아에서의 (현대) 직장여성의 딜레마- 여성의 한국TV드
    라마의 수용. 『프로그램/텍스트』 11호, pp.121~142.
유상철 등(2005). 『한류 DNA의 비밀: 소프트 파워, 소프트 코리아의 현장을 찾아서』 생각
    의 나무.
유세경·이경숙(2001). 동북아시아 3국의 텔레비전 드라마에 나타난 문화적 근접성. 『한국
    언론학보』 45-3, pp.230~267.
이경숙(2004). 한류와 텔레비전 드라마. 『프로그램/텍스트』 11호, pp.41~64.
이동후(2004). 한일 합작드라마의 '초국적 상상력(transnational imaginations)': 그 가능성
    과 한계. 『한국방송학보』 18-4호, pp.358~397.
이와부치 고이치 (2004a). 한류가 재일 한국인을 만날 때 - 초국가적 미디어교류와 로컬 다

문화 정치의 교차. 『프로그램/텍스트』 11호, pp.87~120.

이와부치 고이치(2004b). 『아시아를 잇는 대중문화: 일본, 그 초국가적 욕망』 또 하나의 문화.

손병우·양은경(2003). 한국 대중문화의 현주소와 글로벌화 방안 - 한류현상을 중심으로. 『사회과학연구』 14호, pp.167~191.

조한혜정(2002). 『한류와 아시아의 대중문화』 또 하나의 문화.

하종원·양은경(2002). 동아시아 텔레비전의 지역화와 한류. 『방송연구』 겨울호, pp.67~103.

허 진(2002). 중국의 '한류' 현상과 한국 TV의 수용에 관한 연구. 『한국방송학보』 16-1, pp.496~527.

황성빈(2005), 일본의 힌류 열풍. 『창작과 비평』 봄호, pp.369~374.

히라타 유끼에(2005). 『한국을 소비하는 일본—한류, 여성, 드라마』 잭세상문고,

Acland, C.(2003). *Screen Traffic: movies, multiplexes, and global culture*. Durham: Duke University Press.

Appadurai, A.(1996). *Modernity at Large: Cultural Dimensions of Globalization*. Minneapolis: University of Minnesota Press.

Barker, C.(1997) *Global Television: an introduction*. London: Blackwell.

Bennett, A. & Kahn-Harris, K(Ed.) (2004). *After Subculture: critical studies in contemporary youth culture*. N.Y.: Palgrave.

Hall, S. & du Gay, P.(Ed.) (1996). *Questions of Cultural Identity*. London: Sage.

Jenkins, H.(2004), Pop Cosmopolitanism: mapping cultural flows in an age of media convergence, Marcelo suarez-Orozco et al.(Ed.) *Globalization*. N.Y.: The Ross Institute.

King, A.(Ed.) (1991). *Culture, Globalization, and the World-System*. Binghamton: SUNY Press.

Marcus, G. (1998). *Ethnography Thick and Thin*. NJ: Princeton University Press.

McChesney, R.(2004). *The Problem of the Media*. N.Y.: Monthly Review Press.

McChesney, R. & Nichols, J.(2002). *Our Media, Not Theirs*. N.Y.: An Open Media Book.

Muggleton, D. & Weinzier, R.(Ed.) (2003). *The Post-subcultures Reader*. Oxford: Berg.

Murphy, P. & Kraidy M.(Ed.) (2003). *Global Media Studies: Ethnographic Perspectives*. N.Y.: Routledge

Oren, T. & Petro, P.(Ed.) (2004). *Global Currents*. NJ: Rutgers University Press.

Pieterse, J. N.(2004). *Globalization and Culture: golbal melange*. Lanham: Rowman & Littlefield.

한류 문화자본의 형성과 문화민족주의

이동연

1. 동아시아에서 한류의 변역 – '토착화'와 '현지화'

2003년 겨울, 동아시아에서 불고 있는 한류 현장을 직접 체험하기 위해 북경을 일주일 동안 방문한 적이 있었다. 운이 좋았던지, 때마침 한류의 새로운 단계를 감지할 수 있는 흥미로운 이벤트 하나를 목도했다. '한국문화콘텐츠진흥원' 북경 사무소의 소개로 북경 쇼핑 중심가에 있는 왕푸징(王府井) 호텔에서 '신우치'(新舞器)라는 중국 10대 댄스 그룹의 데뷔앨범 발매 기념 쇼 케이스를 보게 된 것이다. 북경 사무소 대표의 말에 의하면 '신우치'는 중국 현지 10대들을 캐스팅해서 한국으로 데려와 춤, 노래, 스타일을 가르친 후 다시 중국에 데뷔시킨 최초의 토착인 수출 '아이돌 스타'이다. 이 호텔 나이트클럽에 해당되는 양광클럽 로비에는 '신우치' 멤버들의 대형 브로마이드 사진이 걸려 있었는데, 하얀색 양복을 입고 소비자본주의 댄디즘이 물신 풍겨나는 4

명의 쿨한 스타일을 보니, 영락없이 한국의 아이돌 댄스그룹 HOT를 그대로 복제한 느낌이었다.

호텔의 대형 나이트클럽에서 준비된 제작발표회장 안에는 이미 많은 취재진들이 몰려왔고, 100여 명 정도 되는 중국 상류층 10대 소녀팬들도 운집해 있었다. 이미 이들의 타이틀곡인 「이 느낌이야(這感覺)」는 방송에 소개되자마자 중국 인가가요 차트 6위에 오른 터라 중국 미디어에서도 비상한 관심을 모았다. 이들의 타이틀곡 뮤직비디오가 나오고, 연이어 백댄서들의 안무와 함께 등장한 4명의 새로운 '춤기계'돌은 현란한 브레이크 댄스와 '비보이'(b-boy)를 선보이기 시작했다. 이들의 파워풀한 춤 실력에 중국 10대 소녀팬들은 열광하고 현지 취재진들은 연신 플래쉬를 터뜨리면서, 쇼케이스는 '대박신화'를 예견하는 자리로 바뀌는 듯했다. 이어 4명의 멤버 소개와 인사말이 이어지고, 이들을 제작한 한국의 '우전소프트' 대표와 중국측 음반제작사의 인사말이 곁들여지면서 쇼케이스는 성공적으로 끝났다.

당시 '신우치'의 제작발표회를 목격하고, 이들이 탄생되는 과정을 전해들으면서 현재 중국에서 불고 있는 한류문화가 새로운 단계에 접어든 듯한 인상을 받았다. 내게 가장 흥미로웠던 것은 한 댄스그룹의 제작발표회를 통해 한류문화의 이중적 성격과 한류문화 자본의 새로운 속셈을 읽을 수 있었다는 점이다. '신우치'의 탄생은 사실 철저하게 산업적 이해관계에서 비롯된 것이었다. '신우치' 멤버들은 모두 중국 10대들이지만, 이들의 노래와 춤, 스타일은 모두 한국의 것을 그대로 모방한 일종의 한류 복제품에 해당된다. 이들은 6개월 간 한국에 체류하면서 춤과 노래 스타일을 맹훈련 받았고, 다시 중국에 돌아와 중국의 보이밴드가 된 것이다. 이들의 곡을 맡았던 작곡가 한창훈 씨나 안무를 맡은 윤초원, 뮤직비디오를 맡은 김기덕 씨는 이른바 한국의 '아이돌 댄스그룹'들을 제조하는 전문 기술자들이다. 자본, 제작, 프로모팅 등 연예활동에 필요한 모든 스타시스템을 활용해서 현지 중국인 청소년을 캐스팅하는 방식은 한류문화의 새로운 마케팅 전략에서 비롯된 것이다.

'신우치' 탄생은 한중 간의 문화교류나 우호증진의 차원에서 제작된 것이 아니라 한국의 연예제작자들이 중국에서 이해타산을 맞추기 위한 묘책이었다. 한국 댄스그룹들을 중국에 진출시키기 위해서는 막대한 시간과 자본이 소요되고 언어적 문화적 공감대의 부족으로 상당한 위험부담을 안고 가야 한다. 이런 상황에서 중국 10대들을 키워 댄스그룹을 만들면 경제적으로 절감효과를 가져오고, 정서적 유대감을 높일 수 있는 효과를 거둘 수 있다. 신우치의 탄생은 가능한 모든 수단과 방법을 동원해서 최대한 이익을 내려는 한류문화자본의 새로운 시장 진입 방식을 의미한다.

'신우치'의 예에서 알 수 있듯이 지금 동아시아에서 불고 있는 한류는 한국 소비자들을 위해 만들었던 콘텐츠를 단순히 아시아 대중문화 시장에 파는 수준을 넘어서 아시아 각국의 문화적 조건에 맞게 '토착화'하고 '현지화'하는 단계로 접어들고 있다. 한류의 현지화 전략이 새로운 단계라고 말할 수 있는 것은 이것이 문화자본의 탈국적성과 문화정체성의 혼종화를 가속시키기 때문이다. 한류의 현지화 전략은 현지인을 한류식 스타로 재가공하는 것과 한국의 스타들을 제작단계부터 현지화하는 것, 그리고 특정한 문화콘텐츠의 제작자본과 유통을 다국적화하는 것으로 구분할 수 있다. 일본 팝시장에서 가수 보아가 성공적으로 현지화하고, 드라마와 영화 합작품이 증가하며, 한국의 드라마와 영화에 대한 아시아 문화자본의 적극적인 투자의지가 늘어나는 사례에서 알 수 있듯이 한류는 이제 아시아 대중문화 시장에서 새로운 문화우세종으로 번역되고 있다.

신우치의 경우가 한국적 연예제작 시스템을 가동시켜 중국 아이돌 스타를 '토착화'한 것이라면, 보아의 경우는 반대로 일본의 연예제작 시스템을 가동시켜 한국 아이돌 스타를 '현지화'한 것으로 부를 만하다. 보아의 일본 현지화는 한류담론이 정치외교적 담론에서 문화경제적 담론으로 전환하는 지표라는 점에서 한류의 형질변화에서 중요한 전환점이 된다. 보아가 일본에 성공적으로 데뷔하는 2001년 이전에 한류는 주로 중국과 베트남과 같은 개방 단계에 있는 사회주의 국가와의 외교적 친밀감을 높여 주는 자본주의 소비재 역할을 담당했다. 이는 마치 일본이 1980년대 아시아 국가와의 친밀감을 드러내기 위해 드라마 「오싱」을 50개 지역에 국제교류기금으로 무료 배포한 것과 마찬가지인데[1], 새로운 외교 채널을 가동시키고 한국기업의 전략적 진출을 위해 한국 드라마는 저렴한 가격으로 이들 국가에 수출되었다.[2] 그러나

보아의 일본 데뷔가 있던 2001년을 기점으로 한류는 글로벌한 지형 안으로 편입되었다. 보아의 데뷔와 성공의 시점들은 이후 영화나 드라마에서의 제작방식이 변화한 데서 알 수 있듯이 글로벌한 한류문화자본으로의 진입을 지시하는 임계점인 셈이다.[3]

보아를 탄생시킨 글로벌 문화자본의 내적 조건은 바로 그녀를 아이돌 팝스타로 만드는 스타시스템이다. 보아의 일본 진출에 참여한 판당고 코리아 김영민 대표의 말에 따르면, 그녀는 처음부터 해외용 가수로 기획되었다. 'SM엔터테인먼트'는 보아가 14살인 2001년에 일본의 메니지먼트 회사인 '호리프로덕션'(Hore

[2] 중국과 베트남에 초기에 수출된 한국 드라마들, 예컨대 중국에서 방영된 「질투」(93년), 「사랑이 뭐길래」(97년), 「별은 내가슴에」(98년)나 베트남에서 방영된 「의가형제」(98년), 「애드버킷」(98년)과 같은 드라마들의 회당 단가는 수백만 원에 불과했는데, 지금 한국 드라마의 편당 수출가가 2천만 원을 상회하는 것을 감안하면 상당히 저렴했다는 것을 알 수 있다.

[3] 보아에 대한 이후의 설명들은 대체로 BOA의 일본 진출에 결정적인 역할을 한 판당고 코리아 김영민 대표와의 인터뷰(2005년 4월 28일 판당고 코리아사무실에서 진행) 내용에 크게 의존했음을 미리 밝힌다. BOA의 등장이 한류 문화자본의 본격 가동의 전환점으로 판단할 수 있는 근거들은 BOA의 제작 단계부터 일본의 메니지먼트사와의 긴밀한 협조관계에서 이루어졌고, 투자 사본도 50 대 50으로 양분해서 진행되었다는 점에서도 알 수 있다.

Production)과 전략적인 제휴를 맺고 보아를 체계적으로 관리하게 만들었다. 한국에서 데뷔를 위한 훈련을 받았으면서도 일본 가정집에 홈 스테이하면서 춤, 가창, 언어 교육을 3개월 동안 받고 일본 진출을 준비하였다고 한다. 김영민 씨에 의하면 보아가 성공할 수 있었던 것은 일단 아이돌 스타로서의 자질이 우수했을 뿐 아니라, 처음부터 아시아 시장을 석권하기 위해 전략적인 마케팅을 기획했기 때문이다.

보아의 성공은 결국 스타시스템의 방식들을 철저하게 현지화했기 때문인데, 특히 메니지먼트의 전과정을 일본 측에 일임한 것이 주효했다고 볼 수 있다. SM엔터테인먼트는 초기 런칭 단계에서 일본의 메이저 레이블 회사인 '에이벡스'(AVEX)[4]와 계약을 맺고 일본에서 구체적인 보아마케팅을 실시했다. 데뷔곡인 'ID Peace B'는 아시아 평화의 사도를 자처하고자 하는 보아의 이미지를 선전하기 위한 것이었다. 일본 음반업계와 미디어를 대상으로 한 보아의 데뷔 쇼케이스는 성공적이었지만, 초기에는 시장에서 그다지 반응을 얻지 못했다. 두 번의 싱글 앨범은 글로벌한 사운드를 구사하는 데 충분히 성공하지 못했고, 특히 일본어 구사 면에서 완전하지 않았으며, 일본의 10대들에게는 당시의 아이돌 스타들과 비교했을 때 친근한 스타일은 아니었다. 그러나 꾸준한 마케팅 전략 끝에 16살에 만

[4] 에이벡스는 AVEX 일본의 단독 레이블사인데 일본 음반매출의 15%의 점유율을 가지고 있다. 메니지먼트는 자회사인 '악시브'(Axev)가 담당하는데 BOA의 메니지먼트도 악시브가 담당했다. 일본의 음반업계는 퍼블리싱과 레코딩 메니지먼트가 철저하게 분업화되어 있는데, 최근에는 이 세가지 분야가 통합되는 추세이다. 그래서 간혹 메니지먼트회사가 레이블회사를 창립하기도 했는데, 일본의 대표적인 아이돌 스타그룹인 SMAP의 메니지먼트사인 '자니스 엔터테인먼트'(Jhaneys Entertainment)가 대표적이다.

든 두 번째 정규앨범인 '발렌티'(Valenti)가 하루 92만 장의 판매고와 오리콘 앨범차트 1위에 오르면서 보아는 마침내 일본 최고의 아이돌 팝스타로 인정받게 된다.[5]

한류의 토착화, 현지화는 한국의 대중문화가 아시아 문화산업 시장에 성공적으로 연착륙하는 것을 의미한다. 한류는 2003년 드라마 「겨울연가」가 일본에서 일으켰던 문화신드롬과 한국 온라인 게임의 숭국장악, 강력한 스타일을 선보인 「올드보이」와 블록버스터 「태극기 휘날리며」의 아시아적 충격, 그리고 드라마 「대장금」을 계기로 일어난 대만과 홍콩에서의 2차 한류 신드롬으로 이어지면서 마침내 아시아 문화시장을 점령하기에 이르렀다.[6]

한류의 토착화, 현지화는 이른바 '일식한류'[7], '중식한류', '대만식', '홍콩식' 한류의 특이성을 낳는다. 가령 중국에는 가수 장나라나 동방신기가 인기가 있는 반면, 보아는 별다른 인기를 얻지 못하고 있는데, 이와 정반대로 일본에서는 정반대의 현상이 일어나고 있다. 그러나 한류를 소비하는 각국의 입장에 야기되는 문화적 수용의 차이에도 불구하고, 정작 한국의 대중들은 한류를 하나의 문화실체로 인식히는 경우가 지배적이다. 한류가 어느 국가에서 어떤 특이한 반응을 보이던 한국의 대중과 정부관료들은 대체로 한류가 한국의 위상을 높이고, 문화적 자부심을 자각하게 만들며, 동아시아의 균형발전에 기여하고 있다는 생

5) 아시아 음반시장에서 보아는 한국 가수가 아닌 일본 가수로 분류되는 것이 일반적이다. 2004년 아시아 MTV 시상식에는 보아가 일본 가수를 대표해서 출연했으며, 홍콩, 태국, 싱가포르에 배급되는 보아의 앨범은 모두 일본 배급사인 에이백스사가 책임지고 있으며, 음반매장에도 통상 J-pop으로 분류되어 진열되고 있다.

6) 최근 한류에 대한 외신의 반응을 보면 한류의 아시아 점령이라는 말이 어색하지가 않다. 최근 AP, 로이터 통신은 드라마 「대장금」의 남자 주인공 지진희 씨가 홍콩에서 폭발적인 인기를 얻은 사실을 대서특필했고, 2004년 말 영국 주간지 『더 타임즈』는 배용준의 일본 방문에 환호한 4000명의 여성팬들이 공항을 마비시킨 사례를 분석하면서 문화변방에 불과했던 한국이 아시아 대중문화의 중심 국가로 성장한 것을 주목했다.

7) 최근 일본에서의 한류현상을 다룬 책 『日式韓流: 〈冬のソナタ〉と日韓大衆文化の現在』[毛利嘉孝 編 (2004), せりか書房]이 출간했는데, 이 책의 편집자인 모리 요시타카는 일본에서 유행하는 한류 드라마에 일본 드라마에 대한 영향이 혼재하고 있다고 보고 있다.

각을 공통적으로 하게 된다. 즉 한류문화자본의 형성은 문화산업적인 교환과 지배를 넘어서는 정서적, 담론적 우월성을 표상하는 것이다. 한류문화자본이 아시아 활주로로 안전하게 착륙하면서 대중들과 정부 관료들 사이에서 발견되는 정서적 담론적 우월성은 새로운 형태의 문화민족주의를 생산하는 듯해 보인다. 한류현상, 혹은 한류문화자본의 아시아화에 따른 문화민족주의의 형세를 파악하는 것은 동아시아 민족—국가들 사이에 배치된 동시대 민족주의를 이해하는 데 있어 중요한 단서를 제공해 준다고 볼 수 있다. 한류를 기반으로 하는 문화민족주의는 한국 내의 민족주의 담론에서 어떤 위치에 있으며, 또한 새로운 중화주의의 이데올로기인 '화문세계'와 어떤 차이가 있는지, 그리고 일본의 대중문화의 중요한 성격 중의 하나인 무국적성이 생산하는 '연성국가주의'(soft nationalism)와는 어떤 연관성이 있는지를 검토하는 것은 여러모로 의미가 있을 것이다. 이러한 문제를 논의하기 앞서 먼저 한류문화자본의 성격과 그것의 문화민족주의적 함의를 검토하는 것이 순서일 듯싶다.

2. 한류문화자본 형성과 문화민족주의의 위치

현재 한류문화자본은 대중음악을 포함해서, 드라마, 영화, 캐릭터, 게임과 같은 문화산업 전 분야에 걸쳐서 형성될 뿐 아니라, '스타덤과 팬덤' 같은 문화현상과 음식, 관광, 패션과 같은 일상의 라이프 스타일 영역에까지 확장되고 있다. 1980년대 일본이 아시아 전역에 걸쳐 강력한 문화지배 효과를 생산했듯이, 아시아 각국에 한류를 소비하는 매니아들이 형성되는 것은 물론, 일부 저개발 국가에서는 대중문화의 상징적 지배효과가 가시화되면서 이른바 한국이 문화적, 경제적 모방국가로 신화화되기도 한다. 한류 문화산업이란 통상적인 용어 대신 한류문화자본이란 용어를 사용하고자 한 것도 이런 이유 때문이다. 한류문화자본은 화폐자본으로만 환산되는 것이 아니라 자본, 제도, 담론이 혼합된 일종의 문화구성체 안에서 형성된다. 가령 앞서 언급한 보아의 문화자본은 그녀를 아시아 최고의 글로벌 팝스타로 호명하려는 SM엔터테인먼트의 상업적 전략과, 우호적 한일관계를 상징하는 문화대사로 호명하려는 정부의 문화관료들과, 역동적인 댄스와 파워풀한 보컬, 그리고 세련된 귀족적 스타일의 감각들이 노쇠화되지 않기를 바라는 팬덤들에 의해 형성된다. 보아를 한류스타로 이해하는 데 있어 중요한 것은 그녀를 개인적인 존재로 보지 않고 문화자본, 제도, 담론과 함께 혼융된 문화구성체로 보는 것이다.

한류문화자본을 정의하기에 앞서 문화자본에 대한 정의가 선행되어야 하겠는데, 이 글에서 언급하는 문화자본(cultural capital)[8]은 화폐자본으로 환산 가능한 것만을 의미하지 않고 자본으로 전환 가능한 잠재적 가치들의 총체를 의미한다. 가령 특정한 문화상품의 브랜드 가치나 스타들의 이미지, 특정한 문화적 장에서 헤게모니를 행사할 수 있는 세력권 등을 문화자본의 유형으로 구분할 수 있다. 문화자본은 문화산업에 의한 화폐가치와 문화산업을 확대 재생산할 수 있는 상징적 가치를 모두 포함한다. 그런 점에서 한류문화자본은 대중음악, 영화, 드라마 등에서 벌어들인 매출 규모로 한정되지 않고, 한류 문화상품이나 스타들이 아시아 문화 소비자들에게 행사하는 잠재적, 상징적 영향력을 전제로 한다. 한류문화자본은 또한 문화콘텐

8) 필자가 사용하는 문화자본의 용어는 부르디외의 개념을 빌어 온 것이다. 부르디외는 자본의 영역을 크게 경제적 자본과 사회적 자본, 그리고 문화적 자본으로 구분한다. 경제적 자본은 화폐의 양으로 환산할 수 있는 것을 말하며, 사회적 자본은 학력이나 혈통, 출신지역에서 생겨나는 자본을 의미하며, 문화자본은 문화적 창작능력과 문화취향, 문화주체의 사회적 파급능력 등에서 나온다(부르디외: 1995년 참고).

츠로 한정되지 않고, 문화적 하드웨어와 한류의 문화현상을 활용한 경제적 파급효과까지 확대될 수 있다.

한류문화자본을 이런 식으로 정의할 경우 한류는 크게 세 가지 차원에서 시사점을 가진다. 첫째는 대중문화산업의 논리로서 한류가 한국 문화산업의 선진화에 기여한다는 입장이다. 둘째는 국가주의의 논리로서 한류가 국가 이미지를 향상시키고, 대 아시아 교역에 유리한 광고효과를 가져왔으며 나아가 동아시아 평화공존에 기여한다고 보는 입장이다. 마지막은 문화 소비자 향수권의 논리로서 한류는 문화산업계나 정부의 전유물이 아니라 아시아내 대중문화 소비자들의 기호를 넓히고 강력한 팬덤문화의 구축을 통해서 아시아 국가 간의 문화 일상의 교통이 확대되는 터미널 역할을 한다.

한류의 문화산업적 지위는 2005년 현재 의문의 여지가 없는 실제성을 보유하고 있다. 한류 문화산업은 이제 특정한 소수의 엔터테인먼트 조직이 기획한 산물이라기보다는 대부분의 문화산업 콘텐츠들이 자연스럽게 기획하려는 시장이 되었다. 한류문화산업의 주류를 형성하고 있는 드라마와 영화는 2000년 이후 꾸준하게 증가하여 2003년에는 각각 4200만 달러, 3100만 달러로 2004년에는 7500만 달러, 6000만 달러로 급성장하고 있는 중이다.[9] 한류가 중국 대중문화 시장에 본격 소개되기 시작한 1999년과 5년 후인 2004년을 비교해 보면 영화의 경우는 10배, 드라마의 경우는 6배가 증가했다. 영화와 드라마의 경우 사전 제작 단계부터 판

9) 문화관광부 『문화산업백서2004』 참고. 참고로 2003년도 문화산업 수출액은 총 6억 3,065달러로 집계되었는데, 이 중 게임산업 수출액은 1억 8,154만 달러 캐릭터산업은 1억 1,631만 달러, 애니메이션산업은 7,617만 달러, 영화산업은 3,097만 달러, 방송산업은 4,213만 달러, 인터넷 및 모바일 콘텐츠는 1,689만 달러, 음악산업은 1,331만 달러, 만화산업은 429만 달러를 기록했다. 또한 2003년 문화산업 백서에 따르면 1999년부터 2002년까지 주요 문화산업의 수출현황을 정리하면 다음과 같다.

〈연도별 주요 문화산업 수출현황〉

(단위: 만 달러)

구분	1999	2000	2001	2002
영화	596	705	1,125	1,501
애니메이션	8,166	8,500	12,130	8,912
게임	10,765	10,510	13,047	14,079
음반	815	792	738	423
방송	1,273	1,311	1,892	2,881

권이 일본, 대만, 홍콩 동아시아 국가에 팔려 나가는 경우가 많으며, 한류스타들이 주연으로 등장하는 드라마의 경우는 제작·기획 단계부터 한국의 외주제작사와 합작 투자하는 사례들이 늘어났다.[10] 흥행이 예상되는 드라마와 영화의 경우 제작비에 버금갈 정도의 해외 판권을 확보하는 경우도 많이 생겨나고 있다.

10) 송승헌, 권상우, 김희선이 출연하기로 예정되었던 MBC 드라마 「슬픈 연가」는 제작 단계부터 일본측으로부터 30억 원의 투자를 약속받았으며, 권상우, 유지태 주연의 영화 「야수」 역시 시나리오 단계에서부터 일본 배급업자들로부터 사전 제작지원 형태로 계약을 요청받았다.

이렇듯 한류 문화산업은 침체된 국내 문화산업의 불황을 메울 수 있는 경제적 동인이 되고 있다. 그러나 문화산업으로서의 한류는 미디어를 통해 사실보다 과장되게 부풀려진다. 한류는 문화산업의 실체를 훨씬 뛰어넘어 신화적 담론으로 상상된다. 그리하여 한류는 문화산업의 경제적인 성과로 설명할 수 없는 과장된 수사로 활용되는데, 이것이 말하자면 과잉 담론으로서 한류이다. 사실 통계상으로 따져 보면 한류는 국내 문화산업에 많은 영향을 미친 것은 사실이지만, 절대적인 지위를 갖고 있는 것은 아니다. 2003년 기준으로 출판, 만화, 음악, 게임, 영화 등 국내 문화산업의 총 매출 규모는 44조 2000억 원 정도인데, 이 중 수출액은 6조 3000억 원으로 1/7 정도의 수준에 머무른다.[11] 한류의 상징적인 전위대 역할을 하는 음악의 경우는 내수 대비 수출 규모가 10%에도 미치지 못하며, 영화는 15%, 드라마 역시 10% 미만에 그치고 있다. 결론적으로 한류는 산업적인 실물관계의 현실보다 훨씬 더 강력한 의미작용을 가지고 있다고 볼 수 있다.

한류의 강력한, 혹은 과장된 의미작용은 '산업으로서의 한류'와 '담론으로서의 한류'의 간극에서 비롯된 것이라 할 수 있는데, 이 의미작용을 가동시키는 담론이 바로 국가주의적, 혹은 문화민족주의적인 담론이다. '국민의 정부'와 '참여정부'는 한류를 대중문화 콘텐츠나 엔터테인먼트 산업으로 한정해서 보지 않고, 국가의 미래의 정체성을 가늠케하는 신성장동력으로 이해하고자 한다. '국민의 정부' 시절부터 한류 문화산업을 전략적으로 지원하기 위한 다각적인 정책안이 제출되었고, 참여정부에 들어와서는 아시아내 선진 경쟁력을 갖추려는 정부의 의지 표현의 상징적인 지표로 한류가 지목되면서, 문화, 연예, 관광, 외교의 문제가 서로 연계될 수 있는 국가의 주요 육성 프로젝트 중의 하나가 되었다. 한류와 관련하여 정부의 지원정책은 크게 보아 3단계로 구분할 수 있다. 첫 번째 단계는 김한길 문화관광부 장관 시절인 2001년에 한류문화를 종합적으로 지원하려는 정책을 발표한 단계였다. 이때는 '한류문화체험관' 건립과 '아시아문화교류협의회 설립' 등의 계획이 발표되었는데, 문화산업 전반과의 연계를 크게 고려하지 않았다. 두 번째 단계는 2003년 12월에 청와대에서 발표된 「세계 5대 문화산업 강국실현 참여정부의 문화산업 정책비전」인데 이때에 한류는 문화산업 전체의 구도 안에서 문화강국으로 도약하기 위한 전략적 교두보로 배치되었다. 세 번째 단계는 2005년 초에 국무총리실에서 개최한 '한류의 지속적 확산을 위한 대책회의'인데, 이 자리에서 정부는 문화관광부의 문화산업 정책의 틀에서 벗어나 범정부적으로 한류확산을 위한 종합적인 대책을 마련하고자 했다.

강력한 의미작용으로서 한류는 국가경쟁력 전략의 히트상품으로 간주되면서, 경제적 파급효과를 생산하는 기업의 촉매제로서 기능하기도 한다. 일례로 삼성전자는 2002년에 중화권 스타 안재욱을 광고모델로 선정하여 NEC와 필립스를 제치고 모니터 시장 점유율 1위를 차지했고, LG 전자 역시 한류스타를 전면에 내세우는 전략을 펼쳐서 중국 CD롬 드라이버 시장을 공략해 150만 대를 판매하여 시장 점유율 1위를 차지했다.[12] 국가주의적인 개입은 문화를 매개로 동아시아에 일정한 정치적·외교적 헤게모니를 행사하려는 점에서 문화민족주의적인 성향을 드러낸다. 문화민족주의는 한류에 대한 국가적, 대중적 자부심의 표출로 단순하게 정의하기에는 내적인 구성원리가 간단치는 않다. 외형적으로 문화민족주의는 한국 대중문화의 우월감을 국가적인 맥락에서 표출하는 이데올로기로 볼 수 있지만, 그 안에는 민족문화의 정치적 유산의 흔적도 베어 있는 데다, 동아시아 내 한국의 경제발전에 대한 자부심도 그 저변에 깔려 있다. 70년대 저항적 민족문화 운동가들이나 정치 운동가들과 같은 시기 퇴폐적 청년문화 연예인들이 한류의 경쟁력을 위해 의기투합할 수 있는 정서적 공통분모가 문화민족주의라는 것도 눈여겨볼 대목이다.[13]

다른 한편으로 대중적인 차원에서 문화민족주의는 한류에 대한 애국적인 반응을 통해 식민지적 지배에 대한 문화컴플렉스의 대항 개념으로 작용되기도 한다. 예컨대 보아의 일본 오리콘 차트 석권이나 「겨울연가」의 일본내 문화신드롬 현상들이 대중들에게 대단히 민감하게 다루어지는 것도 그런 이유에서이다. 한류는 문화적 콤플렉스에 대한 과도한 반작용이란 태도에서 벗어나 적극적으로 '하위 문화제국주의적' 지배논리를 설파하는 문화민족주의로 작용하기도 한다. 이는 특히 한류 문화자본이 베트남, 몽골, 필리핀 등과 같은 아시아의 저개발 국가로 유입될 때 두드러지게 나타난다. 문화와 자본의 아시아화라는 동아시아 프로젝트를 관철하기 위해 문화관료들은 지난 5년 동안 한류를 국가의 문화정책으로 적극 견인하려는 노력들을 견지했다.[14] 이때 문화민

14) 2003년 12월 한류 확산을 위한 청와대 보고 문건에 의하면 한류의 지속적인 확산을 위해 제작, 투자, 인력과 같은 문화산업의 인프라를 강화하는 방향으로 추진하고자 했다. 지방자치단체에서는 한류 관광자원을 개발하기 위해 종합한류문화관광단지인 "한류우드"를 조성할 계획을 갖고 있거나(『고뉴스』 2005년 4월 20일자 참고) "한류산학컴플렉스조성"(『브레이크뉴스』 2005년 2월 28일자 참고), "강원한류문화콘텐츠 개발"(『경향신문』 2005년 2월 28일자 참고) 등의 사업을 추진하고 있다. 이외에 한류문화콘텐츠 박람회 개최(『스탁데일리』 2005년 3월 21일자 참고), 서비스수출 거점무역관 운영(『연합뉴스』 2005년 3월 31일자 참고) 등 한류의 문화정책은 문화산업과 문화경제 정책에 집중되어 있다.

족주의는 민족문화의 고유성을 선전하는 것이 아니라 서구로부터 유입한 소비자본주의적인 팝문화의 토착 형식들을 전자 통신과 같은 첨단 제품들과 함께 제시하면서 일종의 하위 문화자본주의의 위력을 선전하는 것을 목적으로 한다. 그런 점에서 한류의 문화민족주의는 미국의 팝문화가 한국의 대중문화 시장을 지배하던 방식에 대한 '역재현'이라 할 만하다.

문화담론으로서 한류가 갖는 성격 중에서 또 하나의 중요한 지점은 이것이 글로벌한 차원에서의 아시아 팬덤문화의 다중성을 열어 주는 계기가 되었다는 점이다. 1980년대 일본 대중문화, 이른바 제이팝(J-pop)의 아시아 전파력은 검열과 욕망이라는 이중성을 가지고 있었다. 일본의 문화 연구자 이와부치 고이치의 지적대로 1980년대 일본 대중문화는 아시아에서 왜곡된 형태로 소비되거나 차용될 뿐 아니라 '충실'하게 모방되기도 했다.[15] 대만의 경우 일본 문화에 대한 흡수는 특별한 검열없이 자연스럽게 진행된 반면, 일본 문화 개방이 원천적으로 차단된 1980년대와 1990년대 초반까지 한국의 일본 대중문화 매니아들은 순전히 비공식적인 수용과 사적인 교환을 통해서 J-pop을 접하게 되었다. 80년대 중반에는 홍콩의 영화배우나 팝스타들이 아시아 국가에 대중적으로 선호되면서 1970년대 쿵푸 신드롬에 이어 이른바 홍콩 느와르문화 팬덤을 형성하게 된다. 홍콩 느와르 문화는 1990년대 초중반까지 일본을 비롯한 한국에서 상당한 팬덤문화를 형성했는데, 1995년까지 홍콩의 4대 천왕인 장쉐유(張學友), 류더화(劉德華), 리밍(黎明), 궈푸청(郭富城)의 일본 라이브 공연이 일본 여성 팬들에게 대단한 인기를 얻었다.[16]

가장 최근 현상으로서 한류 팬덤문화는

16) 이와부치의 분석에 따르면, 일본의 홍콩 팝에 대한 선호는 홍콩에 대한 노스텔지아에 대한 반응에서 비롯되었다고 보는데, 홍콩 영화배우나 가수들을 통해서 일본의 잃어버린 근대의 향수를 느끼게 해준다는 지적은 마치 「겨울연가」에 대한 일본 여성 중년 팬들의 근대적 향수와 일맥 상통한다(이와부치, 2004:255쪽).

1980년대 이후 아시아 국가내에서 소통된 팬덤문화들의 지형을 새롭게 재편하는 신종문화를 형성한다. 한류 팬덤문화는 아시아 대중문화의 교통이 일방향적이지 않고 다중적으로 형성되고 있음을 예증케 하는 사건이다. 한류팬덤은 드라마, 영화, 대중음악, 게임 등 대중문화 전반에 걸친 현상이라는 점에서 80년대 홍콩 팝문화의 팬덤에 비해 파급효과가 크다고 볼 수 있다. 또한 한류팬덤은 국가별로 특정 드라마나 가수들을 선호하는 방식에 차이를 드러내기도 한다. 대만에서의 한류팬덤들은 다양한 문화적 취향과 기호를 드러내면서 한국의 아이돌스타들에 열광적인 반응을 보일 뿐 아니라 다양한 연령층이 가세해 이른바 한류 매니아인 '하한족'을 형성한다.[17] 아시아내에서 한류팬덤의 형성은 아시아 각국의 문화적 소비 성향들이 대등한 관계로 서로 혼합되게 만들었을 뿐 아니라 국가의 경계를 넘어서는 문화 기호층들 간의 직접적인 소통을 가능케 했다.

한류문화자본의 이러한 세 가지 국면들에서 문화민족주의는 문화산업 자본가들의 논리와 대중의 팬덤문화 사이를 교통하면서 광의의 문화자본을 형성하는 이데올로기로 기능한다. 말하자면 한류 문화민족주의는 탈국가화하려는 아시아적 문화자본과 이를 소비하는 대중적 팬덤문화 사이에 위치하면서 양쪽에 담론적, 이데올로기적 참조체계를 제공하는 기호로서 기능하는 것이다. 이는 통상 제1세계와 제3세계의 식민지적 관계에 기반한 문화제국주의 담론이나, 국가주의에 기반한 민족주의의 담론과는 다른 의미와 맥락을 가지고 있다. 한류에 기초한 문화민족주의는 배타적이고 본질주의적인 민족주의와는 다른 문화자본의 '세계화'와 '아시아화'의 구성적 요소로 기능하고 있으며, 동아시아내 국민—국가내에서 아시아 권역주의(regionalism)의 헤게모니의 지형을 감식하는 개념이기도 하다. 전자의 경우는 한국내 문화세력의 역설적인 혼합관계를 읽게하는 지표이자, 이른바 글로컬한 아시아 문화지형내에서 케이팝(K-pop)의 성격을 가늠하는 내적 구성원리이며, 후자는 아시아주의에 대한 문화적 번역으로서 기능한다. 이 문제를 논의하려면 한류에서 문화민족주의는 어떤 담론을 생산하며, 동아시아 문화담론의 지형은 어떤 민족주의적 성격을 갖는지를 설명해야 할 듯싶다.

3. 동아시아내 문화민족주의의 지형

문화민족주의를 어떻게 정의할 것인가도 사실 공론화한 적이 없어 섣불리 기술하기가 쉽지 않지만, 최근 동아시아의 문화적 재편과정의 맥락에서 이해하자면, 식민지 근대 시대의 문화제국주의의 개념과는 상이하다는 것은 분명한 듯하다. 사실 식민지 근대나 산업자본주의 시대 문화민족주의는 문화제국주의에 저항하는 이데올로기로 기능했다. 특히 일본을 제외하고 식민지 경험을 겪었던 대부분의 아시아 국가들에서 민족문화는 제국주의와 군사주의에 저항하는 문화운동의 유산을 가지고 있다. 1970년대 한국의 청년문화 운동은 민족문화형식을 유신체제에 대항하는 중요한 저항의 형식으로 활용했다. 이는 비단 한국에서만 일어난 것은 아니고 1970년대 대만과 필리핀의 청년문화의 역사에서도 나타났다[18] 저항적 청년문화의 유산을 가진 문화민족주의는 따라서 제3세계 문화담론으로 정의할 수 있다. 한편으로 문화민족주의는 문화인류학적인 개념에서 '원주민문화'(native culture), 혹은 '토착민문화'(indegenous culture)와 연관되기도 한다. 이

18) 대표적으로는 중국 본토의 문화대혁명의 여파로 일어난 1970년대 말에서 80년대 초 대만의 대학가에서 유행했던 '교원민가'를 들 수 있다.

때 문화민족주의는 민족구성의 원천이라 할 수 있는 에스닉문화(ethnic culture)를 강조한다는 점에서 소수민족들의 문화다양성의 관점으로 접근할 수 있다. 가령 아시아에서 대만의 하카문화(Hakka)나 말레이문화와 필리핀 문화 내의 수많은 소수민족들의 토착문화를 사례로 제시할 수 있겠다.[19]

문화민족주의가 청년문화이건, 민족문화인건, 아니면 토착문화이건 제3세계 문화담론으로 작동할 때는 문화제국주의나 지배문화에 대한 저항의 문화로 인식되지만, 이른바 전지구화 시대에 진입하는 상황에서 문화민족주의는 민족문화나 토착민문화와는 다른 담론을 형성하기 시작한다. 전지구화 시대 문화민족주의는 '민족주의'에 방점이 있는 것이 아니라 '문화'에 방점이 있다고 할 수 있는데, 즉 문화민족주의는 문화를 매개로 하는 민족주의 재구성 기획을 가지고 있다. 흥미로운 것은 문화를 매개로 하는 문화민족주의가 기존의 민족주의 담론의 두 가지 가설에 대한 수정을 요구한다는 것이다. 하나는 문화민족주의가 국가주의 담론을 넘어서는 권역의 문화 공동체를 지향한다는 점과, 다른 하나는 이것이 저항적 민족주의와 문화적 상업주의의 구분을 모호하게 만들어 버린다는 점이다. 전자는 최근 중국이 아시아내 화교들을 포함해 중화권의 세력을 결집하거나 중화권 내부 갈등을 극복하는 대안으로 문화적 결속을 강조하는 논의에서 발견할 수 있다. 반면 후자는 대중문화산업의 '아시아화'를 위해 과거 저항적 민족주의의 유산들이 현실 문화자본가들의 세계화 의지와 혼합되어 버리는 것으로서, 앞서 설명했듯이 1970년대 청년문화운동가들이나 386 정치세력들의 연대와 문화적 신민족주의 경향을 지적할 수 있다.[20] 문화민족주의의 아시아적 지형을 이해하고 한국에서 한류를 통한 문화민족주의 맥락을 이해하기 위해서는 먼저 중화주의의 문화적 번역이라 할 수 있는 '화문세계'(華文世界)의 의미와 일본 대중문화의 아시아 지배과정에서 발견되는 중요한 성격이라 할 수 있는 '연성국가주의'(soft-nationalism)의 의미를 짚어보는 것이 중요하다. 시간의 차이는 존재하지만, 아시아 각국이 전지구화 시대 아시아를 상상하는 지배적 참고체계로 모두 '문화민족주의'(국가주의)의 문제를 거론하기 시작했고, 한류, 혹은 한류문화자본의 형성 역시 문화와 정치, 경제에 대한 아시아 내 지리적 배치를 기획한다는 점에서 문화민족주의가 중요한 화두가 아닐 수 없다.

중국에서 문화민족주의의 문제는 역사적으로 이중적인 성격을 가지고 있다. 그것은 사회주의 체제를 유지하기 위한 관방 이데올로기로 기능하면서도 체제에 대한 일상적 혁신을 강조하는 대안적 근대성을 찾기 위한 시도이기도 했다. 1970년대 문화혁명의 역사적 의의를 평가하는 문제에서도 이러한 이중성은 유지되고 있고 1980년대 이른바 '문화열'(cultural fever)을 평가하는 지식인 담론에서도 발견된다. 놀랍게도 중국 사회의 현실과 미래를 진단하는 정치적 담론의 화두는 항상 '문화'였으며, 문화의 화두는 대체로 전통과 현대, 민족주의와 서양근대화 사이의 갈등을 어떻게 이해할 것인가에 있었다. 가령 1980년대 중국 지식인들 사이에서 일어났던 '문화열'은 마오 이후의 현대성을 어떻게 토착화할 것인가에 대한 논쟁이었는데, 논쟁의 대상은 1980년대 중국에 유입된 서양 대중문화, 혹은 서양화된 중화권의 대중문화였다. 문화열은 "중국의 현대화의 문화적 전제조건이 무엇이며 중국의 전통문화가 중국의 현재와 미래에 적절한가에 대해 뜨겁게 토론을 한

20) 가령 1970년대 청년문화운동을 주도한 문화운동가들 중에서 한류문화산업의 세계화에 고분분투라는 사람들이 있으며, 지난번 386세대 정치인들이 베트남에서 한류문화를 논의한 맥락은 다소 차이는 있지만 예외는 아니며, 최근 한국의 전통미학의 성격을 '한'이 아닌 '흥'으로 분석하면서 한일월드컵과 한류열풍을 풍류정신과 내재된 프렉탈적 감각으로 보는 심광현의 글에도 문화민족주의적인 시각이 들어 있다(심광현 『흥한민국』, 현실문화연구, 2005, 303~311쪽 참고).

것"[21]이며, "현대화를 향한 뿌리깊은 지적갈증과 열망에 의해 추동"[22]된 것이다. 문화열이 "중국과 서양 사이의 부단한 대면으로부터 제기된 문제틀"[23]을 지시하는 만큼 서양 이론과 문화에 대한 토론들은 당대 문화적 생산의 통합적 일부가 되었는데, 문제는 이러한 토론의 담론 주체들이 국가를 상대로 저항하기보다는 일정한 협상을 시도했다는 것이다. 즉 문화열의 문화적 성찰은 중국 문화의 현대성의 지배적 요소들을 안전하게 만드는 기제로 활용되었다는 점이다.

1990년대 개혁개방 이후 중국의 문화형세는 세계화의 단계로 진입하는 새로운 도전에 직면했지만, 문화적 변화에 대한 태도는 기본적으로 변하지 않았다고 할 수 있다. 서양의 소비문화가 도래하고, 대만·홍콩과 한국, 일본 등에서 대중문화가 중국 인민들의 중요한 문화소비제로 등장하기 시작하는 후식민지 시기로 진입하는 과정에서 문화민족주의는 세계화에 역행하거나 배타적이기보다는 중국적 세계화를 위한 효과적인 도구로 활용할 필요가 있었다. 문화민족주의는 서양화된 세계화에 저항하는 주체적인 담론이면서도, 세계화의 흐름에 퇴보하는 것에도 저항하는 대안적 근대성의 가치를 드러낸다. 가령 1990년대 중국 대중들 사이에서 불었던 반서구화 혹은 반미국화에 대한 민족주의적 정서[24]들은 오히려 미국화와 서구화 열망의 반작용으로 기능했다. 중국에서 반미주의의 대중화를 야기시켰던 『NO라고 말할 수 있는 중국』이 말하고 있는 것도 사실은 반미국화를 자행한다기보다는 미국화된 세계질서에 편입하고 싶은 중국 중심주의의 표현으로 읽을 수 있다.[25] 또한 최근 중국 인터넷 커뮤니티에 대한 민족주의자와 자유주의자들 사이의 논쟁들도 '문화의 세계화'로 귀

24) 중국 대중들의 민족주의적 정서를 강하게 자극했던 사건들을 열거하자면 다음과 같다. 1995년 대만 이등휘 총통의 미국 방문, 1999년 나토의 유고 중국대사관 폭격 사건, 2001년 미국 정찰기의 해남도 불시착 사건, 2003년 이후의 지속되는 반일운동(경도 고속철도 일본기술사용반대운동, 일본기생관광 반대운동, 최근 일본교과서 채택에 따른 반일시위 등).

결되는데, 이는 지리적 경제를 초월하여 인터넷을 통해 문화적, 종족적 정체성에 기반한 네트워크를 구축하려는, 즉 문화적 정체성의 우월적 연대를 통해 전지구화에 대열에 참여하려는 중국인의 욕망을 담고 있기도 하다.[26] 이러한 맥락을 고려해 볼 때 중국에서의 문화민족주의는 문화적 지구화의 논리와 배리되지 않는다.[27]

중국의 문화민족주의는 중국 전통문화로의 회귀가 아닌, 동시대 대중문화 지형 안에서 구성되는 문제이면서, 새로운 문화적 중화주의를 기획한다고 볼 수 있다. TV드라마와 대중음악, 그리고 인터넷 공간은 대중들의 문화민족주의를 효과적으로 이입하거나 반응할 수 있는 창구역할을 한다는 점은 그리 놀랄 만한 일은 아니다. 최근 자생적인 대중문화 생산물들이 제작되고 있는 상황에서 중국에서의 문화민족주의는 서양 자본주의 문화의 유입에 대한 주체적 반응이나 판단으로 한정되지 않고, 자생적인 문화상품을 통해 전지구화에 적극적인 말걸기를 하고 있다. 이러한 말걸기의 담론은 중화주의에 대한 현대적 재구성이다. 가령 중화주의가 지배이데올로기로 환원되는 영화적 재현으로 장

예모(張藝謨)의 「영웅」을 들 수 있다. 장예모는 이 영화를 통해서 무명의 희생을 대가로 진시황제의 중화통치의 정당성을 설파하는데, 이는 세계화의 경로에서 욱일승천하기 위해 현 지배체제에 대한 중화권의 결집을 암시하는 것이다. 문화민족주의의 '문화적 표현', 혹은 '문화적 다원화'의 논리는 이른바 '중화성'(chineseness)의 문화성격에 대한 논의로 집약할 수 있다. 1994년 장파(Zhang Fa), 장이우(Zhang Yiwu), 왕이추안(Wang Yichuan) 세 명의 북경대

교수가 쓴 「현대성으로부터 중화성으로: 새로운 지식 모델의 탐구」라는 글에서 중화성은 중화문화권(rim of Chinese Culture)으로 이해된다. 이들이 생각하는 중화문화권은 아시아—중화경제, 중화윤리, 한자, 중화적 미학스타일, 중화적 사고와 추론방식이라는 구체적인 특징을 갖는다.[28] 이들이 주장하는 중화문화권은 중국식 시장경제, 중국식 대중문화, 중국적 다양화된 가치를 추구하는 것으로 "중화중심적 질서의 잃어버린 위계질서를 복구하려는 꿈의 반향"[29]인 것이다. 엘런 천(Allen Chun)은 이른바 대중화(greater China)를 상상하는 문화적 징후로 홍콩의 대중문화, 타이완의 도덕교육, 대륙의 영화미디어를 지적하는데, 그가 보기에 이러한 문화적 징후들은 문화담론의 국가적 유포와 연관되어 있다.[30]

지금까지 중국에서 유포되고 있는 문화민족주의를 검토해 보았는데, 일본의 대중문화 속에 각인되어 있는 문화민족주의는 중국과는 다른 맥락을 가지고 있다. 가장 큰 차이는 중국의 문화민족주의가 식민지 피지배의 기억을 회귀시킴으로써 대단히 공격적인 태도[31]를 취한다면, 일본의 문화민족주의는 반대로 식민지 지배의 기억을 문화적 즐거움으로 대체하려는 방어적인 태도를 취한다. 사실 일본의 대중문화의 성격을 문화민족주의로 읽는다는 것은 외견상 많은 무리가 뒤따를 수 있다. 통상적으로 일본 대중문화는 '탈민족적'이거나 '무국적'적으로 평가되기 때문이다. 일본 대중문화의 '무국적성'(non-nationality)의 특성은 일본 애니메이션이나 컴퓨터 게임의 서사 속에서 확인할 수 있는데, 이는 이국적 문화를 적절하게 혼합하여 자신의 문화로 가공하는 일본 특유의 문화정체성을 의미하는 것이다. 그러나 이와부치가 지적하고 있듯이 일본 대중문화의

31) "이사야 벌린이 한 사회의 집단적 감정에 상처를 입히는 것이 민족주의 탄생의 필요 조건이다라고 지적했듯이 중국의 정체성은 과거의 상처, 고통, 상해에 의해 정의된다."(Xu, Ben, 같은 글 214쪽).

애니메이션 「도라에몽」

무국적성은 단순히 미국의 대중문화를 자신의 것으로 변형하는 과정에서 비롯된 것만은 아니다. 일본 대중문화의 무국적성은 민족적 문화적 특성을 감추는 것이 아니라 다양한 문화적 기원을 가진 요소들을 융합하여 일본의 문화적 우위성을 보여주려는 국가주의적인 욕망을 표현한다. 무국적성은 일본의 문화적 욕망을 표상하는 것으로서, 특히 아시아 속에서의 일본의 대중문화의 위치를 설명하는 지표로 작용한다. 가령 애니메이션 「도라에몽」이나 드라마 「오싱」을 아시아 대중들에게 소비토록 함으로써, "아시아지역의 문화 혼혈화를 촉진하여 문화권 창조라는 지도적 역할을 하고 있는 것이 일본의 국가정체성에 큰 의미를 가져왔다"는 지적도 근거없는 말은 아니다.[32]

이와부치는 이러한 일본 대중문화의 무국적성의 논리에는 기술오리엔탈리즘과 연성국가주의의 이데올로기가 자리잡고 있다고 본다. 요시미 순야가 언급하듯이 '기술오리엔탈리즘'은 미국의 모방에서 벗어나려는 일본의 전지입국의 자의식을 드러내는 이데올로기이다. 가령 미국 개인주의 대 일본 집단주의, 미국의 선구적 창조력 대 일본의 정밀한 응용력과 같은 대비에서 "아메리카니즘에 기초한 전후의 내셔널리즘과 기술주의의 융합을 볼 수 있다."[33] 데이비드 몰리(David Morley)와 케빈 로빈스(Kevin Robins)가 명명한 '기술오리엔틸리즘'에서 일본인은 세계에서 기계를 가장 사랑하는 국민, 첨단 기술과 대중문화를 탁월하게 접속(카라오케 기계, 가정 컴퓨터, 파칭고 등)하는 인간들로 그려진다.[34]

물론 이러한 평가는 서구로부터 독립한 일본 문화의 우월성을 인정하기보다는 서구적 영향 하에서 자유로울 수 없는 일본의 기술적, 문화적 특수성을 냉소적으로 바라본 것이라 할 수 있다. 이와부치의 지적대로 일본의 자기오리엔탈리즘은 서구의 오리엔탈리즘의 시선 자체를 객체화하려 하기 때문에 일본의 '미국 놀이'라기보다는 '미국의 일본 놀이'이다.[35] '미국의 일본 놀이'에서 일본은 부재하고 다만 서구화된 일본만 존재한다고 말할 수 있는데, 이를 다른 말로 풀어서 말한다면 기술적 도구는 현존하지만, 그것이 만들어낸 콘텐츠에서 일본은 부재한다는 의미로 해석할 수 있다. 하드웨어가 아닌 소프트웨어에서 일본의 문화정체성을 부재하게 만드는 것, 이것이 바로 연성국가주의의 요체이다. 연성국가주의는 하드웨어 층위에서는 일본의 국적성을 드러내면서 반대로 소프트웨어 상에서는 일본의 무국적성을 드러내는 역설적인 담론이다. 연성국가주의는 일본 대중문화산업의 지속적인 발전을 위해 다양한 프로그램을 지원하지만, 여전히 미국의 시선을 필요로 하며, 기술오리엔탈리즘과 공모관계를 갖는다.

왜 이런 모순이 생겨났을까? 일본과 서양의 관계에서 보자면, 이러한 모순은 근대 이후 일본 문화가 유럽과 미국의 문화 모방을 통해 탈아시아화를 선언함으로써 가질 수밖에 없는 근본적인 한계에 기인한 것으로 볼 수 있지만, 아시아와의 관계에서는 다른 맥락으로 이해할 필요가 있다. 아시아적 관계에서 일본의 대중문화의 전파는 서양과의 관계에 비해 문화민족주의적인 성향을 강하게 드러낸다. 서구화된 일본의 문화정체성은 아시아인들에게는 타자화된 정서를 표출하고 이는 식민지 문화지배의 기억을 통해 배가되기 때문이다. 타자로서 일본은 아시아지역에서 대중문화의 유통과 소비를 통해 역사적 지배의 기억을 상쇄하고 문화적 동일시만이 현존하도록 자신들의 정체성을 탈구시킨다. 물론 일본 대중문화가 동일시 욕망의 대상만이 아닌 민족주의의 공격대상이기도 하지만, 일본의 국가주의의 아시아적 개입과 배치에 일본 대중문화의 역할은 여전히 막강하다. 레오 칭이 언급하듯이 이러한 일본 문화의 범아시아적 유행은 대만, 한국의 민족주의와의 대립 속에서도 정치경제적 역학관계와 소비문화의 증대라는 배경을 적절하게 활용하고 있다.[36]

맺는 말 : 문화민족주의로서 한류의 불길한 징후

중국의 문화적 중화주의와 일본의 연성국가주의의 사이에서 문화민족주의로서의 한류는 어떤 위치에 있을까? 확실한 것은 전지구화 시대 아시아 국가들 간의 세력권은 문화의 영역을 통해서 경쟁하고 있고, 문화민족주의의 형성은 그 세력관계와 무관하지 않다는 점이다. 중국 본토인과 아시아권내 화교를 결집하려는 중화주의의 문화적 기획들은 1997년 홍콩의 이양[37]과 2000년 대만의 정치지형의 변화를 계기로 표면화되기 시작했고, 2008년 북경올림픽을 기점으로 최고조에 달할 것으로 예상할 수 있다. 문화적 중화주의의 확산에 대응하는 일본의 문화전략 역시 경제, 외교적 전략 못지않게 비중 있게 되었다. 예컨대 '일식한류'의 현상을 일본 정치계에서 긍정적으로 보는 이면에는 한일 대중문화 개방의 문화적 효과와 함께 문화적 중화주의를 견제할 수 있는 문화적 블록을 계산하고 있다. 일본의 대중문화 속에 발견되는 문화민족주의, 즉 유연하고 방어적인 연성국가주의는 단지 민족주의, 반일감정의 논리의 재연 속에서 위치지워진 것이 아니라 아시아 국가들의 경제적 발전과 위상의 변화의 맥락 속에 위치지워져 있다는 점을 주목해야 한다. 일본은 일식한류의 지나친 확산에 대해서도 경계를 늦추지 않고 있는데, 최근 세계영화계에서 주목받는 한국과 대만·태국 영화와 달리 일본 영화가 맥을 못추는 상황에 이르자, 일본 영화계에서는 한국의 사례를 지적하면서 일본 정부의 강력한 문화지원 정책을 요구하고 있다.

아시아 시장에 확산되고 있는 한류가 문화민족주의적인 성향을 띨 수밖에 없는 것은 바로 이러한 이유 때문이다. 한류문화자본은 콘텐츠의 아시아주의와는 무관하게 철저하게 자국의 문화자본을 보호하고 확대 재생산하려는 이념적 기초를 가지고 있고, 한류의 문화정책 역시 이 기조에서 한 발짝도 물러서지 않고 있다. 한류는 아시아 소비자들에게는 매력적인 콘텐츠일지는 몰라도 국가와 시장의 영역에서는 막후 치열한 문화전쟁을 벌이고 있다. 또한 중국의 문화적 중화주의의 가시화와 일본 문화의 지속적인 진출이라는 상황에서 문화민족족주의로서 한류는 단지 배타적이고 국수적인 문화담론으로 일변하기에는 다른 정세에 놓여 있는 것 같다. 자유주의적이고 탈정치적인 한류문화자본가들이 유독 아시아 시장에서는 민족주의적인 성향을 보이는 것이나, 한류콘텐츠 속에서 새로운 국가적, 시민적 에너지를 적극적으로 해석하려는 시도들[38]도 나름의 근거들이 있다.

그러나 한류가 문화자본의 경쟁에 의해서건, 아시아 권역주의의 세력권에 의해서건 국가주의를 대당으로 평가되고 해석되어진다면, '소중화주의'나 '소연성국가주의'에 불과할 것이다. 한류가 시민사회의 소통, 대중들의 문화적 취향들을 혼종화를 위한 공간의 가능성이 갈수록 줄어들고 문화자본의 논리, 외교적 이해관계에 반응하는 문화적 수사의 논리로 작용될 가능성이 높아진다면, 한류는 그야말로 '일류'와 '중류' 사이에서 힘겨운 싸움을 전개할 것이다. 한류에 대한 문화정치적 해석이 앞으로 중요한 것도 바로 이 때문이 아닐까 싶다.

■ 미주

1) 이와부치 고이치, 『아시아를 잇는 대중문화』, 또하나의문화, 히라타유키에·전오경 역, 2004, p.122 참고.

11) 문화관광부『2004 문화산업백서』에서 참고.

12) 국가정보원, 『한류의 경제적 활용실태 및 보완방안』, 2004년 5월 보고서에서 참고.

13) 신현준, 「한류(K-culture)를 넘어, '민족문화'와 '문화전쟁'을 넘어」, 아시아대중문화연구 국제세미나 서울 2005 자료집 참고. 실제로 70년대 민중문화운동의 주역 중 일부는 대중문화산업 분야에서 한류문화자본을 확대 재생산하는 데 중추적인 역할을 담당하고 있는 사람들도 있다.

15) 이와부치 고이치, 『아시아를 잇는 대중문화』, 또하나의 문화, 2004, p.128.

17) 대만에서의 한류문화를 팬덤문화의 관점에서 분석한 글로는 김현미의 글(「대만 속의 한국대중문화」, 『'한류'와 아시아의 대중문화』, 연세대학교출판부, 2003년 참고).

19) 이에 대해서는 김민정, 「필리핀의 국가형성과 토착민」(『동남아시아 지역주의와 종족갈등』, 오름 2004), Alice M. Nah(Negotiating Indigenous Identity in Postcolonial Malaysia: Beyond Being 'Not quite/Not Malay'), Annette Hamilton("Cinema and Nation:Dilemmas of Representation in Thailand Colonialism and Nationalism in Asian Cinema, edited by Dissanayake, Indiana University Press, 1994)의 글을 참고할 만하다.

21) Gu, Edward X.(1999), "Cultural Intellectuals and the Politics of the Cultural Public Space in Communist China(1979~1989): A Case Study of Three Intellectual Group", *The Journal of Asian Studies, 58:2.*, p.389.

22) Zhang, Xudong(1994), "On Some Motif in the Chinese 'Cultural Fever' of the Late 1980s", *Social Text* 39(Summer), p.137.

23) 위의 글, p.143.

25) 박자영, 「1990년대 중국에서 (반)미국화의 맥락」, 아시아대중문화연구 국제세미나 서울 2005 자료집 p.92 참고.

26) 백지운, 「인터넷 민족주의와 문화의 통합/분열」, 동아시아, 대중문화와 (탈)민족주의, 2005, 토론회 자료집, 참고.

27) 문화적 지구화에 대한긍정적인 언급으로는 왕닝의 글(Wang Ning, "Globalization and Culture: the Chinese Cultural and Intellectual Strategy:, Neohellicon29(2), 2002)을 참고할 만하다. 왕닝은 "문화적 지구화가 하나의 민족문화의 국민적 정체성과 문화적 정체성을 흐릿하게 하는 사실에도 불구하고, 긍정적인 가치를 줄 수 있다. 우리가 그 도전을 비판적으로 대응하고 폭넓은 국제적 맥락에서 민족문화를 발전할 기회를 충분히 이용한다면, 우리는 중국의 국민적 문화정체성을 강조하고 중국 문화의 본질을 국제적 공동체에 알릴 수 있을 것이다."(p.114)라고 말한다.

28) Xu, Ben, "From Modernity to Chineseness:the Rise of Nativist Cultural theory in Post-1989 China", *positions:east asia cultures critique*, 6:1, 1998, p.218에서 재인용.

29) 위의 글, p.218.

30) Chun, Allen, "Fuck Chineseness: On the Ambiguities of Ethnicity as Culture as Identity", *Boundary 2*, Vol.23, No.2(Summer), 1996, p.128.

32) 이와부치 고이치, 『아시아를 잇는 대중문화』, p.90 참고.

33) Shunya, Yoshimi, "'Made in Japan': the Cultural Politics of 'home electrification' in Postwar Japan", Media, Culture & Society 21, p.151.

34) 위의 글, p.152.

35) 이와부치 고이치, 같은 책, p.101.

36) Leo Ching, "Imaginings in the Empires of the Sun: Japanese Mass Culture in Asia," *boundary 2, 21:1*, 1994, 참고.

37) 홍콩 이양이 갖는 지리정치적 의미를 다룬 글로는 Rey Chow의 글(King Kong in Hong Kong Watching the "Handover" from the USA, *Social Text*, 16:2, 1998), 문화적인 의미에 대한 글로서는 Eric Ma의 글(Cosuming Satellite Modernities, *Cultural Studies 15(3:4)*, 2001)을 참고하기 바란다.

38) 최근 한국의 전통미학의 성격을 '한'이 아닌 '홍'으로 분석하면서 한일월드컵과 한류열풍을 풍류정신과 내재된 프렉탈적 감각으로 보는 심광현의 글에도 한류의 긍정성을 평가하는 시각이 들어있는데, 이러한 시각 역시 비판적 의미에서의 '문화민족주의' 관점으로 읽을 수 있지 않을까 싶다(심광현, 『홍한민국』, 현실문화연구, 2005, pp.303~311 참고).

중국의 한국 TV 드라마 수용을 통해 본 한류

손병우 · 양은경

1. 서론

이른바 '세계화'로 지칭되는 세계질서의 변화가 정치, 경제, 사회, 문화의 다양한 영역들에서 다양한 계기를 통해 우리의 일상 속에서 경험되고 있다. 커뮤니케이션과 문화의 영역에서도 세계화의 양상은 다양한 모습으로 나타나고 있지만, 그 중에서도 주목을 끄는 현상은 동아시아 국가들 사이에 매스미디어를 매개로 한 문화적 교류가 점차 활발해지고 있다는 점이다. 2000년대 들어서서 국내의 언론과 학계에서도 동아시아 지역에서의 미디어 흐름에 대한 관심이 커가고 있는 추세이다. 이러한 관심을 촉발시킨 주요한 계기는 '한류', 즉 한국의 대중문화가 동아시아의 여러 나라들로 수출되고 인기를 얻는 현상이 대두되면서부터라고 할 수 있을 것이다.

한류로 정의될 수 있는 현상은 시기적으로 이미 1997년부터 중국과 대만, 홍콩, 싱가포르, 베트남 등 동아시아 전역에서 나타나기 시작하였다. 한국에서도 대중적인 인기를 얻은 바 있는 드라마 「사랑이 뭐길래」가 중국의 중앙방송에서 방영되어 수입 외화 방영 역사상 2위라는 놀라운 기록을 수립하였고, 이외에도 수많은 한국의 드라마들이 동아시아 각국의 방송을 통해 큰 인기를 끌었다. 대중음악 분야에서도 H.O.T, 클론, SES, 디바 등 한국의 대표적인 댄스 음악 가수들이 콘서트 및 음반, 뮤직 비디오 등 다양한 경로를 통해 동아시아의 수용자들에게 널리 소비되었다. 한국의 영화들도 동아시아에 소개되어 좋은 반응을 얻었고, 드라마, 대중음악, 영화 등을 통해 인기를 얻은 한국의 연예인들이 동아시아 현지 광고에까지 출연하게 되었다.

한류 현상은 여러 가지 점에서 중요한 사회적 함의를 지닌다. 무엇보다도 최근까지 미국을 비롯한 서구 대중문화의 수입국에 머물렀던 한국이 수출국의 반열에 올랐다는 점에서 그러하고, 또한 지금까지 상이한 정치·경제체제와 식민지의 역사 경험 등으로 인해 오랜 기간 동안 단절되어 온 동아시아 나라들 사이의 문화적 흐름이 생겨나기 시작하였다는 점에서 그러하다. 그러나 과연 이와 같은 현상을 어떻게 이해할 것인가를 놓고 체계적이고 본격적인 논의는 아직 이루어지지 않고 있다. 산발적으로 이루어지고 있는 논의 중에서는 대중문화 상품의 수출 시장을 동아시아로 확장하기 위한 좋은 기회로 보고 새로운 상품 개발과 정책적 지원에 관심을 가지자는 견해도 있고, 한국문화의 우수성을 입증하는 민족적 쾌거로 해석하고 문화적 자부심과 긍지를 고취시키려는 사람들도 있다. 긍정적인 견해만 있는 것이 아니어서, 한류 현상은 미국 문화산업의 세계화 전략에 따른 동아시아 전초기지로서 한국이 자리매김하는 것일 뿐이라는 부정적인 견해들도 있다. 문제는 이와 같은 견해들이 지금 우리를 둘러싸고 벌어지고 있는 전지구적 차원에서의 문화적 지각 변동 속에서 한류를 해석하고 향후 전망을 제시하는 작업을 하지 못하고 있다는 점이다.

한류의 주축을 이루고 있는 문화들의 성격을 어떻게 규정할 것인가? 한류를 단순히 미국 상업문화의 복제품으로 보고, 전 지구적인 문화의 동질화라는 맥락에서 한류를 이해할 것인가? 아니면 미국적 상업문화의 지역화라는 맥락에서 지역화의 특징들이 중요한 힘으로 작동하고 있다고 볼 수 있는가? 지역화라는 점을 고려할 때 동아시아를 하나의 분석 단위로 설정할 수 있는가? 전지구적인 차원에서의 자본주의의 선개과정과 구별되는 아시아적 자본주의의 발전과정이 한류와 어떤 관계를 형성하고 있는가?

이와 같은 질문들을 통해 한류를 낳게 한 새로운 문화적 감수성과 욕구들의 실체를 드러냄으로써 한류 현상의 현 주소를 파악하고, 한국 대중문화의 세계화 전망과 관련하여 정부 정책 및 산업적 차원에서 단순하고 막연한 낙관론이나 비관론이 아니라 보다 구체적이고 생산적인 방안 마련이 가능하리라고 본다.

2. 한국 대중문화의 글로벌화를 위한 대안 모색

본 연구는 이와 같은 문제 의식을 토대로 다음과 같은 연구 문제들을 설정하고 이에 대한 해답을 구함으로써 한국 대중문화의 글로벌화를 위한 대안적 방향을 제시하려고 한다. 첫째, 한류 현상을 돌러싼 기존의 정책적·학문적 패러다임의 특성과 한계를 살펴봄으로써 새로운 논의의 필요성을 도출하고자 한다. 둘째, 한류의 구체적인 양상을 분석하고자 한다. 한류의 주축을 이루고 있는 대중문화는 무엇인가, 대중

문화의 어떤 요인들이 동아시아 대중들에게 소구력을 가지는가, 동아
시아의 대중들이 우리와 같은 대중문화를 소비하면서 느끼는 공감대
와 즐거움의 의미는 무엇인가를 살펴볼 것이다. 셋째, 앞서의 논의들
을 토대로 하여 한국 대중문화의 글로벌화를 위한 정책적·학문적 대
안을 제안하고자 한다.

이를 위하여 본 연구에서는 정부의 한류 관련 정책 보고서 및 문화산
업계 종사자들의 글, 학계의 논문들을 살펴봄으로써 각 입장들에서 드
러나는 인식론적 패러다임의 문제점을 도출해내고자 하였다. 아울러
한국 대중문화가 동아시아의 대중들에게 소구하는 이유를 알아 보기
위해서 가장 대표적인 수출 장르 중의 하나인 드라마를 중심으로 텍스
트 분석 및 수용자 연구를 수행하였다. 연구대상으로는 한국드라마 관
련 정보와 시청소감을 주고받는 중국 인터넷 사이트의 게시판을 선정
하였다. 주요 분석대상은 ktv2002.xilubbs.com으로서 한국 드라마 사
이트라는 공식 명칭을 갖고 있다. 여기에 2002년 9월부터 최근까지 약
1여 년에 걸쳐 게시된 글들 중 700여 건을 분석하였다. 그 외에도 중국
중앙방송(CCTV) 시청자 게시판(bbs.cctv.com.cn)과 www.topcool.net
등에 실린 중국 시청자들의 글을 분석대상으로 활용하였다.

인터넷 사이트에 올린 시청자들의 글은 모두 일상적인 드라마 시청
행위의 결과 자발적으로 쓰여진 글들이라서, 연구상황의 인위성을 배
제하고 자연스럽게 표출되는 수용자의 관심을 파악하는 데 용이하다.
한국의 경우, 드라마 동호회 게시판에 드라마 시청소감에 대한 글들보
다 불법 복제 비디오나 CD 판매 정보가 압도적인 양을 차지하고 있을
뿐 아니라 상호 비방이나 욕설 등 토론 문화가 매우 뒤떨어지기 때문
에 인터넷을 이용한 수용자 연구에 한계가 많다. 그러나 중국 인터넷
토론의 경우 상호 의견 존중 문화를 볼 수 있었다. 또한 A4 용지 두세

장에 달하는 장문의 감상문도 상당수 있어서 많은 정보를 얻을 수 있었다. 그러나 수용자의 성별이나 연령, 직업 등에 대한 정보를 비공개하는 사람들도 상당수 있어서 사회인구학적 변인에 따른 수용패턴의 차이를 자세히 살펴볼 수 없었다. 신상정보를 공개한 경우를 종합해볼 때, 게시판에 글을 올린 사람들의 연령대는 19세부터 20대 초반이 압도적으로 많았다. 성별로는 여성 수용자가 높은 비율을 차지하고 있지만 남성 수용자들의 글도 종종 눈에 띄었다.

3. 한류 현상에 대한 기존 논의의 검토

한류를 비롯한 동아시아 지역 내 대중문화의 유통 현상을 둘러싸고 다양한 입장과 견해들이 혼재하지만, 그 중에서도 대표적인 것으로 문화산업론적인 입장과 문화론적인 입장을 꼽을 수 있다. 먼저 문화산업론적 연구에서 주류를 이룬 것은 미시경제학적 시각에서 대중문화의 국제적 유통을 설명하는 논의들에 기대어 한국 방송산업의 해외시장 진입의 원동력을 찾고, 향후 해외시장 확대를 위한 전략을 모색하는 연구들이다(강태영, 2002; 박재복, 2000, 2001; 정윤경, 2001). 이러한 입장은 학계뿐만 아니라 정부의 문화산업 정책과 문화산업계 종사자들의 시각에서도 분명히 드러난다. 국제적 프로그램 유통에 대한 미시경제학적 연구는 미국의 문화산업이 전세계적 차원에서 지니는 절대적인 시장지배력을 설명하기 위해 발전된 연구로서 시장경제적인 요인에 강조점을 두고 있다. 이러한 입장에서 보면 헐리우드 영화가 전세계 대중에게 소구할 수 있는 힘은 문화상품의 일차적 소비가 이루어지는 자국 시장의 규모나 문화상품에 투입되는 자본량의 크기가 압도적으로 크다는 점에서 상당부분 기인한다.

　그러나 이와 같은 설명을 동아시아 나라들 간의 미디어 흐름에 적용하는 데는 많은 무리가 따른다. 즉 자원이나 자본 등과 같은 순수 경제적인 요인에 입각하여 미디어의 해외 유통을 설명하는 입장은 자국시장의 규모가 작고, 프로그램 제작비나 전문적인 유통망 등에서 미국과는 비교도 되지 않을 정도로 영세한 나라들이 어떻게 동아시아 시장에 진출할 수 있었는가에 대해서 설명하기 힘들다. 여기서 시장 경제적인 요인으로 설명하기 힘든 유통의 원동력을 문화적 요인에서 찾아야 한다는 주장들이 대두되고 있으며, '문화적 할인'[1]과 '문화적 근접성'[2] 개념 등이 이러한 입장의 핵심을 잘 드러낸다.

　스트라바(Straubarr, 1991, 1997, 2000)와 싱클레어 등(Sinclair et al., 1996)은 세계 텔레비전 시장에서, 브라질과 멕시코가 텔레노벨라라는 드라마 장르를 중심으로 유럽과 남미의 프로그램 수출국으로 부상하고, 그 외에도 인도나 대만 홍콩 등의 새로운 수출 중심지들이 등장하는 것을 지리-언어적 또는 지리-문화적 권역이 형성되고 있다는 것으로 본다. 스트라바의 '문화적 근접성'(cultural proximity) 연구에 따르면 이러한 권역의 형성이 가능한 것은 언어나 종교, 의상, 음악, 비언어적 코드, 유머, 인종 등과 같은 문화적 요소들의 동질성 또는 친숙함 때문이다. 스트라바는 남미에 위치한 도미니크 공화국이 미국 방

---

1) 호스킨스와 미루스 (Hoskins&Mirus, 1988)는 "한 문화에 뿌리를 두고 있고, 그 환경 속에서 흥미를 끄는 특정 프로그램은 그 밖의 다른 곳에서 시청자들이 그 프로그램 속의 스타일, 가치, 신념, 제도, 행위패턴과 동일시하기 힘들다고 발견함에 따라 소구력이 감소하게 된다"고 주장한다. 따라서 문화의 국제적 유통이 오락, 특히 드라마 중심으로 이루어지는 이유는 이 장르가 국가 간 경계를 넘어서면서 나타나는 문화적 할인율이 다른 장르들에 비해 낮기 때문이다. 반면에 정보 프로그램은 훨씬 더 문화적 특수성을 갖고 있고, 따라서 할인율이 커서 국제적 유통이 잘 일어나지 않는다는 것이다.

2) 스트로바(Straubharr, 1991)의 설명에 따르면 텔레비전의 수용자들은 일차적으로 국내 프로그램에 대한 선호도를 갖고 있고, 국내 프로그램들이 어떤 장르들에 대한 대중들의 수요를 충족시키지 못할 때, 남미 지역 내 인접 국가의 프로그램들 즉, 미국 프로그램들에 비해 상대적으로 훨씬 더 문화적으로 근접하거나 유사한 것들을 찾는 경향이 있다는 것이다. 여기서 문화적 근접성은 언어, 종교, 의상, 음악, 비언어적 코드, 유머 등 다양한 요소들로 언급된다.

송보다 멕시코의 드라마나 코메디, 뉴스 등을 선호하는 현상에 대해 텔레비전의 수용자들은 일차적으로 자국 프로그램에 대한 선호도를 갖고 있고, 자국 프로그램이 어떤 장르들에 대한 대중들의 수요를 충족시키지 못할 때, 남미 지역 내 인접 국가의 프로그램들, 즉 미국 프로그램에 비해 상대적으로 문화적으로 근접하거나 유사한 것들을 찾는 경향이 있다고 설명한다.

문화적 근접성 개념을 한류 현상에 적용하여 설명하려는 시도들이 이루어지고 있다(ex. 유세경·이경숙, 2001, 허진, 2001, 정윤경, 2001, 강태영, 2002). 유사한 인종과 한자문화권이라는 언어적 근접성, 무엇보다도 유교문화적 전통을 공유하고 있다는 것 등이 한류 현상을 비롯하여 동아시아의 문화적 흐름을 가능하게 하는 원동력이 되었다는 것이다. 그러나 이와 같은 주장은 1990년대 동아시아라고 하는 특정 역사적·사회적 맥락에 대한 논의를 고려하지 않는 한에서 많은 한계를 지닌다. 특히 많은 연구들에서 상정하고 있는 바, 유교문화를 중심으로 동아시아의 문화적 동질성에 대한 논의는 문화적 교류를 추동해내는 다양한 힘들을 간과하게 하는 결과를 초래하고, 유교문화적 동질성에 대한 가정 자체도 많은 문제점을 노정하고 있는 듯 보인다. 동아시아의 공통 문화라고 말하는 것은 그러한 문화가 현재 동아시아 대중들의 일상 속에서 실천되고 있는가의 문제와는 같은 의미로 사용될 수 없다. 일례로 중국에서 유교는 1919년 '신문화 운동' 시기 이후 봉건 시대의 유물로 철저하게 타도되었고, '문화대혁명'의 시기를 거치면서 유교문화적 전통과 거의 단절되었다.

기존의 연구들이 보여주는 이와 같은 논리적 취약성은 문화에 대한 본질적이고 정태적인 이해로부터 비롯된다고 보여진다. 앞서의 연구들에 따르면 동아시아적 차원에서 일어나고 있는 문화의 흐름은 각 나라들의 문화적 유사성 또는 근접성에 기반하여 이미 필연적으로 예정된 귀결점에 불과한 것이 된다. 그러나 뒤에서 다시 살펴보겠지만, 유교문화적 근접성에 대한 연구자들의 예단은 쉽게 증명되지 않을 뿐만 아니라 오히려 전혀 반대되는 결과를 보여주기도 한다. 아울러 기존의 연구들에서 드라마 텍스트는 이미 존재하는 문화적 가치를 반영하는 것에 머무르지 않고 세상에 대한 관점을 정립하고 새로운 가치를 만들어내는 등의 의미 실천을 수행한다는 점이 종종 간과된다.

'문화'란 삶의 양식이자 실천의 양식으로서, 그것을 통해 사회질서가 소통되고 경험되며 탐구되는 것으로 이해될 수 있다. 이것은 박물관에 소장되어 있는 지적·예술적 유산과는 다른 것이다. 따라서 문화적 근접성 연구 역시 동아시아를 아우르는 본질적인 공통의 요소를 발굴하여 열거하는 자세보다는 다양한 문화적 요소들 가운데 특정 요소가 어떤 맥락 속에서 문화적 교류를 촉발시키는 힘으로 전화되는가를 보아야 할 필요가 있다. 이를 위해서는 1990년대 동아시아의 문화적 교류를 가능하게 한 정치·경제·사회적인 변화들이 폭넓게 고려되어야 할 것이다.

기존 논의의 한계를 극복하기 위해서는 무엇보다도 한류 현상이 나타나고 있는 특정 역사적·사회적 맥락에 주목하는 연구가 필요하다고 본다. 현재 한류 현상은 동아시아라는 특정 지역을 단위로 나타나고 있지만, 유교문화적 전통이 동아시아 지역내 문화의 흐름을 가능하게 하는 필요충분조건은 아니다. 이러한 흐름을 추동하고 있는 특정 세력들의 이해관계와 욕구들에 대해서 주목할 필요가 있다. 동일한 문화적 근접성의 요소라 할지라도 그것은 상이한 역사적·문화적 경험을 가지고 있는 수용자들에 따라 때로는 전혀 주목받지 못하고 외면당할 수도 있고, 즐거움과 인기의 요소로 작용할 수 있다. 이와부치(Iwabuchi,

2001a, 2001b)는 대만에서의 일본 드라마 수용에 대한 연구를 통해 문화적 근접성을 이미 존재하고 있는, 발견의 대상으로 보기보다는 텍스트를 통해 다양한 가치들이 접합되면서 수용자들의 관심을 끌고 그리하여 사후적으로 문화적으로 근접해지는 효과를 낳게 되는 역동적 과정으로 보아야 한다는 점을 지적한 바 있다. 즉 기존의 문화적 근접성 연구가 설득력을 얻기 위해서는 문화적 흐름을 주도하는 대중문화 텍스트에 대한 분석 및 수용자의 미디어 수용에 대한 연구를 통해서 동아시아 수용자 대중이 어떤 프로그램들을 선호하고 있으며, 그러한 특정 프로그램들이 인기를 얻는 이유는 무엇인가에 대한 논의가 보완되어야 할 것이다.

4. 동아시아의 텔레비전 드라마 유통과 트렌디 드라마

전통적으로 아시아 지역은 다른 어떤 지역들보다도 국가 간 텔레비전의 교류가 미미한 곳이다. 1980년대까지만 해도 자국산 텔레비전 프로그램의 비율이 가장 높고, 지역 내 국가들 간의 교류는 거의 이루어지지 않았으며, 프로그램 수입원으로 미국이 차지하는 비중이 절대적이다(Varis, 1984; Waterman&Rogers,1994). 이러한 상황은 근대 이후 국민국가의 형성과정에서 민족적 정체성을 형성하기 위해 텔레비전이 해왔던 역할과 밀접한 연관을 가진다. 아시아의 각 나라들은 상이한 정치체제, 식민지의 역사 경험, 인종적 이질성 등으로 최근까지도 다양한 형태의 상호 갈등을 경험하고 있다. 이러한 상황 속에서 텔레비전은 대내외적인 여러 위협들로부터 국민국가적 정체성을 확보하기 위한 가장 중요한 수단이었다고 할 수 있다(Curran&Park, 2000).

　그러나 1990년대 접어들어 세계화의 흐름 속에서 아시아의 국가들은 강력한 미디어 통제 정책을 유지하면서도 미디어 상업화와 탈규제라는 새로운 변화를 적극적으로 수용하고 있다. 동아시아 지역 내 프로그램의 유통 증대는 정치적 민주화와 미디어 산업의 자유화, 그에 따른 새로운 매체와 채널의 증대, 빠른 경제 성장에 따른 물질적 풍요 등 다양한 요소들의 연결을 통해 설명될 수 있을 것이다(Chan, 1994, 2001; Chan&Ma, 1996). 중국의 경우 1987년 중국 공산당의 제13차 전국대표회의에서 '사회주의 경제는 계획을 가지고 있는 상품경제'라는 강령이 채택되면서 미디어 조직에도 시장의 원리가 중요한 축으로 자리잡기 시작하였다(Ma, 2000). 대만 역시 1987년 계엄령 폐지 및 1993년의 다양한 미디어 자유화 조치들을 통해 미디어 산업이 급속하게 발전하는 계기를 가져왔고, 특히 케이블 TV의 발전은 일본과 홍콩 등 동아시아 프로그램들의 수입을 증대시켰다(Hong, 1997, 1999; Iwabuchi, 2000a).

　동아시아 텔레비전 유통을 주도하고 있는 장르는 드라마가 압도적인 비중을 차지하고 있다. 동아시아 각국으로 수출된 한국 TV 프로그램의 장르별 현황을 살펴보면, 2000년에 중국에는 드라마가 866편, 다큐멘터리가 5편, 애니메이션이 20편/대만의 경우 드라마가 494편, 다큐멘터리 4편, 애니메이션 3편, 음악 프로그램 4편/홍콩의 경우 드라마 56편, 다큐멘터리 16편, 음악 프로그램 6편, 애니메이션 4편/베트남의 경우 드라마만 201편 수출됨으로써 드라마가 압도적인 비중을 차지하고 있는 것으로 나타났다(문화통계연감, 2001).

　유통되고 있는 드라마의 유형들을 살펴보면, 한류의 주축을 이루고 있는 장르는 트렌디 드라마임을 알 수 있다. 트렌디 드라마는 1990년대 일본과 한국 등에서 선보이기 시작한 새로운 드라마 양식으로서 기존의 전통 멜로 드라마와는 여러 가지 점에서 차별성을 띤다. 한국의 경우는 1992년 「질투」가 처음 선보인 이후 최근까지 꾸준한 인기를 얻으면서 하나의 독립된 장르로서 자리잡았고, 이는 일본의 후지 TV가 제작한 「도쿄 러브스토리」를 비롯하여 일본 트렌디 드라마로부터 상당히 큰 영향을 받았다(박성수, 1997; 이동후, 2001). 트렌디 드라마는 1회 50분 내외의 에피소드가 16회에서 20회 정도의 분량으로 구성되어 있다. 이는 5, 6개월에서 1년 이상씩 장기 방영되는 일일연속극이나 주말연속극에 비해 매우 짧은 길이다. 주제면에서 이 드라마들은 도시를 배경으로 젊은이들의 일과 사랑의 이야기를 다룬다는 점에서 복잡한 가족관계와 다양한 세대의 이야기가 포진해 있는 기존의 드라마들과는 다르다. 플롯 구성 역시 신데렐라 이야기처럼 매우 단순해서, 복잡하게 얽힌 갈등구조와 다양한 사건의 동시적 전개를 보여주는 기존의 드라마와 달리, "수용자의 입장에서 간혹 몇 개의 시퀀스를 놓쳤다고 해도 전체적인 이야기의 흐름을 이해하는 데 별 어려움이 없으며"(황인성, 1999, 233쪽)[3], 등장인물들 간의 대화 양이 극소화되는 대신 이미지와 음악이 결합된 뮤직비디오적 영상이 큰 비중을 차지한다는 점에서 이야기보다는 시각적 볼거리를 지향하는 드라마라고 할 수 있다(오명환, 1994; 황인성, 1999).

기존의 연구들에서는 소프 오페라라고 하는 서구적 장르로부터의 차별화를 강조하기 위해 동아시아의 드라마를 단일하고 보편적인 하나의 형식으로 간주하고, 다양한 드라마 장르들 중에서 왜 트렌디 드라마를 중심으로 미디어 유통이 이루어지고 있는가의 문제는 중요하게 다루어지지 않는다. 또한 서구의 미디어로부터, 그리고

3) 이러한 특성에 대해서 오명환(1994, 448쪽)은, 트렌디 드라마에서 "에피소드는 테마를 위한 것이 아니라 에피소드 자체가 중요한 의미를 가지며 테마는 에피소드 속에 용해되어 있거나 심지어 과감히 생략되어 있다. 이것은 테마를 위해 여러 가지 에피소드를 질서있게 구성해 가는 종전 드라마의 순리와 정석을 뒤엎은 것이다. 따라서 드라마는 테마에 짓눌릴 필요도 없고 굳이 테마를 축소하거나 미련없이 축출해버려도 무방하다"고 주장하였다.

또 다른 훌륭한 지역화 사례인 남미의 텔레노벨라로부터 동아시아를 구별지어 주는 문화적 요소를 발견하려는 시도는 동아시아의 드라마들 속에서 유교문화적 요소들에 주목하게 한다. 그렇다면 오히려 일일 연속극들처럼 트렌디 드라마보다 훨씬 더 유교문화적인 가치를 재현한다고 보여지는 드라마들은 왜 미디어 유통의 중심에서 상대적으로 밀려나 있는가?[4] 다른 드라마 장르들에 비해 유교문화적 전통으로부터 상당히 먼 거리에 놓여 있다고 볼 수 있는 트렌디 드라마에서 다시 유교문화를 발견하는 작업은 어떤 의미를 지니는가? 기존의 논문들이 설득력을 얻기 위해서는 무엇보다도 이러한 문제들에 대해 대답할 수 있어야 할 것이다.

트렌디 드라마의 유통과 관련하여 주목할 또 하나의 지점은 기존의 연구들에서는 한국과 대만, 홍콩, 중국의 드라마를 동시대적으로 놓고 동질적인 요소를 찾으려는 시도들의 문제점이다. 여기서는 동아시아의 모든 나라들에서 공통적으로 발견되는 어떤 고유한 드라마 형식이 원래부터 존재해왔던 것처럼 전제됨으로써, 드라마의 생산과 유통을 둘러싸고 이루어지는 동아시아 국가들 사이의 힘의 불균형성이 감추어진다. 동아시아 드라마 유통을 주도하는 트렌디 드라마의 출발점은 일본이다. 1990년대 초반부터 스타 TV는 아시아 지역화 전략의

---

4) 정윤경(2001)과 허진(2002)의 연구 역시 유교문화적 가치를 동아시아의 문화적 근접성의 주요요인으로 설정하는데, 이로 인해 이들의 논문에서 논리적 모순이 나타난다. 정윤경은 1990년대 한국 방송 프로그램 유통의 사례를 분석에서 「전원일기」, 「보고 또 보고」 등 '대가족 제도내의 가족관계나 고부간의 갈등이 보다 비중있게 그리는' '지역적 드라마'가, 「파일럿」, 「마지막 승부」같이 '모던한 삶을 추구하는 젊은이들의 모습에 비중을 두고 있는' '탈지역적 드라마'에 비해 수출이 현저히 낮다는 것을 보여주었다. 이에 대해서 '지역적 드라마'는 전통적인 한국적 가치를 반영해서 동아시아 인접국으로의 진입조차도 힘들다고 보고, 반면 국적과 관계없이 현대인이 동감할 수 있는 보편적 정서를 그리는 탈지역적 드라마가 유통의 중심으로 이룬다고 설명한다. 그렇다면 한국적 가치와 유교문화적 근접성은 어떻게 다른가, 유교문화적 근접성은 문화 유통의 어느 지점에서 작용하고 있는가에 대해서 이 논문은 설명하지 못한다. 한편 허진(2002)은 유교문화적 전통과 단절되어 온 중국인들에게 「사랑이 뭐길래」에서 그려진 유교적인 가부장제는 중국인들에게 매우 충격적으로 받아들여졌다고 밝히고 있다. 따라서 그는 한국 드라마의 성공요인은 중국의 전통적인 가치에 부합하는 문화적 근접성이나 친숙성 때문일 수도 있겠지만, 다른 한편으로는 문화적 이질감 때문일 가능성도 높다고 주장한다. 그럼에도 불구하고 그는 여전히 한국 드라마의 인기의 가장 큰 요소를 동질적인 아시아적 가치로서 유교문화적 전통의 공유에서 찾으려는 관점을 고수하고 있다.

일환으로 일본의 트렌디 드라마를 대거 구입하여 널리 방영해 왔다. 한국의 트렌디 드라마가 인기를 끄는 요인은 일본 드라마와의 차별성에 있다기보다, 동아시아의 여러 국가들에서 일본 소비 대중문화를 통해 형성된 수요와, 그에 부응하지 못하는—물량의 측면에서는 가격의 측면에서든—공급 사이의 틈새를 채울 수 있는 유사상품이라는 점에 있다는 주장들도 제기되고 있다(김현미 2002, 조혜정, 2002). 중국, 대만 등지에서 일본의 트렌디 드라마가 큰 인기를 끌었던 것은 미국의 소프 오페라와 유사한 결말없는 이야기 형식의 전통 드라마나 역사 드라마 등이 주류를 이루고 있는 자국 드라마들에서 볼 수 없었던 새로운 형식과 내용에서 기인하는 것이었으며(Iwabuchi, 2001b), 이들 나라에서 일본이나 한국의 트렌디 드라마와 유사한 드라마들이 제작된 것은 매우 최근의 일이다. 더구나 한국, 대만, 홍콩 등 몇몇 신흥공업국들(NIEs)을 제외한 많은 나라들은 여전히 드라마 소비국에 머물고 있다.

　이러한 사실은 동아시아 내에서 유통되는 드라마가 과연 누구의 가치와 정서를 대변하는 것인가에 대한 물음이 중요하다는 점을 말해 주는 것이다. 우리는 전통적인 멜로 드라마나 역사극 또는 사회문제를 다루는 드라마가 아닌 트렌디 드라마의 특수성이 동아시아 대중들 사이에서 생겨나고 있는 새로운 문화적 욕구와 접합되는 양상을 살펴봄으로써 한국 대중문화의 동아시아 진출을 위한 비전을 모색해 볼 수 있을 것이다.

5. 중국의 한국 드라마 수용

　동아시아의 여러 나라들 가운데에서도 중국은 현재 한류 열풍이 가장 크게 일어나고 있는 대표적인 나라라는 점, 중국 인구의 규모로 볼 때 잠재적인 시장 가치가 엄청나게 크다는 점, 그리고 기존의 연구들에서처럼 유교문화적 근접성을 근거로 동아시아 문화권을 묶을 때, 중국이 그 중심에 놓여 있다는 점을 감안할 때 중국의 한국 드라마 수용에 대한 연구는 매우 중요한 의미를 지닌다. 여기서는 중국의 한국 드라마 동호회 게시판을 통해서 한국 드라마가 중국 수용자들에게 소구하는 지점이 무엇인가를 살펴보고, 이를 통해서 향후 한국 대중문화의 글로벌화를 위한 구체적인 전략을 도출하려고 한다.

게시판에 주로 어떤 주제들이 등장하는가를 살펴본 결과, 특정 드라마나 배우에 대하여 어떻게 생각하는가 하는 질문이 가장 많았다. 드라마에 대해서는 줄거리를 소개하거나 특정 드라마를 좋아하거나 싫어하는 이유, 드라마의 내용이나 형식에 대한 평가 등이 이루어졌다. 배우와 관련해서는 외모나 사생활, 배역의 적합성 등에 대한 논의가 다수를 차지하였다. 이와 연관된 것으로 가장 훌륭한(또는 좋아하거나 싫어하는) 한국 드라마나 배우의 순위를 매기는 글들도 많았다. 또한 특정 드라마가 시청자의 생활 또는 인생관 등에 미친 영향, 한국 드라마에서 공통적으로 발견되는 규칙들, 한국 드라마의 더빙과 관련하여 중국식 더빙과 홍콩, 대만 더빙의 특성이나 장단점에 대한 토론들도 자주 등장하는 주제들이었다.

1) 한국 드라마의 익숙함과 새로움

❶ 트렌디 드라마에 대한 선호

중국 시청자 게시판에 오른 한국의 드라마들은 시기적으로는 대략 1990년대 중반 이후에 제작된 작품부터 최신작까지 혼재되어 있었다.

이는 1996년 한국에서 방영되었던 「목욕탕집 남자들」이나 「첫사랑」에
서부터 2002년작 「겨울연가」에 이르기까지 다양한 시기에 제작된 드
라마들이 중국 중앙방송과 성급방송, 지역 위성방송 등 다양한 채널을
통해 반복적으로 방영되고 있기 때문에 나타나는 현상이라고 볼 수 있
다. 예를 들자면 중국 시청자들은 한 채널에서 2002년작 「겨울연가」를
보는 동시에 다른 채널에서 1996년작 「첫사랑」을 볼 수 있다. 또한 중
국에서 드라마 편성은 한국의 미니시리즈나 주말연속극처럼 일주일에
2회 방영되는 형태가 아니라, 월요일에서 금요일 또는 토요일까지 매
일 방영되고, 하루에 방영되는 분량도 평균 2회에서 4회까지도 이른
다. 따라서 중국 시청자들이 한국의 미니시리즈물 한 편을 보는 데는 2
주일 정도밖에 걸리지 않고, 이 때문에 한국 드라마를 적극적으로 찾
아보는 시청자의 경우는 한두 달 사이에도 상당히 많은 수의 드라마를
시청하는 것이 가능한 것이다.

　게시판에서 언급된 드라마 유형 중 90퍼센트 이상을 차지하는 것은
'트렌디 드라마' 또는 중화권에서 '청춘 우상극'이라고 일컬어지는 것
들이었다. 트렌디 드라마는 1회 50분 내외의 에피소드가 16회에서 20
회 정도의 분량으로 구성되어 있다. 이는 5, 6개월에서 1년 이상씩 장
기 방영되는 일일연속극이나 주말연속극에 비해 매우 짧은 길이다. 주
제면에서 이 드라마들은 도시를 배경으로 젊은이들의 일과 사랑의 이
야기를 다룬다는 점에서 복잡한 가족관계와 다양한 세대의 이야기가
포진해 있는 기존의 전통 드라마 유형과 구별된다.

　이외에 주말연속극으로는 「목욕탕집 남자들」, 「첫사랑」, 「신데렐라」
등이 거론되고 있었다. 「첫사랑」은 2003년에 중국 중앙방송(CCTV1)에
서 방송된 작품이고, 「목욕탕집 남자들」 역시 최근에 방송되었던 드라
마 중의 하나이다. 그러나 트렌디 드라마에 비해 길이가 길고 여러 세

대에 걸쳐 복잡한 인간관계의 유형을 볼 수 있는 주말연속극들의 인기는 상대적으로 적은 것으로 보인다. 주말연속극 「여우와 솜사탕」이 최근 중국에서 방영되었음에도 불구하고 이 드라마에 대해 언급하고 있는 글은 소수에 불과했다. 「목욕탕집 남자들」의 인기와 관련해서는 이미 드라마 「사랑이 뭐길래」로 중국 한류의 시발점으로 평가되고 있는 김수현의 작품이라는 점을 감안할 때, 특정 작가의 역량이 중요한 역할을 수행했다고 볼 수 있다. 한편 「첫사랑」은 최수종, 배용준, 최지우, 이승연 등이 주연을 맡은 드라마로서, 다른 트렌디 드라마들을 통해서 이미 배용준이나 최지우라는 스타에 대한 관심이 이 드라마의 수용에서 큰 비중을 차지하고 있는 것으로 보였다. 황신혜와 이승연이 주연을 맡았던 「신데렐라」의 경우도 등장인물의 유형이나 줄거리 전개 등을 고려할 때 주말연속극으로 방영되었지만 오히려 트렌디 드라마에 매우 가깝다는 점에서 한국의 주말연속극 일반이 중국 수용자에게 인기를 끌고 있다고 보기는 힘들다.

일일연속극 「보고 또 보고」가 인기를 얻었다는 점도 주목할 만하다. 이 드라마의 인기는 「목욕탕집 남자들」의 사례와 마찬가지로 한국 중산 가정의 일상적 이야기를 현실감 있는 에피소드들과 재치 있는 대사들로 그려낸 작가의 역량이 중국 수용자들에게도 인정받았음을 보여주는 사례로 이해된다. 한편, 한국의 역사극들에 대한 관심은 거의 표명되지 않았다. 게재된 글들 중에는 사극 「여인천하」가 한국에서 시청률 1위라는 정보를 전하면서 이 드라마에 대한 궁금증을 나타낸 글이 한 건 실렸을 뿐이다.

게시판의 글들을 통해 미루어 볼 때 중국 수용자들에게 한국 드라마라는 범주로 이해되고 있는 것은 크게 세 가지 유형으로 나뉠 수 있다. 첫째, 도시의 젊은 남녀들 사이의 순수한 사랑 이야기를 다루지만 결

드라마 「겨울연가」와 「가을동화」

국은 주인공들 중의 한 사람이 죽게 되거나 병에 걸리는 비극적인 드라마로서, 「모델」, 「가을동화」, 「세상 끝까지」, 「안녕, 내사랑」, 「팝콘」, 「겨울연가」, 「아름다운 날들」 등이 이러한 예로서 거론되고 있었다. 중국 수용자들은 이러한 유형을 가장 대표적인 한국 드라마 유형으로 꼽고 있었다. 둘째, 도시 젊은이들의 사랑 이야기지만, 전반적으로 밝고 경쾌한 느낌을 주고 결론 역시 주인공들의 해피엔딩을 보여주는 드라마들이다. 「명랑소녀 성공기」, 「내사랑 팥쥐」, 「미스터 Q」, 「토마토」 등이 이러한 예들로 거론되었다. 이 드라마들에 대해서 이야기할 때 수용자들은 대체로 '전형적인 한국 드라마와는 다른'이라는 표현을 많이 사용하였다. 그만큼 중국 수용자들은 한국 드라마의 비극적인 결말을 변함 없는 공식의 하나로 받아들임을 알 수 있다. 셋째, 「사랑이 뭐길래」, 「목욕탕집 남자들」, 「보고 또 보고」처럼 다양한 세대들이 등장하여 일상의 작은 사건들을 밝고 유머스러운 분위기로 그려 나가는 홈 드라마를 한국 드라마의 대표적 유형의 하나로 이해하고 있다.

이러한 점들을 종합해 볼 때, 중국 수용자들에게 한국 드라마로 인식되는 것은 대체로 젊고 매력적인 주인공들의 사랑 이야기를 다루고 있는 트렌디 드라마로서 주인공의 죽음과 같은 비극적인 요소를 갖추고 있는 것임을 알 수 있다.

❷ 에피소드의 즐거움

게재된 글 중에서 단연 압도적인 비중을 차지하는 것은 한국 연기자들의 개인적 매력에 대한 관심이었다. 많은 시청자들이 한국의 드라마 주인공들은 모두 한결같이 선남선녀라는 점을 지적하고 있으며, 이들의 최신 유행 패션이나 화장술, 성형수술의 유무 등에 관심을 나타냈다.

5) 사이트 이름. 사이트 이름을 따로 명시하지 않은 것은 모두 ktv2002.xilubbs.com에 게재된 글이기 때문이다.

#1(topcool)[5] 김석훈이 너무 완벽한 것 같아요. 그는 나의 이상형이에요. 아시아의 멋있는 남자들 중에서 그보다 더 멋있는 사람은 없는 것 같아요. 김희선은 그와 어울리지 않고 전지현이 그와 조금 어울리기는 해요. 그의 몸매, 얼굴, 이미지 등은 완전히 하나님이 몸소 만들어 준 것 같아요. 난 그를 사랑합니다.

#65 제가 한국 드라마를 좋아하게 된 계기는 배용준을 좋아하게 된 것으로부터에요. 그는 제가 만난 남자들 중에서 가장 완벽한 사람인 것 같아요. 그를 생각할 때마다 낭만적이고 행복한 느낌만 들어요.

#186 파란색 버버리를 입는 모습이 너무 좋아요. 맞아요. 이 드라마는 처음부터 끝까지 패션쇼인 것 같아요. 모든 옷이 다 완벽하고 멋있구요.

— 「겨울연가」의 배용준에 대하여

드라마 「토마토」와 「이브의 모든 것」

    드라마에 대한 관심은 상당 부분 특정 연기자에 대한 관심으로부터 촉발되는 경우가 흔하다. 시청자들 중 상당수는 자신이 좋아하는 특정 연기자의 출연작을 적극적으로 찾아서 보고 있었다. 이러한 점은 한국 트렌디 드라마의 인기를 보장하는 가장 큰 기제 중의 하나가 연기자들의 스타성이라는 것을 의미한다. 스타성은 한국 연기자들의 외모의 출중함 즉 개인적 매력과 그들이 드라마 속에서 맡은 배역의 매력 사이의 완벽한 조화를 통해서 형성되고 있었다. 중국 수용자들은 드라마의 남자 주인공들이 보여주는 순수한 사랑과 자기 희생적인 태도에 즐거움을 느낀다. 「별은 내 가슴에」에서의 안재욱이나 「토마토」에서 김석훈이 연기한 '전심전의로 한 사람을 사랑하는 완벽한 남성상'은 여성 시청자들이 드라마 속에서 경험하고 확인하는 즐거움의 주요한 요인이다.

#24 「이브의 모든 것」이라는 드라마에서 방송국의 엘리트 윤형철(장동건)은 온 힘을 다해서 그를 유혹하는 예쁜 여자에게 한눈 팔지 않고 처음부터 끝까지 선미만을 사랑했다. 「호텔리어」에서 능력이 넘치는 사장님 신동혁(배용준)은 자기의 여직원에게만 마음이 있고 마지막으로 그녀를 위해 한국에 돌아와 그녀와 함께 평생을 보내기로 했다.

그러나 스타성만으로 한국 드라마의 대중성이 가능한 것은 아니다. 트렌디 드라마의 서사구조적 특성 속에서 중국 시청자들에게 긍정적이고 매력적인 요소를 발견할 수 있었다. 일반적으로 트렌디 드라마는 복잡하게 얽힌 갈등구조와 다양한 사건의 동시적 전개를 보여주는 전통적인 드라마들의 서사진행과 달리, "수용자들이 간혹 몇 개의 시퀀스를 놓쳤다고 해도 전체적인 이야기의 흐름을 이해하는 데 별 어려움이 없는"(황인성, 1999:233) 매우 느슨하고 단순한 서사구조를 특징으로 한다. 대부분의 트렌디 드라마들은 서구식 '신데렐라'나 전래동화 '콩쥐팥쥐' 같은 권선징악과 해피엔딩의 매우 단순한 멜로드라마적 플롯을 기초로 하고 있다(황인성, 1999). 유세경과 이경숙(2001), 허진(2001) 등은 이와 같이 단순하고 보편적인 드라마 구조는 중국이나 대만, 홍콩 등의 드라마들에서도 발견되는 것으로 상이한 국가간·문화간 경계를 넘어서서 드라마의 수용을 가능하게 하는 요소라고 지적한 바 있다.

그러나 드라마 형식의 보편적 구조가 과연 대중성을 보장하는 요인이라고 할 수 있는가에 대해서는 많은 비판의 여지가 있다. 한국의 트렌디 드라마가 지닌 이러한 속성은 중국 수용자들이 한국 드라마의 구조를 쉽게 간파하는 요소로 작용하지만, 이것은 종종 한국 드라마에 대한 부정적인 감정을 야기하기 때문이다.

#164 한국 드라마는 역시 한국 드라마라 줄거리는 그 특유의 범주에서 벗어나지 못했다. 유진과 민형은 다시 사랑하게 되었고, 서로 뒤죽박죽 섞여 있는 삼각관계, 집안에서 오는 스트레스, 약혼자가 죽음으로 위협하고, 여주인공이 허덕이고 타협하고 나서 사람들이 제자리로 되돌아간다. 한국 감독들의 생각이 너무 둔한 것 같다. 좀더 새롭게 재치 있는 아이디어를 내면 안 될까? 정말로 말 그대로 「가을동화」 2라고 할 수 있다.

— 「겨울연가」에 대한 소감 중에서

중국 수용자는 한국 드라마의 줄거리가 어떤 공식을 갖고 있는지 잘 간파하고 있다. 사랑의 삼각관계를 그리는 데서 벗어나지 못하는 줄거리의 진부함이라든지, 여자 주인공은 백혈병과 같은 불치의 병으로 죽는 일이 흔하고, 남자 주인공은 교통사고를 당한다는 식의 뻔한 결론에 대해서 매우 부정적이고 비판적인 태도를 보여주고 있었다.

그러나 앞에서 언급한 수용자의 글을 조금 더 읽게 되면 반복되는 줄거리가 주는 식상함이나 지루함에도 불구하고 한국 드라마의 어떤 요인들이 중국 수용자의 시선을 붙잡아 두고 있는지가 잘 드러난다.

#164 (뻔한 스토리는) 전혀 나를 끌리게 하지 못했다. 일어나서 텔레비전을 끄려고 하는 참이었는데, 자그마한 내용에 끌리게 되었다. 질투심 많고 마음이 좁고 이기적인 약혼남 상혁에게 버려진 불쌍한 여주인공 유진이 당황하면서 택시를 잡으려고 해도 잡지를 못하고 있었다. 점점 더 길 가운데로 가게 되고 하마터면 차에 부딪힐 뻔했을 때 이민형이 유진을 잡아당겼다. 그가 유진을 자기의 뒤에 있게 하고 자기가 택시를 잡으러 갔다. 택시를 잡아 차문을 열어 주고 유진을 들어가게 했다. 이 과정에서 두 사람은 한마디도 주고받지 않았다. (나의) 마음이 갑자기 움직였다. 이 침묵하고 부드러운 남자로

인해 심금이 울렸다. 그래서 다시 흥미가 생겼고 계속해서 보게 되었다.

— 「겨울연가」에 대한 소감 중에서

수용자들은 단조롭고 뻔한 줄거리에 대해서는 불만을 갖고 있지만, 드라마를 구성하고 있는 '자그마한 내용들' 즉 각각의 에피소드들에서 즐거움을 느낀다. 오명환(1994:448)의 설명에 따르면, 트렌디 드라마에서 "에피소드는 테마를 위한 것이 아니라 에피소드 자체가 중요한 의미를 가지며 테마는 에피소드 속에 용해되어 있거나 심지어 과감히 생략되어 있다. 이것은 테마를 위해 여러 가지 에피소드를 질서 있게 구성해 가는 종전 드라마의 순리와 정석을 뒤엎은 것이다. 따라서 드라마는 테마에 짓눌릴 필요도 없고 굳이 테마를 축소하거나 미련없이 축출해 버려도 무방하다"고 할 수 있다.

수용자들은 드라마 속에서 사건의 진행을 지연시키는 특정한 에피소드들을 보면서 긴장으로부터 해방되어 화면을 통해 제공되는 볼거리를 즐기게 된다.

드라마 「아름다운 날들」의 이병헌

#183 이병헌이 유리창을 사이에 두고 사랑하는 여자(최지우)의 눈물을 닦아주는 장면은 너무 아름답군요.

— 「아름다운 날들」에 대한 소감 중에서

이러한 장면들에서는 대부분 등장인물들의 대사가 고도로 정제되고 절제되는 대신, 이미지와 음악이 결합된 뮤직비디오적 영상이 우위에 선다. 즉 이야기보다 시각적 볼거리를 지향

드라마 「가을동화」

하는 드라마라는 특성을 나타내는 것이다(오명환, 1994; 황인성, 1999).

#24 「가을동화」 중에서 아름다운 야외 경치, 구불구불한 시골길을 은서와
준서가 자전거를 타고 다니면서 하늘에서 보슬비가 내리기 시작했다. (…)
「Love is Blue」라는 음악이 중요한 시기에 자주 들렸다. 빨간 단풍, 파란 바
다, 녹색의 잔디밭, 배경음악이 아주 잘 어울린다. (…) (한국 드라마는) 그것
이 아무리 내용이 평범하고 현실과 동떨어지며 꾸며진 이야기지만 모든 장
면이 다 아름답고 이런 장면들을 모두 합치면 한 폭의 아름다운 그림이 될 거
에요. 아름다운 음악은 드라마의 줄거리와 아주 잘 맞고 등장인물들의 옷차
림, 장면 장식 등은 아주 아름다운 그림을 만들어 주어요.

#149. 한국은 아주 작은 나라지만 시골의 오솔길, 한 그루 나무와 도로, 심
지어 버스나 택시에서도 아름다움을 만들 수 있어요. 아담하기도 하고 활발

하기도 해서 이것은 경치이기도 하고 사람들의 정이기도 해요. 그래서 저는 한국 드라마가 하나의 시처럼 그 느낌 자체를 사람들이 중요시하는 것이라고 생각해요. 한국이 작기 때문에 작은 것 속에서 풍부함과 아름다움을 만들어야 하고 간단한 것 속에서 의미를 만들어야 해요.

개별 에피소드들의 매력은 주제음악이나 드라마 속 배경들의 매력과 어우러져 수용자들에게 큰 소구력을 지닌다. 물론 전통적인 드라마들에서도 음악이나 음향효과가 사용되지만 이는 등장인물들의 대화 내용이나 사건의 전개를 원활히 하기 위한 보조적 장치에 머무는 것이라면, 트렌디 드라마의 뮤직비디오적 영상에서 음악은 드라마의 실질적인 진행과 상관없이 그 자체로 전면에 내세워지고 수용자들의 관심을 끌게 된다. 게시판들에서 주제음악에 대한 관심들이 자주 표출되고 있다는 사실은 이와 같은 음악의 소구력을 입증하는 것이다. 드라마에 등장하는 장소들이나 소품들 역시 드라마의 전개와 관련된 특정 기의를 지닌 기표라기보다는 기표 그 자체의 고유한 미적 가치나 라이프 스타일을 드러내는 것이라고 할 수 있다.

1990년대 이후 한국 트렌디 드라마는 진부하고 단조로운 줄거리를 반복하고 있다는 점에서 본다면, 이전 시기의 한국 드라마들이나 또는 중국, 홍콩, 대만 등 아시아의 여러 나라들, 또는 흔히 비교되듯이 남미의 텔레노벨라와 다를 바 없다. 그러나 중국 수용자들의 글에서 볼 수 있듯이 그러한 드라마 시청을 즐거운 경험으로 만드는 것은 에피소드의 매력이라고 할 수 있다. 개별 에피소드들은 시청자의 시선을 끄는 아름다운 장면들, 주제음악의 매력, 사랑을 나누는 특정한 방식들을 그려내는 에피소드 자체의 참신함 등이 어우러져 중국 대중들의 눈길을 붙잡아 두고 있는 것이다.

2) 문화적 유사성과 차이에 대한 인식

❶ 자본주의적 소비문화에 대한 관심

중국의 수용자들은 중국 드라마의 주제가 지나치게 거창하거나 내용이 교훈적인 반면, 한국의 드라마들은 매우 소박하고 현실과 밀접한 이야기라고 말한다.「목욕탕집 남자들」이나「보고 또 보고」와 같은 경우는 중산층 가정의 다양한 인간유형들이 현실 속에서 만들어내는 사소한 사건들과 갈등의 연속이라는 점에서 중국의 수용자들에게 현실감을 주기에 충분하다. 그러나 중국 수용자들도 잘 간파하고 있듯이, 가장 흔히 볼 수 있는 한국 드라마의 줄거리는 불쌍한 처지에 있는 여주인공이 무엇 하나 흠잡을 것 없는 모습의 백마 탄 왕자를 만나서 사랑을 성취하게 된다는 낭만적이면서도 이상적인 이야기들이라고 할 수 있는데, 이러한 이야기들 속에서 수용자들이 느끼는 현실감의 실체는 무엇일까?

#149 (한국 드라마의 아름다움은) 아주 화려하지 않고 야하지도 않고 아주 눈부시지도 않아요. 이런 아름다움은 자기를 중요시하는 사람이라면 누구나 다 해낼 수 있는 거에요. 이런 미는 순수한 자연미예요. 깔끔한 옷차림과 헤어 스타일 그리고 연하게 화장한 남자와 여자들.

#24 드라마 속의 사람이 어디에 가면 어디가 바로 구경거리가 될 수 있다. 따뜻한 음식점, 번창한 도시거리, 깨끗한 정원, 심지어 방도 아주 아기자기한 침대 커버, 생활용품, 작은 장식품, 식탁 위에 올리는 그릇과 수저, 화장실에 있는 칫솔, 비누 상자 등은 모두 한국인의 간단하면서도 끼가 있는 생활문화를 느낄 수 있게 한다.

중국의 시청자들은 한국 드라마 속에서 그려지는 라이프 스타일과 문화적 취향들을 동경하지만 이러한 요소들은 단지 이상적인 차원에 머무르지 않는다. 중국의 젊은 시청자들이 갖고 있는 문화적 욕구와 관심사들에 잘 부합하고 있으며 그들이 실질적으로 되고 싶거나 갖고 싶은 것의 준거로서 자리매김하고 있음을 볼 수 있다. 예컨대 「가을동화」에서 송혜교가 입었던 체크 스커트나 원빈의 검은 양복과 흰 와이셔츠, 「토마토」에서 선보였던 김희선의 머리끈과 「겨울연가」 주인공 배용준의 노란 파마머리와 목도리, 북극성 목걸이, 「로망스」에서 김하늘의 머리는 현대적이고 새로운 취향의 지표들이지만, 이들은 한결같이 시청자들이 손을 내밀면 언제나 쉽게 성취할 수 있다는 인식을 심어 주는 것들이다.

#76-2 제 친구가 「로망스」를 보고 나서 똑같은 머리를 했어요. 예쁘더라구요.

드라마 「로망스」

#112 「겨울연가」 속의 배용준 목도리를 어떻게 매는지 아는 친구가 계시면 좀 가르쳐 주실래요?

일본의 트렌디 드라마를 즐겨 보는 대만 시청자들을 연구한 이와부치(Iwabuchi, 2001)에 따르면, 미국의 드라마와 비교해 볼 때 일본 드라마가 대만 시청자들에게 소구하는 유사성이나 친밀성의 실체는 "대만이 여전히 가난한 나라였을 때, 현대적인 삶의 방식은 하나의 꿈일 뿐이었지만, 이제

꿈을 실천할 시기"가 되었다는 인식과 밀접한 연관을 지닌다고 말한다. 즉 경제적으로 저발전의 시기에 미국의 드라마 속에 그려진 배우들과 그들의 화려한 삶의 모습은 단지 추상적인 동경의 대상으로 머물렀지만, 오늘날 자본주의적 경제 발전을 거친 대만인들에게 동아시아의 드라마 속의 스타와 그들의 삶의 모습은 더 이상 꿈이 아닌 현실적인 모델이 되었다는 것이다.

이러한 해석은 중국 수용자들의 한국 드라마에 대한 태도에서도 잘 드러나고 있다. 중국 수용자들에게 한국의 드라마는 선진 라이프 스타일과 문화적 취향을 보여주지만, 그것은 단순히 현실과 동떨어진 드라마 속의 이야기에 머무는 것이 아니라 중국의 변화하는 새로운 환경에 걸맞는 새로운 삶의 태도와 가치를 제시해 주는 것이다. 그러나 그러한 욕구들은 소비문화적인 성격을 강하게 드러낸다. 드라마 속의 주인공들은 새로운 소비문화적 삶의 방식과 문화적 취향의 전도사들이다. 예컨대 이들은 핸드폰을 이용해 사랑을 전하는 새로운 방식을 보여주고, 주거와 작업의 공간을 자신의 개성을 드러내 주는 미적인 공간으로 활용할 줄 아는 사람들인 것이다.

❷ 유교문화와의 거리감

흥미로운 점 중의 하나는 많은 연구들이 동아시아의 여러 나라들이 함께 소통하고 공감대를 형성하는 요인으로 유교문화적 동질성을 상정한 것과 달리 본 연구에서 살펴본 수용자들은 전혀 다른 반응을 보여준다는 것이다. 중국의 수용자들은 한국이 중국으로부터 유교문화적 전통을 물려받았음에도 오늘날 중국보다 더욱 강력하게 유교문화를 고수하고 있다는 점에 새삼 놀란다.

#7-2(cctv) 이 드라마가 반영하고 있는 것이 한국 사람들의 현실 생활이 맞나요? 오늘날의 한국 사람이 여전히 가부장제 사상이 이렇게 강한가요? 우리 나라보다 앞선 나라지만 생각이 이렇게 뒤질 줄 몰랐네요.

— 「목욕탕집 사람들」에 대한 소감 중에서

#3(cctv) 우리도 한국의 좋은 전통을 본받아야 합니다. 예를 들어 반드시 어른들의 말씀을 잘 들어야 되는 것, 바로 우리 나라의 어른을 존경하고 어린 이를 사랑하는 전통이에요. 한 사람에게 시집을 가면 죽을 때까지 이 사람을 따라야 하는 것은 여기서 함부로 말할 수 없어서 여러분들의 생각을 좀 들어 보고 싶어요.

#4(cctv) 한국의 가부장제를 찬성해야 되는지 여기서 우리들이 토론할 내용은 아닌 것 같아요. 하지만 (서로 다른 방식의) 생활은 많이 양해해 주는 것이 필요하지 않겠어요?

중국 수용자들이 한국 드라마 속에서 발견하는 유교문화적 전통은 친숙함이나 동질성의 요소라기보다 오히려 새로운 발견이고 낯설음이다. 어른을 공경하는 문화와 같은 특정 요소는 수용자들에게 호감을 주지만, 가부장제의 요소들에 대해서는 매우 부정적이고 신중한 자세를 보인다. 김현미(2001)의 논문에 따르면, 1990년대 「만강」, 「미망」 등 한국의 과거를 소재로 한 드라마들이 대만에 소개되었지만 큰 인기를 끌지 못했는데, 이 드라마들을 통해 대만인들은 한국에 대해 경제적으로 낙후된 가난한 나라이며, 여전히 여성을 비하하는 남성우월주의 사회라는 부정적 이미지를 가졌다는 것이다.

중국 수용자들은 한국의 드라마에서 남녀간의 사랑이 표현되는 방식에 대해서 호감을 표시하지만 이것 역시 서구적 방식과 다를 뿐만 아니라 일본이나 중국의 문화와도 다른 한국적인 것이라고 인식한다.

#24 남녀 주인공의 감정은 아주 뜨거울 때도 서로 다정하게 쳐다보기만 하고 아니면 가볍게 뽀뽀하기만 한다. 「가을동화」에서 은서와 준서는 가출한 후에도 이불을 덮고 새벽까지 이야기를 나누었을 뿐이다. 「겨울연가」 속에서 여러 가지로 고생을 한 끝에 드디어 같이 있게 된 유진과 준상도 가만히 껴안기만 했다…… 일본 드라마처럼 집착을 부리지 않고, 중국의 국산 드라마처럼 야하게 표현하지 않는다.

#7(topcool) 저는 드라마 속의 따뜻한 사랑을 많이 동경해요. 그것은 동양 사람들만 가질 수 있는 사랑이고 서양처럼 처음 만나자마자 바로 섹스가 벌어지는 것보다 낫네요.

우리가 흔히 동양적이라고 상정하는 것, 서구로부터 동아시아(혹은 아시아)를 구별짓는 무엇이 있다고 하는 것은 사실상 서구중심적 관점에 다름 아니다. 헌팅턴(Huntington, 1996)의 문명충돌론이나 유교자본주의론을 주장하는 많은 서양의 연구자들, 그리고 앞서 언급하였던 스트라바나 싱클레어 등이 말하는 유교문화권이라는 개념에 대해서 우리는 보다 신중할 필요가 있다. 우리는 미국으로부터 동아시아로의 문화의 일방적 흐름이 이루어지던 시대, 즉 미국을 위시한 서구의 시선에 비친 동아시아의 모습을 볼 수밖에 없었던 시대로부터 이제 동아시아가 상호 소통하는 시대를 맞고 있다. 이러한 소통을 통해서 가능하게 된 공통의 경험이 무엇인가를 알기 위해서는 문화적 유통의 구체적 사례들 속에서 상호 교감과 이질감의 구체적 내용들을 분석해 나갈 필요가 있음을 알 수 있었다.

6. 한류에 대한 재해석과 전망

본 연구는 한국 드라마의 동아시아 유통의 현황을 살펴봄으로써 한국 미디어 산업의 발전을 위한 세계 시장의 확대와 관련하여 기초적인 연구자료로서 자리매김하고자 하였다. 이를 위하여 특히 기존의 시장 경제적 접근의 한계를 인식하고, 유교문화적 근접성이라는 도식적 접근을 넘어서서 한국 대중문화의 어떤 요소들이 중국 수용자들의 욕구에 부합하여 인기를 얻고 있는가를 살펴보았다.

대부분의 기존 연구들은 수출용 전략상품의 개발, 유통 및 마케팅 구조의 개혁 등과 같은 유사한 전략들을 되풀이하고 있다. 이는 현재 미디어 연구에서 기초 연구의 축적이 매우 부족하다는 점을 말해 준다. 미디어 산업의 시장을 확대할 수 있는 보다 실효성 있는 전략을 수립하기 위해서는 먼저 각국의 다양한 문화와 사회적 특수성들에 대한 기초 연구가 선행되어야 할 것이다. 아울러 동아시아를 이해하는 데 있어 우리가 보여온 다양한 선입견들, 특히 서구와 대별되는 동아시아적인 '그 무엇'을 공유하고 있다는 막연한 기대와 그러한 기대로부터 기인하는 성급한 동질성의 전제들을 과감히 비판하고 현재 동아시아의 대중들 사이에서 어떤 문화적 욕구들이 생성되고 있는가, 한국의 대중문화가 어떻게 이러한 욕구들에 부합하면서 동아시아가 하나의 문화적 단위로 부상하고 있는가를 살펴보아야 할 것이다.

중국에서는 지금 한국의 트렌디 드라마 매니아가 형성되고 있다. 이들은 자신들이 선호하는 특정 연기자의 출연작을 꿰고 있으며, 특정

감독이나 작가의 작품세
계가 지닌 특성에 대해서
도 많은 관심을 가지고 있
었다. 한국에서 최근 방영
된 「옥탑방 고양이」와 「여
름향기」의 시청률 경쟁에
대해서도 관심을 표명하
고 있었다.

한국의 드라마가 이러한
매니아 시청층을 넘어서

드라마 「옥탑방 고양이」

서 얼마나 대중성을 획득하고 있는가에 대해서는 시청률 조사를 비롯
한 다양한 방식의 연구가 더 많이 필요할 것이다. 그러나 부족하나마
본 연구에서 인터넷 게시판을 통해 살펴본 결과로 미루어 볼 때, 중국
수용자들이 한국의 드라마를 통해 주체적으로 경험하고 확인하는 즐
거움이 단순히 드라마의 초국가적인 보편적 구조나 유교문화적 근접
성으로부터 기인한다는 설명은 부적절한 것으로 보인다. 오히려 이러
한 설명은 1990년대를 거치면서 한국 드라마 장르에서 나타나고 있는
변화의 양상들이나 수용자들의 문화적 감수성에서의 변화들을 간과하
도록 만드는 것으로 보인다.

한국의 드라마가 동아시아로 진출하는 것과 관련하여 우리는 두 가
지의 극단적 입장을 경계할 필요성을 느낀다. 그 극단의 하나는 마치
한국만의 고유한 문화적 요소가 존재하여 이것이 다른 나라들에서 인
정받게 되었다는 발상이다. 물론 이러한 입장은 현재로서는 그리 큰
비중을 차지하는 것 같지는 않지만, 실체가 분명하지 않은 '한국적인
그 무엇'을 부르짖는 공허한 문화정책들이 상당수 눈에 띈다는 점에서

우리는 이러한 입장을 비판적으로 검토해 볼 필요가 있다. 드라마의 수출에 있어 역사극이나 사회문제 드라마 등은 대부분 외면당하고 트렌디 드라마에 집중되는 현상이 지니는 함의를 재고해 보아야 할 것이다.

다른 극단의 하나는 한국의 드라마가 미국이나 일본 문화의 아류나 표절에 다름 아니라는 식의 입장이다. 사실 1990년대 이후 한국의 트렌디 드라마는 끊임없이 일본 드라마의 표절시비에 휘말려 왔다. 그러나 중국 수용자들의 글들에서 볼 수 있듯이 한국 드라마의 인기는 이 드라마가 지닌 보편적 형식에 있다기보다 오히려 단순한 줄거리 속에서도 개별 에피소드의 묘미를 살려내는 장면화와 주제음악, 정제된 대사 등에서 비롯된 것이다. 물론 이러한 특성은 한국의 드라마가 일본과 홍콩 등 많은 나라들의 드라마를 수용하고 흉내내는 속에서 만들어졌다는 것은 명백한 사실이지만, 동아시아의 대중들에게 일본이나 홍콩과 다른 무엇으로 인식될 수 있는 독특한 문화적 힘으로서 자리잡게 되었다. 이제 우리는 대중문화의 앙상한 뼈대만 놓고 동질적인 것이냐 새로운 것이냐를 논하는 소모적인 논쟁에서 벗어나 동질성과 혼성성이 상호 변증법적인 관계 속에서 작동하는 방식들에 관심을 가질 때라고 본다.

한편, 수용자들의 문화적 감수성의 변화에 대해서도 주목할 필요가 있다. 동아시아 대중들이 한국의 드라마를 놓고 확인하고 즐거움을 느끼는 것의 실체를 유교문화적 전통이라는 어떤 본질적이고 정태적인 요소로부터 찾으려는 입장이 경계되어야 할 것이다. 문화적 경험과 감수성은 끊임없이 변화하는 것이다. 지금 중국의 젊은이들이 관심을 갖고 공감을 느끼는 문화적 감수성의 실체가 무엇인가를 이해하기 위해서는 1990년대의 사회적·문화적 변화들이 충분히 고려되어야 할 것이다. 적어도 본 연구에서 살펴본 바에 따르면 중국의 젊은이들은 한국의 드라마 속에서 그려지는 현대적이고 감각적인 소비문화적 감수성들에 훨씬 큰 관심과 친근감을 느끼고 있으며 유교문화적 잔재들에 대해서는 오히려 낯설어한다. 이러한 사실은 80년대식의 비판적 패러다임에서 바라보자면, 동아시아의 문화 형성체가 상당 부분 자본주의적 소비문화의 동아시아적 확산과 밀접한 연관을 지님을 말해 주는 것이기도 하다. 그러나 동아시아 대중은 지금 대중문화를 매개로 하는 소통과 뒤섞임을 통해서 서로를 이해하고 발견해 나가는 중이며, 그러한 이해와 발견을 토대로 만들어지는 문화적 정체성이 무엇인가에 대해서는 단순히 자본주의적 소비문화라거나 전통적인 유교공동체의 복원이라는 식의 이분법을 넘어서서 접근할 필요가 있다고 본다.

■ 참고문헌

강태영 (2002). 국제 방송프로그램의 유통구조와 한국 방송프로그램 수출전략. 『방송연구』. 2002년 겨울호. 7~34.

고수자 (2002). 방송컨텐츠의 국제적 경쟁력 제고방안. 『방송연구』. 2002년 겨울호. 35~66.

김석근 (2001). 한국에서 아시아적 가치 논쟁이 갖는 사회학적 함의. 『新亞細亞』 제8권 제1호, 101~121.

김영원 (2001.9). 국내 방송 영상물의 해외시장 진출 전략— '범국가적 지원이 필요하다'. 『방송21』. 방송위원회.

김현미 (2002). 대만의 '한류' : 역사성과 지역화의 문제를 중심으로. 『아시아의 문화연구와 문화산업』 학술심포지움, 주최 : 연세대 유럽문화정보센터 & 연세대 대학원 문화학 협동과정.

김현주 (1997). 트렌디 드라마와 인간관계. 『방송비평』9, pp.9~14.

박성수 (1997). 「질투」는 왜 트렌디 드라마의 시작인가. 『방송비평』9, pp.4~8.

박재복 (2001). 국내 TV 프로그램의 수출확대전략, 2001 방송인 세미나 「디지털시대, 국내 방송산업의 발전방안」, 2001년 6월 7일, 한국방송협회.

______ (2000). TV프로그램 수출 어떻게 개선 할 것인가?, 방송영상산업육성 세미나, 「TV 프로그램 수출입 경쟁력 강화방안」, 한국TV프로그램제작사협의회.

아리따 신 (1997). 트렌디 드라마의 사회·경제적 비교분석:한국과 일본. 『방송비평』9, 19~22.

오명환 (1994). 『텔레비전 드라마 예술론』. 서울: 나남.

유세경 (2001). 한국.중국.홍콩/대만 TV 드라마의 문화적 특성과 정책적 함의, 「글로벌시대, 방송프로그램의 유통과 국가 이미지, 정체성」, 한국방송학회 세미나,2001년 9월 20일.

유세경 · 이경숙 (2001). 동북아시아 3국의 텔레비전 드라마에 나타난 문화적 근접성. 『한국언론학보』 제 45-3호, 230~267.

이동후(2001). The Cultural Formation of Korean Trendy Drama: Transnational Program Adaptations and Cultural Identity, 『한국언론학보』, 영문특별호, 491~509.

이승환 (2001). 대만과 중국의 유교담론과 아시아적 가치. 『新亞細亞』 제8권 제1호, 123~145.

정윤경 (2001). 국내 방송 프로그램의 해외 시장 진입에 관한 연구—아시아 프로그램 유통에 관한 대안적 모델을 위하여, 한국 언론학회 2001년 봄철 정기 학술대회 발표문

조한혜정 (2002). 글로벌 지각 변동의 징후로 읽는 '한류 열풍' 「아시아의 문화연구와 문화산업」, 학술 심포지움, 주최 : 연세대 유럽문화정보센터, 연세대 대학원 문화학 협동과정.

하종원·양은경 (2002). 동아시아 텔레비전의 지역화와 한류. 『방송연구』. 2002년 겨울호. pp.67~103.

허 진 (2002). 중국의 '한류' 현상과 한국 TV 드라마 수용에 관한 연구. 『한국방송학보』 16-1: pp.496~527.

______ (2001). 한국 방송프로그램에 대한 중국 시청자 반응. 심포지움 「글로벌시대, 방송 프로그램의 유통과 국가 이미지, 정체성」, 한국방송학회.

황인성(1999). '트렌디 드라마'의 서사구조적 특징과 텍스트의 즐거움에 관한 이론적 고찰. 한국언론학보』 43(5). pp.221~248.

Appadurai, A. (1996). Modernity at Large: Cultural Dimensions of Globalization, Minneapolis: University of Minnesota Press.

Barker, C. (2001). "Television and National Identities in the Era of Globalization", Paper presented to the Conference Transnational Program Flow and Nationl Images, Identities in the Era of Globalization, Korea Association for Broadcasting Studies, September 20~21, Seoul, Korea.

______. (1997). Global Television : An Introduction, Blackwell, 하종원, 주은우(공역), 글로벌 텔레비전, 서울:민음사 (2001)

Chan, J. M. (1994). "Media Internationalization in China: Processes and Tensions", Journal of Communication 44(3): 70~88.

Chan, J. & Ma. E (1996). "Asian television: Global trend and local processes", Gazette, vol.58(1): 45~60.

Chang, Y. I. (2001). "From Globalization to Localization: The World's Leading Television News Broadcasters in Asia", Asian journal of communication, vol. 11(1): 1~24.

Curran, J. and Park, M. J. (2000). "Beyond globalization theory". in J. Curran and M.J. Park (eds) De-westernizing Media Studies, London:Routledge, 양은경·곽현자 (역), 『세계화와 미디어연구』, 커뮤니케이션북스, 2002.

Dirlik, A. (2000). Culture Against History?: The Politics of East Asian Identity, 역사와 대립되는 문화인가. 정문길·최원식·백영서·전형준 엮음. 『발견으로서의 동아시아』. 문학과 지성사.

______.(2001). Markets, Culture, Power: The Making of a "Second Cultural Revolution" in China, Asian Studies Review, Vol. 25(1).

Dorfman, A. & Mattelart, A. (1975). How to Read Donald Duck: Imperialist Idcology in the Disney Comic. New York: International General.

Featherstone, M. (ed.) (1990). Global Culture, Newburry, CA:Sage

Featherstone, M. and Lash, S. (1995). Globalization, modernity and the spatialization of social theory : An Introduciton, In M. Featherstone, S. Lash and R.

Robertson (eds.) Global Modernities, London : Sage

Hall, S. (1991). The local and the global: globalization and ethnicities, in A. King(ed.), Culture, Globalization and World Systems, (pp.19~39). London: Macmillan.

Hamelink, C.J. (1993). "Globalism and national sovereignty". in K. Nordenstreng & H.I. Schiller(eds.). Beyond National Sovereignty: International Communication in the 1990s. Norwood: Ablex.

Hong, J. (1997). "media/cultural product exchanges between China and Taiwan", Gazette, vol.59(1): 61~75. Sage.

______. (1999). "Globalization and Change in Taiwan's Media: The Interplay of Political and Economic Forces", Asian Journal of communication, vol. 9(2):39~59.

Hong, J. & Y.C. Hsu (1999). "Asian NICs' Broadcast Media in the era of globalization: The Trend of Commercialization and its Impact, Implications and Limits", Gazette, vol. 61(3-4): 225~242.

Huntington, S.P.(1996). The Clash of Civilizations and the Remaking of World Order. New York: Simon and Schuster.

Ishii, Su & Wanatabe (1999). "Japanese and U.S. Programs in Taiwan: New Patterns in Taiwanese Television", Journal of Broadcasting & Electronic Media, vol.43(3): 416~431.

Iwabuchi, K. (2001a). Japanese popular culture and East Asian modernities, Media Development, 2001(3).

________. (2001b). Becoming 'Culturally Proximate' : The A/Scent of Japanese Idol Dramas in Taiwan, In B. Moeran (ed.) Asian Media Productions. Curzon.

Lerner, D. (1963). Toward a communication theory of modernization. In L. Pye(ed.) Communications and Political Development. Princeton. NJ: Princeton University Press.

Ma, K. E. (2000). "Rethinking Media Studies in China", In J. Curran and M.J. Park (eds) De-westernizing Media Studies, London:Routledge, 양은경·곽현자 역, 『세계화와 미디어 연구』, 커뮤니케이션 북스. 2002

Miller, D. (1995). Introduction: anthropology, modernity and consumption. In D. Miller (ed.). Worlds Apart: Modernity through the prism of the local. London: Routledge.

Nordenstreng, K. (1993). "Sovereignty and beyond", In K. Nordenstreng & H.I. Schiller(eds.). Beyond National Sovereignty: International Communication in the 1990s. Norwood: Ablex.

Robertson, R. (1995). "Glocalization: Time-Space and Homogeneity-Heterogeneity". in

M. Featherstone, S. Lash, and R.Robertson (eds.) Global Modernities, London: Sage, 25~44쪽.

Schiller, H.I. (1976). Mass Communications and Cultural Dominance, White Plains, NY: International Arts and Science Press.

__________. (1998) "Striving for communication dominance", In D.K.Thussu (ed.) Electronic Empires, London:Arnold

Sinclair, J., Jacka, E. and Cunningham, S. (1996). New Patterns in Global Television: Peripheral Vision, New York: Oxford University Press

Straubhaar, J. (1991). "Beyond Media Imperialim: Asymmetrical Inter-Dependence and Cultural Proximity," Critical Studies in Mass Communication. vol.8: 39~59.

__________. (1997). "Distinguishing the global, regional and national levels of world television," In A. Sreberny-Mohammadi et al (eds.) Media in a Global Context. London: Arnold.

__________. (2000). Culture, Language and Social Class in the Globalization of Television. The New Communications Landscape

Tomlinson, J. (1991). Cultural Imperialism, Baltimore : Johns Hopkins Press

__________. (1997). "Cultural Globalization and Cultural Imperialism". In A.Mohammadi (ed.) International Communication and Globalization : A Critical Introduction, London : Sage, 170~190쪽.

Varis, T. (1984). "The international flow of television programs. Journal of Communication, vol. 34(1): 143~152.

Waterman, D. & E. M. Rogers (1994). "The Economics of Television Program Production and Trade in Far East Asia", Journal of Communication 44(3), Summer : 89~111.

Wilk, R.(1995). Learning to be local in Belize: global systems of common difference. In D. Miller (ed.). Worlds Apart: Modernity through the prism of the local. London: Routledge.

한류가 한류를 넘어서기 위한 인문학적 성찰

박기수

1. 지금 이곳의 한류, 무엇이 필요한가

한류는 더 이상 소문이 아니다. 그것은 1990년대 말부터 중국, 홍콩, 대만, 베트남, 일본 등에서 한국의 대중문화 콘텐츠가 선풍적인 인기를 끌고 있는 현상을 의미하는 말로서 이제는 매우 구체적인 차원에서 다양한 관점을 가지고 전략적으로 접근해야 하는 중심 의제(agenda)로서 부상했기 때문이다. 그럼에도 불구하고 "한류는 이미 고정되고 뚜렷한 실체를 가진 현상으로 존재한다기보다는 매우 불완전하고 유동적이며 진행 중인 변화의 양상"(하종원·양은경: 2002, 68)이라는 점을 고려할 때, 한류에 대한 논의는 매우 구체적이며 실천적인 차원에서 진행되어야만 그 생산성을 담보할 수 있는 것이다.

지금 이곳에서 한류에 대한 관심은 크게 두 가지로 나누어 볼 수 있다. 하나는 지속적으로 부상하고 있는 한류의 위기 징후들에 대한 반성적 성찰이며, 다른 하나는 한류의 지속과 확산 그리고 심화를 위한 다양한 관점에서의 전략적 탐색이 그것이다.

한류 역풍인가. 일본 굴지의 민영방송 2개사가 한국드라마 방송시간대를 없애 눈길을 끈다. 민영방송사인 '니혼TV'와 '후지TV'는 가을 프로그램개편에서 9월부터 한국드라마 방송시간대를 폐지한다고 발표했다. 니혼TV는 지난해부터 '드라마틱 한류'라는 이름으로 매주 월요일부터 목요일 아침 시간대에 한국 드라마를 집중 편성해 왔다. 비 주연의 「상두야 학교가자」, 배용준 주연의 「호텔리어」 등이 방송돼 인기를 끌어왔다. 후지TV는 매주 낮 1시부터 '한류 드라마존'이라는 이름으로 김희선. 연정훈 주연의 「슬픈 연가」, 최지우 주연의 한·중 합작 드라마 「101번째 프로포즈」 등을 방송한 바 있다. 이에 대해 방송사측은 "방송 일정에 알맞은 콘텐츠가 떨어졌다"는 이유를 내세우고 있다. 일본 방송사끼리 한국드라마 수입경쟁이 벌어져 더 이상 새로운 작품이 없다는 뜻이다. 일각에서는 지나친 한류열풍에 따른 과당경쟁을 막는 한편 한류역풍을 경계하는 의도로 보는 견해도 제기되고 있다.

— 이종원: 2005

위의 인용과 같은 한류의 퇴조를 알리는 위기의 징후들이 노골화되면서부터 한류에 대한 내부적 성찰의 목소리는 현장을 중심으로 다양하게 개진되고 있다. 영화배우 최민식은 일본에서의 한류가 일부 스타를 중심으로 편중되어 있음을 지적했고, 가수 신해철은 '자백증후군'이라는 극단적인 발언을 통해 한류의 지속과 확산에 대한 내부적 성찰의 필요성을 제기[1]했으며, 가수 겸 프로듀서인 박진영도 소박한 차원에서지만 한류의 한계[2]를 지적

2) 박진영은 한류가 문화코드로 성장할 수 있음에도 불구하고 일부 관계자들의 단견으로 한계에 봉착했으며, 그 원인으로 ①다양하지 못한 콘텐츠, ②단기전 성격의 비즈니스, ③한류 스타끼리의 상생 방안 부재를 들었다.

했고, 김종학 PD는 한류의 중심을 이루고 있는 드라마 콘텐츠의 제작 및 유통의 문제점을 지적[3]한 바 있다. 이러한 위기의식은 국회 문화관광위 위원들의 동남아 한류 실태 파악으로 이어졌고, 「동남아한류견문기」라는 보고서를 통해서 그 심각성을 일깨운 바 있다.[4] 더구나 그것이 위의 인용처럼 식상함이나 한류에 대한 경계, 혐한류(嫌韓流)로 노골화되기 시작했다는 점을 고려할 때, 이제 한류에 대한 논의는 이전과는 다른 국면을 맞고 있다고 할 수 있다. 이전의 그것이 한류의 원인이나 그 영향에 대한 분석을 중심에 두고 있었다면, 이제부터의 논의는 한류의 지속과 확대 그리고 심화를 위한 구체적인 분석과 처방에 중심을 둔 실천적이고 생산적인 것이어야만 한다. 사실 그동안의 연구는 통계 수치나 정량적 근거를 내세운 성과 위주의 자기만족이거나, 문화정체성이 경쟁력이라는 일방적이고 당위적인 요구이거나, 혹은 근접성 이론을 토대로 동아시아의 다양성을 유교문화권으로 묶으려는 단순하고 소박한 시도였다는 뚜렷한 한계를 지니고 있다.

먼저 한류의 개념에 대한 분석적 이해에서 출발해 보자. 일반적으로 한류는 "1990년대 후반부터 중국을 위시하여 대만, 홍콩, 베트남 등의 주민, 특히 청소년 사이에서 번지고 있는 가요, 드라마, 패션, 관광, 영화 등 한국 대중문화를 향유/소비하는 경향"(조한혜정: 2002, 4)을 의미한다. 이런 개념에도 규정에도 불구하고 한류가 과연 '한국의 문화정체성이 반영된 콘텐츠의 대중적 인기'를 의미하는 것인지 '단지 한국에서 생산된 대중문화 콘텐츠'를 의미하는 것인지조차 불분명하게 사용되고 있는 것도 지금 이곳의 실정이다. 또한 한류는 1999년 『북경청

4) 그들은 보고서에서 1980년대 홍콩 문화, 90년대 일본 문화가 유행한 뒤 침체기에 접어든 전철을 한국이 밟고 있다고 주장했다. 그들은 한류 위기의 원인으로 ①단시간에 돈을 벌려는 상업적 한탕주의 가격정책, ②현지의 한국 드라마 에이전트 부재, ③한류 붐을 지속시킬 수 있는 스타 프로모션의 부실을 꼽았다. 그들은 또한 3년 만에 10배나 올라버린 공급가와 정부 차원의 체계적인 문화지원 사업의 부재를 지적하기도 하였다.

년보』[5]에서 처음 사용한 용어(이은숙: 2002, 33)로서 드라마 방영과 HOT 음반 발매 그리고 클론의 공연 등으로 인해 중국 내에서 급부상한 한국 대중문화 콘텐츠의 흐름을 명명하는 과정에서 비롯된 것이다. 즉 한류라는 말은 대중문화 콘텐츠를 향유하던 지역에서 발생한 향유 지역 중심의 용어인데, 최근에는 한국 대중문화 콘텐츠의 세계 진출 전략과 맞물려 생산지역 중심의 용어로도 혼용됨으로써 모호하고 포괄적인 개념으로 사용됨으로써 오히려 혼란을 유발하기도 했다.

　한류는 그 내포한 의미를 분석할 때, '한국'과 '대중문화'와 '콘텐츠'의 합성어다. 따라서 한류에 대한 논의는 이 세 요소의 함의를 반영할 때 그 실체에 보다 접근할 수 있는 것이다. 한국문화의 정체성에 대한 논의와 대중문화의 특성에 기반한 문화적 가치 생산 및 교류의 활성화에 대한 논의 그리고 콘텐츠의 내재적 속성인 재화적 가치의 창출 및 극대화 방안에 대한 논의가 그것이다. 이것이 동시적 구현과정을 통해서 한류를 생산하고 있으므로 그것에 대한 탐구 역시 그러한 맥락에서 전개되어야만 한다. 따라서 한류는 "국경을 넘나드는 초국적 자본과 미디어의 이동, 그리고 사람의 이동으로 일어나는 복합적이고 역동적인 '초문화화' 현상의 일부이자 권력재편의 과정으로 파악될 현상"(조한혜정: 2002, 34)이다. 따라서 한류는 한국문화의 정체성이 반영된 대중문화 콘텐츠라는 점보다는 한국에서 생산된 대중문화 콘텐츠라는 의미를 더 강하게 내포하고 있는 개념인 것이다. 이 말은 한국문화의 정체성은 한국 대중문화 콘텐츠의 필요조건일 수는 있으나 충분조건은 아님을 분명히 하는 것이다. 또한 초국적 자본과의 전략적 제휴나 활용이 필수적임을 의미하는 말이며, 동시에 전지구적 지역화 전략의 효과적 구현을 위한 다양하고 충분한 해당지역에 대한 문화적 이해와 고려가 필수적임을 의미하는 것이다.

　한류는 분명 서구의 초국적 미디어 기업이 대중문화의 생산과 유통을 주
도하고 아시아는 그 소비시장으로 머물던 시기와 확연히 구분되는 새로운
흐름이라 할 수 있다. 그러나 우리는 한류를 통해 감지되는 이러한 흐름에 대
해 단순히 우리의 문화적 자존심을 회복했다는 식의 기대감과 흥분, 또는 문
화상품의 새로운 수출시장을 개척하려는 상업적 관심을 넘어서서, 전지구적
수준과 동아시아 지역의 수준에서 동시에 진행되고 있는 복합적이고 역동적
인 변화에 주목할 것을 제안한다. 그 변화의 중심에는 동아시아 지역문화의
형성을 모색할 수 있게 하는 다양한 이해와 욕구들이 자리잡고 있다. 그러한
욕구는 동아시아의 각 나라들이 지니고 있는 유교 문화적 유산의 복원과 재
확인에 관한 것이 아니라, 동아시아가 현재 경험하고 있는 다양환 정치적, 경
제적, 사회적 변화들로부터 새롭게 생겨난 것으로 보는 것이 타당할 것이다.
— 하종원 · 양은경: 2002, p.94

　이와 같이 한류에 대한 논의는 초문화(transculturation)의 관점에서
각각의 구성 요소에 대한 충분한 고려를 전제로 한 다각적이면서도 총
체적인 접근이 요구되는 매우 실천적 차원으로 전개되어야만 하는 것
이다. 하지만 이 글에서는 논의의 성격과 목적에 맞추기 위해 한류의
지속과 확산 그리고 심화를 위한 인문학적 관점에서의 탐색을 시도할
것이다. 인문학적 관점의 다양한 성찰은 단순히 재화적 가치 생산에
필요한 토대를 제공하는 수준을 넘어서서 한류의 관점에서 문화정체
성에 대한 논의 및 초문화화의 변화에 보다 기민하게 대응할 수 있는
근본적인 방안들을 탐구하기 위한 것이다.

2. 한류를 바라보는 몇 가지 시각과 문제점

그동안 무성했던 한류에 대한 논의만큼이나 그것을 바라보는 시각도 다양하다. 한류의 사회적, 문화적, 경제적 관점에서 그 함의를 중심으로 나누기도 하고, '한류의 원인'과 '한류의 현황·효과·향후 대응방안' 등으로 나누어 보기도 한다. 이 글에서는 문화적 관점에 중심을 두고 후자에 초점을 맞추어 기존의 시각들을 정리해 볼 것이다. 한류에 대한 기본 논의에 대한 정리는 조한혜정(2002)이 시도한 바와 같이 시간별 주요 논의를 중심으로 전개하는 것이 효율적이겠지만, 이 글의 목적이 한류의 논의에 대한 내부적 성찰과 그것의 지속·확산·심화를 유도하기 위한 것이기 때문에, 다소 중복되고 기형적일 수 있겠으나 대표적인 관점들을 소개하고 한계를 지적하는 형식으로 논의를 전개할 것이다.

문화적 관점에서 한류의 원인으로 들고 있는 것이 '문화 지구화론'과 '문화 근접성론'이다. 문화 지구화론의 관점에서 한류는 그동안 초국적 문화산업에 의해 단일하고 일방적인 과정으로 전개되던 미디어의 흐름이 여러 방향에서 다면적인 모습으로 드러나면서 등장한 것으로 파악한다. 문화 지구화론에서는 "미디어의 흐름에 있어서 지리, 언어, 문화와 같은 요인들이 중요하게 고려"해야 하며, 따라서 "지구적, 지역적, 개별 국가적, 지방적 수준 등 다양한 층위"에서 콘텐츠 트렌드에 대한 연구가 필수적이라고 본다. 특히 "텔레비전의 지역화 현상과 관련하여, 유럽연합은 하나의 문화적 시장으로, 중남미 국가는 라틴계 언어시장으로, 중국을 비롯한 동아시아 국가들은 유교문화권 시장으로 통합되고 있다"(하종원·양은경: 2002, 71)고 주장한다. 이 관점은 문화제국주의론에서 다루지 못했던 문화 유통과 수용의 문제 그리고 미디어의 지역화 문제를 정면으로 다루고 있다는 점에서 주목할 만하지만[6] 해당 지역의 지리, 언어, 문화적 개별성과 차이에 대한 섬세한 리서치와 다양성의 고려가 수반되지 않으면 공소해질 수 있다는 점에서 한계를 지닌다.

문화적 근접성론은 지리적, 문화적 근접도에 따라 문화접근의 정도 또는 문화에 대한 호오의 반응이 크게 차이가 난다는 주장이다. 한류의 배경으로 유교문화적 가치와 규범에 기반한 문화적 근접성(유세경·이경숙:2001, 허진:2002)이 자주 거론된 바 있으며, 인문학자들이 소박한 수준에서 손쉽고 편하게 동조·긍정하는 관점이기도 하다.

> 역사와 문화에 대한 강조가 자칫 문화본질주의로 흘러 동아시아의 문화적 지역화를 유교문화적 가치와 전통의 공유의 필연적 귀착으로 해석하는 것에 대해 경계해야 할 것이다. 동아시아 지역화는 이 지역에 산재해 있는 다양성과 이질성, 특수성의 요소들을 억누르고 새롭게 공통의 가치와 욕구를 구성해나가는 과정으로 보아야 한다(Ching, 2000). 이 과정에서 유교적 가치와 같은 문화적 근접성은 아시아 지역에서 새롭게 부상하고 있는 욕망과 다양한 이해와 갈등을 성공적으로 충족시키고 봉합하는 데 기여하는 하나의 요인으로 자리매김되어야 할 것이다.
>
> — 하종원·양은경: 2002, p.72

문화 근접성론이 문화 흐름의 동력을 문화적 토대에서 찾고 있다는 점에서는 긍정할 만하지만, 인용에서 지적한 바와 같이 문화 본질주의나 문화의 개별성을 간과한다는 한계 또한 뚜렷하다. 문화 향유과정에서 문화적 근접성이나 친연성 외에도 해당지역의 시장조건, 역사적 배

6) 하종원·양은경은 "문화지구화론은 문화 제국주의론이나 능동적 수용자론에서 미처 논의되지 못했던 미국 이외의 지역들에서 일어나고 있는 문화의 생산과 유통에 주목한다는 점에서 한류현상을 포함하는 아시아 지역화를 설명하기에 적합한 이론"이라고 평가한다. 그러나 한류의 경우, 해당 지역이 가지고 있는 역사적 배경, 정치·경제적 상황, 문화 향유 수준의 차이 등을 고려할 때 그것이 얼마나 유효할 수 있는지는 앞으로 더 섬세한 리서치가 필요할 것으로 보인다.

경, 향유자의 향유 수준, 문화 정체성에 대한 인식과 발현 수준, 정치 환경 등이 커다란 변수로 작용한다는 점도 간과하고 있다. 더구나 문화 근접성론을 한류에 적용하여 해당 지역을 살펴볼 때, 설득력을 얻지 못할 가능성이 농후하다. 문화적 근접도나 친연성이 대중문화 콘텐츠 생산에 있어서 전략적 고려 사항의 하나가 될 수 있겠으나 그것이 접근에 있어서 제일 원인이라고 보기에는 너무도 많은 변수들이 존재하는 것이다.

한류의 현황·효과·향후 대응방안 등에 대한 논의들[7]은 크게 문화 정체성을 기반으로 한 문화 지배론, 신자유주의적 관점에서의 문화콘텐츠 수출론, 탈식민주의적 문화 공동체 형성론으로 나누어 볼 수 있다.

문화 정체성을 기반으로 한 문화 지배론은 문화주변국·문화수입국의 위치에서 문화중심국·수출국으로 진보했음을 전제로, 다른 국가, 다른 문화권의 사람들에게 한국 문화정체성을 기반으로 문화적 영향력을 지속·확산·심화시켜야 한다는 주장이다. 한류의 실체를 구성하는 한국 대중문화 콘텐츠의 문화 정체성과 그것의 경쟁력을 구체적으로 규명하기 위한 시도라는 점에서 긍정적으로 평가할 수 있다.

7) 이 논의 구분은 조한혜정(2002)과 이준웅(2003)의 논의를 중심으로 논자가 새롭게 구성한 것이다. 조한혜정의 논의는 시간별 논의들을 범주하여 정리한 것이고, 이준웅의 논의는 한류에 대한 낙관적 전망들을 범주화한 것이다. 이 둘은 논의의 성격상 한류의 실체를 구성하는 한국 대중문화콘텐츠의 세계화 전략에 대한 고민이 부족할 수밖에 없기 때문에, 논자의 관점으로 재구한 것이다.

문화 정체성은 한류의 필요조건이지 충분조건은 아니다. 더구나 문화 정체성은 실체적인 것이라기보다는 구성적인 성격이 짙다. 즉, 정체성은 고유성과 창의성의 상호 견제 및 보완의 양상으로 드러나는데, 그것은 '지금 이곳'을 사는(현재성) 우리들 다수의 지지를 받으면서(대중성) 삶에 올바른 지향

점이 되어야 하는 우리들만(주체성)의 내재화된 삶의 원리다. 하여 정체성은 실체적으로 존재하여 찾아가야할 무엇이 아니라 우리 스스로 앞의 전제에 따라 구성해내야 하는 무엇인 것이다. 아울러 국가를 기반으로 한 정체성이라는 개념은 그 실체가 지극히 모호할 수밖에 없다는 점에서 한류와 문화 정체성과의 문제는 자칫 당위적 요구의 수준에 머물 공산이 크다. 그럼에도 불구하고 한류의 확대와 지속에서 있어서 문화 정체성은 필수적임에 틀림없다.

— 박기수: 2005 A

문화정체성에 대한 지속적인 탐구나 문화콘텐츠를 통한 구현 노력이 뚜렷하지 못한 실정에서 문화적 변별성만을 문화정체성으로 주장하는 것은 모순이다. 더구나 이 관점은 문화정체성의 강조가 "과장된 민족주의 또는 아류 제국주의적 경향"(이준웅: 2003, 14)으로 발전할 수 있다는 한계를 갖는다.

신자유주의적 관점에서의 문화콘텐츠 수출론은 경쟁력 있는 대중문화 콘텐츠를 수출하여 경제적 수익을 극대화하고, 이를 거점으로 여타 한국 제품에 대한 이미지 제고[8]도 유도한다는 것이다. 지식기반경제의 중추이며 국가 성장동력의 중심축인 문화콘텐츠의 세계 진출의 전략적 도모라는 측면과 이를 기반으로 한 한국 상품의 이미지 제고 및 국가 브랜드 향상에 대한 전략적 사고라는 측면에서 긍정적으로 평가할 수 있을 것이다. 한류를 한국 문화콘텐츠의 해외 시장 경쟁력 확보 및 확산의 전기로 삼고, 이를 기반으로 경제적 수익을 극대화하기 위한 탐색이라는 점에서 국가 전략적 차원에서 접근해야 한다는 논

---

8) 이와부치 고이치는 이러한 현상을 문화적 향기(cultural odor)라는 개념으로 설명한다. 그가 설명하는 문화적 향기란 특정 상품의 소비과정에서 그 상품이 어떤 국가의 문화적 모습 그리고 그 국가의 삶의 방식에 대한 이미지나 개념이 긍정적으로 연상되는 방식이라고 설명한다. 생산 국가의 라이프 스타일에 대한 이미지가 그 상품의 소구력으로서 강하게 소구될 때, 그 상품의 문화적 향기가 있다고 설명하는 것이다. 이 말은 문화적 무취(cultural odorless)와 상대 개념으로 쓰인다.

의다. 하지만 이 논의는 아직 세계화 전략으로 무국적성과 문화정체성의 전략적 구사, 전지구적 표준화(global standardization)와 전지구적 지역화(global-localization) 전략의 탄력적 적용, 역한류 방지를 위한 대안 강구 등의 다양한 문제들을 구체적으로 연구하고 실천적 해결을 도모해야 하는 숙제를 안고 있다. 뿐만 아니라 경제적 수익의 극대화라는 부분과 국가 브랜드 향상이 언제나 일치하는 것은 아니라는 점, 경제적 수익의 극대화 과정에서 문화정체성이나 문화적 가치의 훼손을 가져올 수 있다는 점 등도 해결해야 할 문제이다.

탈식민주의적 문화 공동체 형성론은 한류열풍을 탈식민주의적 관점에서 아시아 지역 문화 교류의 계기로 보고, 이를 중심으로 문화공동체의 형성을 유도해야 한다는 관점이다. 한류 열풍의 실체를 "전지구적 자본주의화 과정이자 근대화 과정의 산물"(조한혜정: 2002, 26)로 보고, 한류가 지닌 "미국적 소비문화와 청소년을 중심으로 한 하위 문화적 특징"을 비판하고 "우리 고유의 역사적 경험 문화적 성취를 공유할 수 있는 기반을 마련해야 한다"(이준웅: 2003, 14)고 주장한다. 한류를 "초국적 자본의 이동을 포함한 다층적 이동현상과 맞물려 일어나는 사건으로, 압축적 근대화 과정을 통해 나름대로 경제력을 확보하게 된 동아시아의 주민들이 스스로 인식의 주체가 되려는 강한 욕망을 내보이고 있는 가운데 일고 있는 의미심장한 움직임"(조한혜정, 2002, 4)으로 보는 시각이다. 한류의 문화적 의미를 해당 지역과의 연대와 공동체 형성의 계기로 파악하는 발전적 시각이라는 점에서 긍정적으로 평가할 수 있으나, 당위적 차원의 요구가 아니리 그것의 실체에 대한 조사·연구·실천 등의 구체적 결과가 담보되어야 한다는 것이다.

이상에서 살펴본 바와 같이 한류에 대한 다양한 논의가 전개되었다. 비록 그 논의가 가시적인 생산성을 담보하지 못했다 하더라도 한류를 다양하게 평가하고 있다는 점에서 그 가치를 일정 부분은 인정할 수 있을 것이다. 다양한 논의에도 불구하고 무엇보다도 한류에 대한 논의의 중심축에는 그것이 가져올 경제적 효과가 있음을 부정할 수 없는 것도 현실이다. 이와 같이 경제적 관점으로 편중 수렴되고 있는 논의가 다변화되어야 한다는 것도 두말이 필요 없는 문제이다. 기획 단계부터 경제적 가치 창출을 위한 다양한 요소들이 고려되어야 한다는 점을 전제해도, 경제적 효과는 문화콘텐츠의 성과에 따른 결과적 성격이 강하다. 양질의 문화콘텐츠가 기획·생산·유통될 수 있는 환경 조성이 우선적으로 고려되어야 할 사항이라는 것이다. 따라서 한류의 지속·확대·심화를 위해서는 다양한 관점의 논의들이 보다 생산적으로 전개되어야 하는 것이다.

3. 한류, 인문학적 성찰의 필요성과 방향

한류는 한국＋대중문화＋콘텐츠라는 구성요소를 지니고 있는 복합적인 문화현상이며, 동시에 초국가적 미디어 유통과 문화접변에 의한 교류가 활성화되는 초문화화의 대표적인 문화현상이다. 이 글에서 인문학적 성찰의 필요성과 방향을 점거해 보려는 것도 한류의 이와 같은 성격에 기인한다. 그것은 한류를 구성하는 각 요소들이 유기적으로 상관되어 있으며 이것들의 총체적 발현만이 성공적인 한류를 주도할 수 있다는 전제에서 출발한다.

문화콘텐츠의 가장 대표적인 특성은 문화적 가치와 사회적 가치 그리고 경제적 가치를 동시에 구현할 때, 비로소 지속 가능한 가치를 창출할 수 있다는 것이다. 물론 사회적 가치를 기반으로 문화적 가치를 생산할 수 있을 때 경제적 가치를 창출할 수 있는 것이지만, 경제적 가치를 고려하지 않는 기획은 결코 양질의 문화콘텐츠를 생산할 수 없다는 점에서 그것은 동시적 성격을 지니고 있다고 보아야 한다. 지금 이곳에서 진행되고 있는 한류에 대한 대부분의 논의는 한류의 경제적 가치를 어떻게 확장하고 지속시킬 것인가에 편중되어 있다는 점에서 위험하다. 그것은 보다 문화적·사회적·경제적 가치의 종합적 구현이어야 한다는 점에서 총체적 접근이 필요하고, 기획·창작·마케팅의 전반적인 과정에 대한 유기적인 상관이어야 한다는 점에서 체계적 접근을 요구하는 문제기 때문이다.

— 박기수: 2005 A

이제 우리에게는 기획보다 큰 성과를 가져온 한류의 전환기에 서 있다. 그동안 거두었던 큰 성과는 우리에게 콘텐츠에 대한 안목을 기르고 제작 환경을 개선하며 질적 성장을 거둘 수 있게 하는 자양분이 되었다. 반면, 한류를 주목하는 나라들에게는 기왕의 수준을 넘어서는 새로운 보다 양질의 콘텐츠에 대한 기대와 시기어린 주의를 갖게 하였다. 이 전환의 시기를 슬기롭게 건너기 위해서는 한류우드와 같은 상징적인 공간의 기획도 필요하지만 그보다는 우리 사회 전반의 문화적 역량을 어떻게 기르며 결집시킬 것인지, 결집된 역량을 얼마나 효과적으로 문화콘텐츠화할 것인지에 대한 전략적 탐구가 반드시 수반되어야만 하는 것이다.

이러한 이유로 한류의 지속과 확산 아니 양질의 문화콘텐츠 생산을 위해서는 문화콘텐츠 생산과 유통에 대한 이해를 가지고 있는 인문학자들의 적극적인 참여가 필수적이다. 하지만 그동안 인문학자들의 참여와 인문학적 성찰의 필요성에 대한 요구는 매우 당위적이었고, 실천은 표면적이었으며, 결과는 자폐적이었다. 때문에 앞으로 인문학자들이 참여하는 한류에 대한 논의는 보다 다양한 관점에서 여러 방법론을 활용한 본격적이고 지속적인 것이어야 하며, 인문학적 분석이나 해석을 뛰어넘은 현장의 생산에 동참할 수 있는 실천적 방안에 대한 생산적인 고민이어야만 한다.

이러한 인문학적 성찰과 방향 제시의 필요성은 한류의 등장 배경을 규명하는 과정에서 더욱 선명해진다. 한류가 가능했던 배경에 대한 다양한 접근과 분석이 전제되어야지만 지속·확대 방안의 모색이 가능함은 자명한 사실이다. 한류의 중심 무대인 동아시아 지역에서 "1990년대 이후 뉴미디어의 증가에 따라 많은 새로운 채널이 출범하게 되고 프로그램에 대한 요구가 많아지면서 국내 프로그램 공급자보다 외국프로그램 공급자에 대한 상업적 기회 확대"(하종원·양은경: 2002, 75)되었고, 그로 인해 가장 양질의 콘텐츠를 생산할 수 있었던 일본의 대중문화 콘텐츠가 선풍적인 인기를 끌며 일류(日流)를 주도했었다. 하지만 물량과 가격 등에서 해당 지역의 수요와 수준에 부응하지 못하자, 일종의 대체재로서 한국 대중문화 콘텐츠가 공급되기 시작하였고 이것이 한류의 시작이라는 주장이 최근 설득력을 얻고 있다. 이러한 주장이 신뢰할 만한 것이라면, 한류의 지속·확대·심화 과정에서 우리는 가장 먼저 일본 문화콘텐츠를 사례 연구하고, 그것에 대한 대타적(對他的) 성격 견지 여부를 전략적으로 숙고해야 할 것이다. 또한 가장 규모 면이나 수요 면에서 기대를 걸고 있는 중국을 비롯한 중화권 국가들의 경우, 정치적, 문화적, 경제적 환경을 분석하고 전지구적 문화의 세례를 받고 성장한 젊은 층의 트렌드 파악 등을 통하여 문화할인율을 극소화할 수 있는 방안을 찾아야 한다. 그런데 이러한 일련의 작업을 수행하기 위해서는 해당국의 문화에 대한 깊이 있는 이해와 우리 문화 역량을 극대화할 수 있는 식견과 안목이 요구되는데, 이것은 인문학적 사유와 탐구를 통해서 이루어질 때 가장 성공적인 결과를 낳을 수 있다.

한류에 대한 인문학적 성찰은 크게 ①한류의 성격 규명 및 다양한 관점의 논의 촉진, ②한류의 중심이 되는 문화콘텐츠 전문 인력의 체계적 양성, ③한국 문화의 정체성을 구성·발현할 수 있는 전략적 방안 강구 ④전지구적 지역화 전략을 수행할 수 있는 깊이 있는 정보와 전략 제공 등 네 가지 방향에서 전개되어야 한다. 다양한 관점에서 수행되는 한류의 성격 규명 노력은 한류의 정체성을 만들어 가는 과정이 될 것이고, 정체성이 분명해질수록 그것의 전략화 과정은 효율성을 극대화할 수 있기 때문이다.

문화적 할인율(culture discount)을 극소화하여 세계시장에 진출하기 위해 문화 정체성을 괄호 속에 묶거나 소거하는 것이 최초의 전략일 수는 있지만, 그것이 최상의 전략은 아니기 때문이다. 최상의 전략은 문화적 할인율을 극소화하면서 어떻게 문화정체성을 효과적으로 구현할 것인가에 달렸다. 미야자키 하야오가 「센과 치히로의 행방불명」에서 보여준 바와 같이 문화적 할인율로부터 자유로우면서도 문화 정체성을 적극 구현할 수 있는 전략에 대한 탐색이 절실히 요구되는 것도 그러한 이유에서다. 이 작품에서는 현재 일본의 문제 즉, 나약하고 이기적이며 혼자서는 아무것도 할 수 없는 십대와 탐욕스럽고 몰염치한 부모세대의 문제를 일본 고유의 전통사상인 신도(神道) 사상과 와(和) 사상을 기반으로 해법을 찾아가면서 자연스럽게 일본 고유의 온천장 문화를 소개하고 있다. 반면 우리의 경우, 누구도 인지하지 못하거나 텍스트 서사에 유기적으로 결합하지 못하고 소재적 차원에서만 등장했던 「원더풀 데이즈」의 하회탈, 만다라, 청사초롱, 「하얀 마음 백구」에서 중심적인 모티브였지만 문화장벽으로 기능했던 투견(鬪犬) 등은 참고할 만한 우리의 실패사례다. 문화콘텐츠를 통해서 구현될 문화정체성은 소재적 차원을 넘어서 텍스트 전체 맥락 속에서 성격화되어야 하며, 세계시장 진입에 장벽이 될 수 있는 문화 정체성은 최소화하거나 전략적으로 텍스트 안에서 구사되어야만 한다.

— 박기수: 2005 A

한류의 중추가 되는 양질의 문화콘텐츠 생산을 위한 전문 인력 양성은 무엇보다 시급하고 중요한 일이 아닐 수 없다. 특히 문화콘텐츠의 지속적인 생산을 위한 인문학적 토대를 갖춘 전문 인력 양성은 한류의 지속 여부는 물론 지식기반 경제의 중추가 되는 문화콘텐츠 산업의 미래와 직결되는 일이다. 한국문화의 정체성에 대한 지속적인 탐구와 구현의 노력이 수행되어야 하며, 동시에 그것을 효과적으로 드러낼 수 있는 원천 소스로서의 한국문화에 대한 연구와 이해 그리고 콘텐츠화 방안 등에 대한 전략적 탐구가 필수적이다. 마지막으로 해당 지역의 시장 진입을 용이하게 해줄 지역화 전략이 필요한데, 해당 지역의 정치, 경제, 문화에 대한 다양한 연구를 통하여 풍부한 정보와 이해를 가짐으로써 적실한 전략을 제공해 줄 수 있어야 하기 때문이다. 물론 이 모든 성찰의 전제는 한류의 현장에 있는 문화 생산자와의 지속적이 협의와 문화콘텐츠 전반에 대한 폭넓은 이해에 있다.

4. 한류가 한류를 넘어서기 위한 전제

한류는 해석이 아니라 실천의 문제다. 실천은 구체적이며 개별적이다. 한류가 초문화화(transculturation) 현상의 일환이라고 할 때, 그것은 한국문화콘텐츠라는 공분모를 기반으로 하여 해당 지역에 따라서 매우 다양하고 개별적인 현상으로 나타날 수밖에 없다. 따라서 한류의 지속뿐만 아니라 확산과 심화를 기획하기 위한 우리의 준비는 체계적이고 전략적으로 이루어져야 한다. 이 장에서는 한류의 지속·확산·심화의 구체적인 실천을 위한 몇 가지 제안을 통해 논의를 마무리하도록 하겠다.

첫째, 국내 대중문화 콘텐츠 생산 인프라를 확충해야 한다. 보다 질 높은 문화콘텐츠 생산을 위한 기반 인프라의 구축이 가능할 때 한류의 지속과 확산이 가능하다. 콘텐츠 생산에 필요한 하드웨어의 구비뿐만 아니라 기획·생산·유통 과정의 합리적 시스템 구축 등이 필수적이다. 무엇보다 콘텐츠 개발 인력의 체계적인 육성과 재교육 방안이 절실하다. 이를 위해서는 학계와 산업계 그리고 정부지원 단체 간의 긴밀한 상호협조와 전폭적인 지원이 필요하다. 또한 최근 경쟁적으로 생겨나고 있는 대학의 관련 학과들의 경우에도 특화된 교육목표를 설정하고 선택과 집중을 통해 대학별로 특성화된 교육이 실시되어야 한다. 이를 통해 대학별로 대표할 만한 분야가 명백히 드러나야 하며, 이를 통해 학교 간의 시너지 효과를 발휘할 수 있어야 한다. 뿐만 아니라 학·연·산의 긴밀한 상호협력과 국내외 인턴을 통한 실무 중심의 통합적인 교육을 통해 교육의 생산성을 극대화하여야 한다.

둘째, 초문화화 현상을 더욱 활성화하기 위한 전략이 마련되어야 한다. 먼저 문화접근이 보다 용이할 수 있도록 문화할인율(culture discount)9)을 극소화할 수 있는 구체적인 방안이 마련되어야 한다.

"ODA의 속성 자체가 원래 그렇듯, 일본정

9) 유통의 원인으로서 '문화적 근접성' 개념은 수용자의 문화적 특성에 대한 주목이라면, '문화적 할인'은 텍스트의 문화적 특성에서 유통의 원인을 찾은 것이다. 때문에 문화 생산자의 입장에서는 문화적 할인에 주목해야 하는 것이다.

부는 풍성한 ODA기금을 자국 이데올로기 및 문화상품의 전도사로서 적극 활용했다. (중략) 일본정부가 ODA기금을 통해 조직적으로 배포하고 있는 영상소프트웨어는 전체 TV프로그램 수출물량의 60%를 차지하고 있는 애니메이션 외에도 다큐멘터리, 연속극, 일본어교육, 프로그램 등 종류가 대단히 다종다양하며, 프로그램 숫자도 엄청나게 많다. 한 예로 지난 1995년 한 해 동안에 일본이 문화무상협력, 국제교류기금, 기타 공적 자금을 통해 전세계에 배포한 프로그램 숫자는 자그마치 3,673편으로, 런닝타임만 1,100시간에 달했다. (중략) 이처럼 정부가 수십 년간 만화 애니메이션을 비롯한 영상 문화상품을 전세계에 체계적으로 살포한 결과, 현재에 이르러서는 연간 매출액의 최소한 35억 달러에 달하는 것으로 추정되는 전세계의 가정용 애니메이션 시장의 65%이상 일본의 애니메이션이 단단히 틀어쥐게 됐다.

— 박태견: 1998, pp.206~208

10) 정용준(2003)에 따르면 "프로그램 포맷은 프로그램 체제나 구성 등을 포함하여 다른 프로그램과 구별할 수 있을 정도의 프로그램 계획으로, 창작 아이디어와 저작물의 중간단계에 있다. 〈텔레토비〉를 예로 들어 말하자면, 주요 줄거리는 영국의 오리지널 프로그램을 이용하고, 몇 부분만을 한국적 정서에 맞게 고쳐서 방송하는 것이다. (중략) 프로그램 포맷은 단순한 프로그램을 수입하는 것보다 경비가 저렴하고, 국내 사정에 맞게 방송시간과 내용을 조절할 수 있고, 시장검증이 된 기성포맷이기 때문에 프로그램 성공 가능성이 높다는 것이 큰 매력이다. 이처럼 프로그램 포맷의 인기가 올라가면서 BBC는 사내 외의 아이디어맨들로 '프로그램 공장'을 설립하여 포맷개발에 본격적으로 나서기도 하였다. 특히 급격하게 디지털 다채널화 되고 있는 아시아 방송사들로서는 영화나 스포츠처럼 가격이 치솟는 인기 드라마 시리즈물에 비해 가격이 저렴하면서도 시청률이 높은 프로그램 포맷권은 향후 잠재력이 매우 높다고 할 수 있다."고 한다.

구체적인 방법으로는 ①ODA(official development assistance), 즉 정부개발원조 등의 활성화를 통하여 한국 문화콘텐츠를 접촉할 수 있는 기회와 편이를 제공하고, 프로그램 포맷(program format) 방식[10]을 적극 개발·활용하는 등의 방안이 있다. 또한 서로간의 대등한 파트너십을 바탕으로 한 공동제작, 기술공유, 인적교류, 합작투자 등의 다양한 전지구적 지역화(global-localization) 마케팅 전략[11] 등도 유효한 시도가 될 것이다. 콘텐츠의 개별 특성, 투자 비용, 노출 방식, 향유 유형 등에 대한 전략

적 고려가 전제된 전략 선택이 필수적이며,
이를 통해 전지구적 표준화 전략과 전지구
적 지역화 전략을 선택적으로 적극 활용할
수 있다. 가령 규모의 경제를 요구하는 콘

텐츠의 경우에는 전지구적 표준화 전략에 적절한 콘텐츠를 개발이 효
과적이다. 다만, 해당 지역의 특성을 반영한 공동 제작의 경우에 김소
연이 출연했으나 오히려 역효과를 낸 「칠검」, 한일합작으로 제작되었
으나 흥행에서 참패했던 「로스트 메모리즈」 등의 실패 사례도 있다. 하
지만 해당 지역 콘텐츠의 능동적 수용 등을 통한 교류를 활성화시킬
수 있을 것이다.

셋째, 콘텐츠별로 선별적이고 탄력적인 전략 운용이 요구된다.

11) 전지구적 지역화 마케팅 전략은 표준화된 상품을 많은 지역에 보급하기 위해 각 지역 시장 취향과 특성에 맞는 다양한 지역상품을 개발하여 보급한 마케팅 전략을 말한다. (이와부치 고이치: 2004, 130)

「겨울연가」는 ① 영화 규모의 마케팅 비용
과 마케팅 방식을 활용했다는 점, ②PD 중심
의 스타시스템이 구축됨으로써 윤석호 PD표
드라마의 브랜드 네임이 확보·강화했다는
점, ③경제적 수익을 극대화하기 위해 기획 단
계부터 Windowing과
One Source Multi Use
를 텍스트에 내재화시
켰다는 점 등이 그것이
다. 그 결과 작품 자체
의 거시콘텐츠의
window   effects가
VOD서비스, 모바일

「겨울 연가」의 폴라리스 목걸이와 촬영지 남이섬

서비스, DVD, CD, 소설 발간 등을 통해 활성화되었고, 작품의 진행과 유기적으로 결합한 미시콘텐츠의 One Source Multi Use 역시 활발하게 전개되어 바람머리, 꽈배기 목도리, 폴라리스 목걸이, 「겨울연가」 촬영지, OST앨범 등을 통한 엄청난 부가가치를 창출하게 된 것이다. Windowing과 One Source Multi Use는 Boomerang effects를 발생시켜 작품의 수명을 연장시키는 긍정적인 결과를 가져왔다.

— 박기수: 2005 B, pp.140~141

현재 중화권을 중심으로 한류몰이를 하고 있는 「대장금」의 경우 음식과 건강이라는 현재적 트렌드를 궁중이라는 특수한 공간을 통해 가장 대중적인 영웅신화로 구현한 작품이다. 여기서 주목해야 할 것은 음식과 건강을 중심으로 한 다양한 미시콘텐츠 전략을 통해 국내에서 이미 고부가가치를 창출했다는 점이다. 기획 단계부터 마케팅을 염두에 둔 다양한 전략이 작품 안팎으로 반영되고 있다는 점에 주목해야 한다. 따라서 고부가가치 창출을 위해서는 문화콘텐츠 제작에 필요한 펀드 조성에서부터 제작 시 One Source Multi Use를 활성화가기 위한 전략을 내재화하기 위한 방안에 대한 실천적 고민이 다양한 마케팅 전략과 함께 반드시 기획 단계부터 고려되어야만 하는 것이다.

— 박기수: 2005 A

콘텐츠의 다변화와 동시에 주도 콘텐츠에 대한 선택과 집중의 노력이 필요하다. 현실적으로 시장 개척 현

궁중음식

황이나 국내 문화콘텐츠 산업의 규모 및 역량에 비추어 모든 대중문화 콘텐츠가 다 주도 콘텐츠가 될 수는 없다. 그렇다면 세계시장에서 가장 경쟁력 있는 콘텐츠를 주도 콘텐츠로 집중 육성하고, 이것을 중심으로 multi use할 수 있는 방안을 모색하는 것이 현실적인 전략이 될 것이다. 물론 K-POP과 드라마처럼 결합하여 상호 시너지 효과를 거둘 수 있는 것은 tie-in 전략을 전제로 기획이 이루어져야 한다. 이 과정에서 한류를 주도하는 콘텐츠와 주변 콘텐츠 사이의 One Source Multi Use를 통한 지속·확산·심화를 위한 기획·제작·마케팅 능력 극대화를 꾀할 수 있다.

넷째, 한류 확산의 권역별 주도 지역에 대한 집중적인 공략이 필요하다. 최근 한류의 확산 현황을 보면, 지역별 특성을 반영한 지역화 전략의 구사가 요구되는데, 국가단위뿐만 아니라 시장의 규모를 확보하기 위해서는 권역별 지역화 전략도 필요하다. 중국, 대만, 홍콩, 싱가폴

등의 중화문화권을 공략하기 위해서는 콘텐츠를 주도하는 지역에 선택과 집중을 행함으로써 다른 중화문화권도 함께 움직일 수 있게 만드는 것이다. 더구나 점점 한류의 지역이 확산되고 있다는 점을 고려할 때, 문화적 특성을 고려한 수출마케팅 전략 추진, 홍콩스타 TV 등 광역매체를 통한 문화콘텐츠 저변 확대 등도 전략적 요구사항이다.

다섯째, 인류보편에 호소할 수 있는 원형탐구와 개발이 지속적으로 전개되어야 한다. 인류 공통의 보편적 문화원형과 한국 문화원형에 대한 탐구와 콘텐츠 개발과정에 대한 심도 있는 논의를 진행할 때, 오랜 생명력을 지속할 수 있으며, 지역에 구애받지 않고 보편에 호소할 수 있는 콘텐츠 개발이 가능하기 때문이다.

지금까지 살펴본 바와 같이, 한류는 한류를 넘어서야 한다. 국가 정책 의제로까지 급부상한 한류에 대한 관심은 단지 한국문화콘텐츠의 세계 진출에 국한된 문제가 아니라 한국문화콘텐츠의 명운이 걸린 문제라고 볼 수 있다. 즉 한류의 활성화 방안에 대한 고민보다 먼저 문화콘텐츠 활성화 방안이 모색되어야 하는 것도 그러한 이유에서이다. 그런 의미에서, 다소 엉뚱한 역설로 들리겠지만 한류의 최종 목표는 한류의 지속·확장·심화가 아니라 그것의 소멸에 있어야 한다. 우리의 문화콘텐츠가 더 이상 낯설거나 새로울 것이 없는 가장 주도적인 흐름이 될 때 한류라는 말은 그 의미를 상실할 것이기 때문이다. 미류, 일류, 중류라는 말이 없는 것처럼.

■ 미주

1) http://ilgan.joins.com/news/200508/22/200508221407068572110000110100110101.html
3) http://ilgan.joins.com/enter/200508/06/200508061422255302070000070200070205.html
5) 동풍도 동점할 때가 있다, 『북경청년보』, 1999.11.19.

■ 참고문헌

http://ilgan.joins.com/enter/200508/06/200508061422255302070000070200070205.html
http://ilgan.joins.com/news/200508/22/200508221407068572110000110100110101.html
「동풍도 동점할 때가 있다」, 『북경청년보』, 1999. 11. 19.
박기수A, 「한류가 소멸하는 그날까지」, 『동국대학원신문』 2005. 9. 5.
박기수B, 「겨울연가, 문제는 서사」, 『겨울연가, 콘텐츠와 콘텍스트 사이』 다흘미디어, 2005.
박태견, 『저패니메이션이 세상을 지배하는 이유』 1998, 길벗
백원담, 「이병헌 팬사이트를통해 본 동아시아 대중문화 소통현상 연구」, 『동아시아 문화교
　　　류연구, 어떻게 할 것인가』, 한국중국현대문학학회 정례학술대회 요지집, 2004.
신현준, 「중국 대중문화의 세가지 역사형세」, 『동아시아 문화교류연구, 어떻게 할 것인가』,
　　　한국중국현대문학학회 정례학술대회 요지집, 2004.
유세경·이경숙, 「동북아시아 3국의 텔레비전드라마에 나타난 문화적 근접성」, 『한국언론
　　　학보』 2001.여름(45-3)
이동연, 「동아시아 대중문화교류를 위한 이론적 모색」, 『동아시아 문화교류연구, 어떻게
　　　할 것인가』, 한국중국현대문학학회 정례학술대회 요지집, 2004.
이수범, 「문화간 커뮤니케이션 연구경향에 대한 비판적 고찰」, 『한국언론학보』 2000.봄(44-2)
이와부치 고이치 / 히라타 유키에·전오경 역, 『아시아를 잇는 대중문화: 일본, 그 초국가적
　　　욕망』 또하나의 문화, 2004.
이은숙, 「중국에서의 '한류' 열풍 고찰」, 『문학과 영상』 2002. 가을·겨울
이종원, 「'한류역풍' 마침내 시작? 민영방송 2시 한국드라마 시간 폐지」, 『경향신문』. 2005. 9. 2.
이준웅, 「한류의 커뮤니케이션 효과」, 『한국언론학보』 2003.10(47-5)
정용준, 「떠오르는 아시아의 프로그램 포맷시장」, 『방송과 문화』 2003.1
정용준, 「스타TV와 ZeeTV의 인도방송시장 쟁탈전」, 『방송과 문화』 2003.2
정용준, 「아시아에서 할리우드 채널의 경쟁력」, 『방송과 문화』 2002.11
정용준, 「일본기업의 아시아 방송시장 진출사례 분석」, 『방송과 문화』 2002. 10
정용준, 「한국의 동북아 방송허브 경쟁력」, 『방송과 문화』 2003. 3
정용준, 「MTV 아시아와 채널V」, 『방송과 문화』 2002. 12
조한혜정, 「동/서양 정체성의 해체와 재구성」, 『한국문화인류학』 2002(35-1)

하종원·양은경, 「동아시아 텔레비전의 지역화와 한류」, 『방송연구』 2002. 겨울.
허 진, 「중국의 '한류' 현상과 한국 TV드라마의 수용에 관한 연구」, 『한국방송학보』
　　　 2002(16-1).